区域文化与文学研究集刊

Studies of Regional Culture and Literature

周晓风　凌孟华　杨华丽◎主编

第7辑

中国当代文学研究会区域文学委员会
重庆师范大学区域文化与文学研究中心
重庆师范大学文学院
主办

中国社会科学出版社

图书在版编目(CIP)数据

区域文化与文学研究集刊. 第7辑/周晓风,凌孟华,杨华丽主编.
—北京:中国社会科学出版社,2020.12
ISBN 978-7-5203-7505-4

Ⅰ.①区… Ⅱ.①周…②凌…③杨… Ⅲ.①区域文化—中国—文集
②中国文学—文学研究—文集 Ⅳ.①G122-53②I206-53

中国版本图书馆CIP数据核字(2020)第229263号

出 版 人 赵剑英
责任编辑 慈明亮
责任校对 王 龙
责任印制 戴 宽

出 版 中国社会科学出版社
社 址 北京鼓楼西大街甲158号
邮 编 100720
网 址 http://www.csspw.cn
发 行 部 010-84083685
门 市 部 010-84029450
经 销 新华书店及其他书店

印 刷 北京明恒达印务有限公司
装 订 廊坊市广阳区广增装订厂
版 次 2020年12月第1版
印 次 2020年12月第1次印刷

开 本 710×1000 1/16
印 张 21
插 页 2
字 数 302千字
定 价 99.00元

本刊学术委员会名单

目　　录

齐鲁文化与文学研究

张恨水研究

区域文化与现当代文学研究

区域文化与抗战文艺研究

巴渝学人掠影

地域文化研究

稿 约

齐鲁文化与文学研究

主持人：张全之

主持人语：

齐鲁大地是中国传统文化的发祥地之一，有着深厚的文化底蕴和浓郁的地域特色。生活在这块土地上的作家，饱受地域文化的浸染，其作品也自然带上了鲜明的地域文化特色。现在所说的齐鲁文化，是由齐文化和鲁文化合流而成，虽然经过两千年的融合，但各自的特征依然很明显。鲁文化以儒家文化为中心，重礼仪，守秩序，厚重而内敛；齐文化奔放恣肆、崇尚怪力乱神，呈现自由、狂放之姿。本栏目所选三篇论文，分别研究龚冰庐、赵德发、莫言三位作家，力图呈现这片古老的土地上，文学是如何借助地域文化之势，演绎悲喜人生的。龚冰庐并非山东人，他生于崇明，属于钟灵毓秀的江南水乡。但在20世纪20年代中期，他到淄川矿区谋生，不仅受到了齐鲁文化的影响，还看到了矿工们的苦难，由此开启了他的文学创作之路。《炭矿夫》《炭坑里的炸弹》等系列矿工题材的作品，引起了文坛的瞩目，成为现代矿工文学的代表性作家。在他笔下，山东冬季旷野的荒寒、肃杀与矿工们在地狱般的矿井里求生与抗争的精神融为一体，为读者提供了一幅幅北方矿区凄凉、悲壮的人生画卷。与龚冰庐这位外乡人不同，赵德发和莫言是土生土长的山东人。赵德发出生的鲁南，是鲁文化的腹地；莫言出生的高密，则靠近齐文化的中心。这两位作家都将他们接受的地域文化带进了他们的作品。《鲁南文化与赵德发小说的民俗书写》正是着眼于“鲁南”这一特殊地域，分析了赵德发小说中丰富、厚重的民俗内涵。无论是婚丧嫁娶，还是日常语言交流，赵德发小说都带上了鲁南文化的清晰胎记。与之相比，齐文化对莫言的影响，就没有那么直观，更多体现了思维方式和想象力等更为内在的方面。蒲松龄是齐文化圈内的重要作家，也是莫言文学上的导师。莫言小说中荒诞不经的情节和诡异奇崛的想象，深得蒲松龄的真传，也体现了齐文化的精髓，《区域文化影响下的莫言创作》一文，对此进行了颇为深入的分析。

从地域文化切入作家、作品研究，并非是多么新颖的思路，但并不妨碍研究者有新的发现。本专栏的三篇论文，虽然有着这样或那样的不足，但对作品的阐释，均有可以称道之处，值得有兴趣的同道驻足一观。

反抗地狱的绝叫*

——论龚冰庐对山东煤矿工人斗争的书写

张全之**

内容提要：龚冰庐曾在山东矿区生活多年，不仅熟悉当地的生活习俗，也对矿工们悲苦的生活有着深入的了解，所以他创作的系列矿工题材小说，在左翼文坛上引起广泛关注，被誉为矿工题材作家第一人。他用冷峻而又细腻的语言描写矿工们穷困、麻木而又时时面临死亡的生存状态，也描写他们身上可贵的反抗精神。他不简单地宣扬阶级斗争观念，不塑造脸谱化的人物，不喊空洞的口号，但其作品中的阶级斗争意识和不屈的斗争精神还是充盈而丰沛的。他虽然几近被遗忘，但其文学成就是值得珍视的。

关键词：龚冰庐；矿工；左翼文学

在《一九二五年的血》的开篇，龚冰庐写道："一九二五年的夏季，我正闷住在山东的一个煤矿工场里。我们一点也用不着夸张，这煤矿工场的确是一个地狱。在那里，与我们的现实世界是隔离着的，外面的空

---

* ［基金项目］国家社科基金重点项目"中国现代文学与工人运动关系研究（编号：14AZW016）"。

** ［作者简介］张全之（1966— ），男，文学博士，上海交通大学人文学院教授，博士生导师，从事中国近现代文学研究、鲁迅研究。

气一点也吹不进去，现世的新闻，我们永远不得知道。我们每日所习见的是矿底下出来的残废者，和可怜的囚徒，周遭布满了硫磺的臭味，空间荡漾着不散的煤烟。”在《炭坑里的炸弹》中，他这样描写福寿排队下井的情景：“经了工头的催促，都整起队伍来，一个挨一个站成一长队，向着地狱之入口处拥挤。”“地狱”是龚冰庐对煤矿的命名，而他的矿工小说，就是在地狱里发出的呐喊；工人们的反抗，就是地狱里的鬼魂们发出的反抗的绝叫。

一　被遗忘的龚冰庐

龚冰庐（1908—1945），江苏崇明（今上海市）人，左联的发起人之一。他在南通大学学的是纺织科，毕业后回到上海，在纺织厂做技师。一边在工厂工作，一边阅读世界文学名著，他自己说读了三百多部。随后到日本研究美学。回国后，到淄川矿务局当职员，也有人说在煤矿子弟学校任教。在这期间，他对煤矿工人的生活有了充分了解，为后来的矿工小说创作奠定了基础。1927 年，他的第一篇小说《炭坑里的炸弹》在《洪水》杂志第 3 卷第 29 期发表，引起左翼文人的注意；1928 年是龚冰庐创作的丰收年，接近 20 篇作品在《创造月刊》《流沙》《太阳月刊》《文化批判》等杂志上发表。尤其是《炭矿夫》的发表，为他赢得了很高的声誉，被称为“一本有价值的真的文艺创作”[①]。1929 年出版了小说集《炭矿夫》，1930 年龚冰庐的创作再次爆发，接近 20 篇作品在各报刊发表，小说《黎明之前》出版，引起较多关注。龚冰庐不只是写小说，他在话剧、诗歌方面也多有建树，尤其在话剧方面，他是左翼话剧团体上海艺术剧社的发起人之一，他与冯乃超联合创作的《阿珍》被剧社搬上舞台，演出效果很好。他的《莘庄镇》《我们从新来开始》等，都有一定影响。1930 年以后，龚冰庐淡出文艺界，据说在“一二八”事变之后，他避居故乡崇明，创办了一所职业高中，基本终止了笔墨生涯。抗战爆

① 晴新：《一本有价值的真的文艺创作——读〈炭矿夫〉》，《现代出版界》第 5 期，1932 年 10 月 1 日。

发后，到南京伪中央大学就职，时间不长就被汪伪政府宣传部部长林柏生看中，调任宣传部，担任特种宣传司司长职务，成为汉奸文人。此后仍有少数作品问世，但已无法与此前作品相比了。1945 年 4 月，因肺病死于南京。

如果不考虑后来附逆，单纯从文学创作来看，龚冰庐在左翼文坛上是一位值得重视的作家，其成就远在蒋光慈、华汉、洪灵菲、孟超等人之上，其任何一部小说，都比郭沫若的《一只手》好很多。可以毫不夸张地说，在普罗文学创作潮流中，龚冰庐的成就是卓越的，也是突出的。到目前为止，对他的研究尽管很少，但研究者对他的评价都很高，对他的被遗忘，均表示遗憾。朱寿桐的《情绪：创造社的诗学宇宙》用了近万字的篇幅分析了龚冰庐的小说创作，认为“龚冰庐熟悉工人的生活，也熟悉工人的思想、感情；在熟悉工人思想感情的情形下，表现出来的人物才可能脱弃概念化、抽象化的赘衣，而成为活生生的富有个性的人物。在情绪表现上也是如此。创造社许多作者不懂得工人阶级生活的实际，更不知道工人思想感情实际，因而从否定小资产阶级自我情绪出发，想当然地把工人阶级的感情一律抽象化为充满反抗意志和战斗激情的情绪；工人阶级永远是一个整体，个体情绪、自我意识已经消失了。龚冰庐则善于而且也有条件对工人阶级的革命情绪进行求异的表现，并在差异中突出工人阶级个体的自我情绪”①，并认为，“他确实是我国现代文学史上不应被遗忘的作家，可惜，他确确实实被遗忘了”②。另一位研究者也指出：“在我国的现代文学史上，龚冰庐是一位被遗忘了的作家，但他却是不该被遗忘的。他是江苏崇明县人，长期在山东矿区工作，是矿山的一位公职人员。提倡普罗文学以后，他创作过不少反映矿山工人生活和斗争题材的小说、诗歌、戏剧和散文。在我国新文坛，这样集中和大量地反映矿工的生活和斗争，他是第一个。”③ 龚冰庐的矿工题材小说，

① 朱寿桐：《情绪：创造社的诗学宇宙》，上海文艺出版社 1991 年版，第 381—382 页。
② 同上书，第 386 页。
③ 黄淳浩：《创造社：别求新声于异邦》，社会科学文献出版社 1995 年版，第 286 页。

在左翼文坛上的确独树一帜。他丰富的底层生活经验，使其作品散发着浓郁的生活气息。但他确实被遗忘了，检索中国知网，以龚冰庐为题名或为关键词的论文是零篇，不仅文学史上没有对他的论述，在一些小说专题史上，也很难见到他的名字。他的被遗忘，可能与他后来附逆有关，但在1930年前后，他闪耀左翼文坛，留下了丰富的作品，是不应该被忽视的。孔子说："君子不以言举人，不以人废言。"我们不能因为他后来的附逆，而否定了他早期的文学成就，这才是历史唯物主义的态度。

二　饥饿与死亡：矿工们的日常生活

龚冰庐在山东淄川煤矿①生活过很长一段时间，正是这段矿区的经历，使他对煤矿工人的生活有了深入了解，为他创作矿工题材的小说提供了条件。

山东是煤炭生产大省，有着悠久的开矿历史。龚冰庐所在的淄博地区，采煤业十分发达，根据淄博矿区资料记载："在1915年，矿区较大的煤矿有16家，生产井口30余个，工人9145人，日产达2491吨，其中民营煤矿产量1241吨，民营5家煤矿公司有机器8部。由于在第一次世界大战期间，淄博矿井的迅速发展，到1924年矿区的民营煤矿增至47家（博山38家，淄川9家）。有矿井141个，机器100部，产煤171.03万吨。是年，据统计山东煤炭产量达300万吨，其中民营商办煤矿产量214万吨。"② 与此同时，日本也插手淄博、坊子等地的煤炭开采，对中国进行疯狂的经济掠夺。龚冰庐到山东煤矿工作，是因为他一个本家的伯父在山东经营煤矿，所以他所在的煤矿应该是一个民营煤矿。煤矿开采是一个高危产业，尤其在技术条件极为落后的中国，采煤业的风险极高。所以淄博煤矿业高速发展的背后，隐藏着一部采煤工人的血泪史。他们

① 在《血笑》的"冠辞"中，他说"当时我在山东一个煤矿公司中做事"，而小说《血笑》文末注明"一九二七年作于淄川"。至于他在煤矿上做的工作，一说是职员，一说是教书。从他说的"做事"来看，做职员的可能性大。参见龚冰庐《血笑》，创造社出版部1928年版。

② 石绍敏主编：《山东煤矿工人运动史》，煤炭工业出版社1995年版，第16页。

冒着生命危险，忍受着高强度的劳动，还不得不徥牖绳枢、啼饥号寒。《山东煤矿工人运动史》对此进行如下描述：

20世纪初，通货膨胀，物价飞涨，十年间各种物价上涨一至三倍。工人的实际工资每况愈下，难以养家糊口。如中兴煤矿，根据《山东中兴煤矿工人调查》统计：1917年，大多数工人月均工资为7.84元，至1926年，月均工资仅为7.90元，十年中，工人的名义工资基本未增。若以1920年至1922年的平均工资同1917年的平均工资相比，则分别下降了2.4%、4.8%与1.8%。然而，这十年间，华北地区的物价指数却上升了20.15%。资本家对煤矿工人的剥削如此之残酷，致使工人的生活更加恶化，更为悲惨：全体工人之中，不免于债累者约在半数以上。工人的衣服大都破烂污秽，较穷之工人，每人往往仅有一套衣服，每至夏日则多数工人以破布围身以代衣服。住“窑户铺”的矿工，则大多数没有衣服穿，他们平时披着麻布片，出门下井时去当铺临时租裤子。遇到冰雪天，常有矿工冻饿而死。旧社会，在淄博矿区流传着这样的歌谣：“下窑苦，干工难，祖祖辈辈受熬煎。夏无单，冬无棉，三尺肠子挽着两尺半。”“六点至六点，没有一点闲，出尽牛马力，才挣两毛钱。自己吃不饱，哪能养家眷。”这些歌谣勾画了山东工人深受剥削和压迫、生活极度贫穷的凄惨景象。①

李大钊在《每周评论》发表的《唐山煤厂的工人生活》也记录下了煤矿工人的状况：

他们终日在炭坑里作工、面目都成漆黑的色。人世间的空气阳光，他们都不能十分享受。这个炭坑，仿佛是一座地狱。这些工人，

① 石绍敏主编：《山东煤矿工人运动史》，煤炭工业出版社1995年版，第21页。

> 仿佛是一群饿鬼。有时炭坑颓塌，他们不幸就活活压死，也是常有的事。
>
> ……他们有个恶习惯，常常把两星期的工，并在一星期来作。在这一星期中，无昼无夜，不停工作，不睡眠，不休息，不盥漱，不沐浴。把两星期的工在一星期作完，其余一星期，就去胡吃狂饮，乱嫖大赌去了。因为他们太无智识，所以他们除嫖赌酒肉外，不知道有比较的稍为高尚的娱乐方法，可以慰安他们的劳苦……①

贫穷、愚昧，劳苦、放纵，构成了工人生活的常态。而工头在工人生活区有意针对矿工开设酒馆、赌场、妓院，诱惑他们去消费，一方面从他们手里赚钱，另一方面，掏光他们的口袋后，他们便别无选择地积极下井卖命。由此构成了一个恶性循环，工人被牢牢地控制在工头手里。

龚冰庐在淄川矿区生活，对矿工们的处境深有了解，他在自己的作品中写出了矿工们被饥饿折磨的痛苦状况。《炭矿夫》开篇写老伙夫到矿工居住的棚户区探望自己的女儿和外孙。这些矿工们居住的所谓房子，都是用茅草和泞泥做成的，像蜂窠一样简陋逼仄。到了女儿家住的茅草屋前，他看到“窗洞内没有光线透出来，里面黑沉沉地没有一点东西能给人看见。这里好像是久湮的古墓，没有一点生之气息……在这里面，谁都不会相信还有活着的人在住着”。而他的女儿和外孙就住在这里，他的女婿也是一名矿工。因为明天才是发工钱的日子，他的生病卧床的女儿从昨天开始就饿肚子了。他的外孙阿根不到一周岁，躺在母亲怀里吃奶：“因为饮食的不足，尤其是正在疾病中的那位妇人，两奶简直是干枯得像放空了气的皮袋，只不过两层皮悬挂在胸前，小孩子却很贪食地在狂吸，老人也很满足地看着。”但终于因为吸不到奶水，孩子哭了起来。老伙夫从怀里掏出两个烧饼交给女儿，女儿将其中一个喂给怀里的孩子吃，另一个留给孩子晚上吃。已经近两天没有吃饭的女儿，没有吃他带

① 明明（李大钊）:《唐山煤厂的工人生活》,《每周评论》第12期，1919年3月9日。

来的烧饼。老伙夫十分喜爱外孙，他对女儿说："不要悲伤啊！我们守着罢，看这多么聪明的孩子，他总不会和我们一样的。守着罢，守着我们的将来罢，守着这孩子给我们的将来罢……"①

为了给外孙过周岁，老伙夫每天只吃一顿饭，坚持了一个月，省下钱来准备买五斤面粉和一斤肉，给外孙蒸包子吃。老人期待着这个神圣的时刻，嘴里不停地念叨着，对这个外孙寄予了全部希望。但就在外孙过周岁的头一个晚上，老人死去了，梦寐以求的肉包子也没能吃上。

《炭坑里的炸弹》中的福寿与他十一岁的儿子都在矿洞里挖煤，他上日班，每天在井下劳作十三个小时，几乎见不着太阳；他的儿子上夜班，父子两个虽然在一个矿洞里挖煤，却见不上面。黄昏的时候，福寿回到家里，他的妻子病在床上，怀里搂着他的小儿子。为了到庙里给妻子求一个仙方，福寿打算打一个联班——连续做两个班——以便多挣点钱买香和黄表纸。由于早上上班时带的煎饼不够，所以福寿回到家里就很饿了。他记得早上出门时给家里留了十四张煎饼，但现在只有四张，他的儿子带走了十张。他不高兴地说："他妈的，他拿八张还不够吗？——"他狼吞虎咽地吃了两张高粱煎饼，就开始磨高粱。由于他妻子有病，买来的高粱米，都是他从矿上回来以后，用石磨磨成糊，再做成煎饼，用以糊口。对这些矿工来说，吃饭从来就是压在他们身上的沉重负担。作者满怀同情地写他们穷困的生活，也对他们愚昧、麻木的惰性给予了温和而又深刻的批判。《炭矿夫》中的老陈，发工钱前两天，他的妻子就饿着肚子，但一发工钱，他马上买回煎饼、牛筋、牛肺、卤菜、大葱、高粱、小米和酒。这些够吃三天的，可是再发工钱需要五天，还有两天要饿肚子。小说《杨柳院》中，一个试图要改善矿工生活条件的人，盖了一个设施齐全、卫生条件很好的院子，以矿工能够承受的价格出租："这样一来，至少可以把工人们的永远的穷苦生活改善一下了。在这里，他可以免掉矿夫们由不洁得来的疾病和生活上的种种不安。"② 但是矿夫们

---

① 龚冰庐：《炭矿夫》，现代书局 1929 年版，第 14 页。

② 龚冰庐：《血笑》，创造社出版部 1928 年版，第 74 页。

宁愿有钱用来喝酒，也不会来这里租住。直到有一天，院子颓败了，设施坏掉了，像他们居住的茅草棚一样破败、一样肮脏的时候，矿夫们将这个院子占领了。这就是矿夫们的生活，穷困与愚昧，使他们失去了改善生活的要求。《炭坑里的炸弹》中的福寿，一边磨高粱做煎饼，一边还想着：“他妈的，有半斤高粱酒才有意思！”这些描写，使我们看到矿夫们的苦难生活，将他们的精神世界彻底掏空，失去了追求健康娱乐的能力。

除了贫穷带来的饥饿外，对矿工们来说，死亡是最大的威胁，而且是时刻都可能发生的事情。矿夫们挂在嘴边上的话是：

> 四块石头夹着一块肉，
> 今天脱了裤子不知明天穿不穿。①

龚冰庐笔下的矿工们经常重复着这句话，说明他们对自己的命运是有清醒认识的。《裁判》中的陈兆老伯在窑里干了三十年，他把煤矿工场的总门称为“鬼门关”，将矿区称为“阴曹”。他腿受伤后发誓一辈子不再到这个地方，但他的儿子又在事故中受伤，他不得不去探望：“陈兆老伯足足有二年没有到过这个地方了，他对于这个地方起一种深切的愤懑，和无涯的厌恶。他诅咒这地方，他叫这里为阴曹。他说：凡在这里来往的人人，都是些可怜的冤魂和无情的鬼判。他曾经坚决地起过好几遍誓，在他的生命未完结之前，他决不到这里来。”但是儿子受伤住院，他不得不打破誓言，重新走入“鬼门关”。儿子受伤严重，失去了一条腿和一条胳膊。这次事故压伤了五十多个人，死了八个，但是矿上只把四个人抬进医院救治，另外四十多个人不给救治，让他们等死。陈兆老伯觉醒了，他要和那些人一起反抗，但最终和儿子一起死在了医院里。《炭矿夫》最初在《畸形》杂志发表过开头的部分，名字叫《生与死》，就表达了作者

① 龚冰庐：《炭坑里的炸弹》，《洪水》第3卷第29期，1927年3月15日。

对矿工生活的基本认识。如矿洞里的童工们，一边干活，一边与死亡打交道："那里的坑道更狭小低矮，蹲着身子方能勉强通过。再前去是磋砑着嶙峋的怪石，用小木棍支着，人爬下了仅能钻入。里面有三个孩子在挖炭，都是赤裸着全身，睡在煤上，瓦斯灯衔在口内，一只盛炭的竹筐，安置在身旁，用左手拖着。右手执一柄小铁锤，轻轻地向他躺着的胸前的煤块上碓击。他们都小心从事，因为一重，煤一大块压下，就得葬在煤堆中长眠；最少也得受一回重伤。他们挖满了一筐，如蜗牛般爬行出来，煤筐拖在后面。在那里挖煤的都是些孩子，最小的在八岁左右，因为大人不能爬进那低矮的小窟。"① 即使轻轻地碓击，遇到松软的煤块掉下来，人也会变成肉饼，这些七八岁的孩子，是在死神的手掌中讨生活。成年人也好不了多少，福寿打石穴放炸弹炸煤，遇到了延迟爆炸的炸弹，他们以为不爆了，或者已经和其他炸弹同时爆了，就回到那里去。当他们靠近石穴的时候，突然有人发现了火花，于是他们拼命奔逃。由于福寿的瓦斯灯是花三个铜元从地摊上买来的，放水孔不很灵便，灯嘴容易闭塞。所以奔跑的时候经过激烈振动就熄灭了。为了逃命，他仍然拼命奔逃：

> 杂乱的石子，在他脚下绊着他，几次几乎使他翻倒。他只见他的同伴们的灯光，飞快地向前滚动，他就消溶在墨漆的黑暗里了。他什么也不见，连他自己的头生在那里也莫名其妙了。一瞬间，他的同伴的灯光转了一个弯不见了。他的四围好像都是无尽的石壁，把他团团围住。他好像觉得没有一点隙缝可以做他的去路。地下的无限的石子，绊着他使他更害怕。
>
> 他吆呼起来，他拼命呼号，但是没有一个傻子会救他的。
>
> 他还呼唤什么？没有这样的傻子来救他的。他知道了！于是他把瓦斯灯望后一摔，死命向前冲去。他不管冲到什么上，或者石壁，

① 龚冰庐：《炭坑里的炸弹》，《洪水》第3卷第29期，1927年3月15日。

或者石堆，或是木架或是炭车。他只死命望前冲去，用他所有的力。这时他无须想到究竟是会撞到石壁上破裂了脑子，或是炸弹爆发，把他炸成了肉酱片片飞腾。①

小说就此结束，给读者留下了悬念。但在另一篇小说《矿山祭》中，作者重写了这个故事，而且续写了炸弹爆炸后主人公的遭遇。只是在《矿山祭》中，主人公变成了阿茂，他经常挂在嘴边的一句话是："死路一条，死路一条!"

矿坑里的炸弹爆炸以后，阿茂被炸去了一条腿，住进了医院。到了年底，矿山要举行"矿山祭"，这是矿山一年一度的盛大典礼。这一天，祭祀死者的"供养塔"被装潢一新："围着那座塔的铁丝网已经拆掉，四面供奉着美丽的花圈，前面挂着万国旗。总算是几块石头出足风头，或者是石头底下的枯骨出足风头，这不要追根究底，要之一切都很漂亮。""矿山祭"看上去是为了祭祀那些遇难的矿工，实际上是"高贵的职董先生们"寻欢作乐的日子。他们喝得两脸微醺，还从青岛、济南拉来了一班妖冶的日本艺妓，"职董先生们发狂到出了常轨，工人也得到了难逢的恣意享乐的机会"，没有人会想到"装点得这样好看的白石塔下好几千付白骨，矿山祭那里算得是为了这个，这不过是行乐的机会"。受伤的阿茂面对这样热闹的场景，想到了自己的命运，他对小麻皮说："谁不是总要死掉的，在矿坑里做工的，终结是死在矿坑里！……谁敢说个不字？……但是这不是命运，这是根本倒了霉，我们算是一辈子在走着死路！……不要闹，听我……穷要穷得死，冻要冻得死，饿要饿得死，一天到晚，从生到死，这样做工还不是死，算了吧，那（哪）一条不是死路，我阿茂断条把腿还算不曾触霉头到底!"由于资本家追求高额利润，置工人的安全于不顾，导致事故频发。根据有关记载："山东煤矿的冒顶、透水事故一直是煤矿开采的主要危害，从前的小煤井生产，通常是

① 龚冰庐：《炭坑里的炸弹》，《洪水》第3卷第29期，1927年3月15日。

遇煤就采，遇水不能排就停，放弃老井，另凿新井，在博山、淄川、章丘、莱芜、新泰、宁阳、峄县、临沂一带的老矿区，古井累累，积水盈坑，遗患无穷。”“淄博煤矿从 1915 年到 1945 年不完全统计，仅透水事故即发生 42 起，死亡矿工 1858 人。”① 龚冰庐的《血笑》写的就是冒顶事故，《废坑》写的透水事故。在《血笑》中，由于煤矿底下倒了几根支柱，煤层崩塌下来，一共压死了十多个正在挖煤的童工，情景十分凄惨："压死的十几个童工并成一堆了。他们用铲挖到煤车里，从升降机上吊上了地面。在这一堆死骸中，已经分辨不出肉和骨，只是一堆有骨有肉有血并且掺和着多量煤屑的紫黑色的混合物。而且在这一大堆血肉中，有十几个的成分。但是那（哪）一点是某人的，这叫谁去辨认呢？他们只可按着分量分成十几堆，死者的家属来领尸时，就让他任便选了一堆去。”② 在冷静的叙述背后，是鲜血淋漓的悲剧。冒顶事故导致十几名童工尸骨不全，透水事故则更加恐怖，使死在井下的人连尸骨也找不到。《废坑》里的兆伯领着一群孩子在挖煤，突然遇到煤矿透水，他领着孩子们爬到坑洞的最高处，但水位在持续上涨，他们站的地方很快就会被水淹没，所有的空间都将被水填满，任何人无生还可能。这时兆伯想到，他们站的地方就是孝妇河③河底，几根立柱支撑着石板，托着河底。只要将这些立柱放倒，孝妇河就会洞穿，他们就有可能通过河底浮上水面。兆伯的提议得到孩子们的赞同，但这时他又开始犹豫了，他对孩子们说："谁断得定我们一定能够升到水面上去呢！假使这样一来，对于这个矿完全弄糟了！坑道和孝妇河穿了洞，坑道里的水永远打不干了！我们总是预备着死了，让老板还有个重新整顿的机会……不要毁坏了它吧，来找事做的人有不少在等着啊！”善良的兆伯想到了那些在矿上等待着找事做的穷苦人，就愿意自己死了，也不要毁了这矿。孩子们不愿意了："为了

---

① 石绍敏主编：《山东煤矿工人运动史》，煤炭工业出版社 1995 年版，第 22 页。

② 龚冰庐：《血笑》，创造社出版部 1928 年版，第 4—5 页。

③ 孝妇河古称泷水，发源于淄博市博山城东南岱庄东北峪，流经博山、淄川、邹平等地，因齐国孝妇颜文姜而得名。

这个么？我们的命呢？老板不买一个打水机来，以后死的人还有不少在等着呢！”“为了老板，大家都不要命么？”兆伯强调：“为了大家啊。留着这个坑罢，为着许多没有饭吃来找事情做的弟兄们啊！”孩子们不听兆伯的阻拦，他们跳到水里将柱子放倒，孝妇河穿底了。“在孝妇河的水面上，有几个半死的孩子挣扎着浮了起来。”作者以平静的语气，讲述了一个惊心动魄的矿难故事，反映了当时矿工们时刻面临矿难威胁的不幸命运。当时在矿工中流传的歌谣充分表达了这一点：“要下窑，拿命抵；不下窑，饿肚皮。伤老病残老板一脚踢，死了三根麻绳一领席。”①

苦难必然孕育着抗争，时间毕竟进入了20世纪，一向逆来顺受的矿工们开始觉醒了，矿山上的宁静注定要被愤怒的呼喊声打破。

三　矿工们的反抗与斗争

山东煤矿工人一直有着反抗剥削和压迫的优良传统。早在明代万历年间，由于朝廷派出太监监管矿产，对矿产财富进行疯狂掠夺和对矿工进行非人的折磨，导致颜神镇（今博山）矿工起义。他们在领袖王堂带领下，持续两年多，“转战于山东、江苏、河南、直隶四省，京师震动，给封建王朝统治以严重地打击”②。近代以来，德国和日本插手山东煤矿的开采，对中国工人进行残酷的压榨和剥削，引发了矿工们自发反对帝国主义的斗争。如“1913年八九月间，德营淄川煤矿的六七百名工人为增加工资而发动了‘哄班’（即罢工）斗争。结果迫使矿方给工人增加了工资，井下搬运工由原来的450文增到500文，采煤工由原来的500文增到600文。罢工取得了成功”③。1921年中国共产党成立以后，济南中共党支部陆续派遣王用章、王尽美、邓恩铭等人，到淄博矿区宣传马克思主义理论，发展党员，教育群众。1922年6月，淄博各矿坑代表300多

① 石绍敏主编：《山东煤矿工人运动史》，煤炭工业出版社1995年版，第23页。

② 同上书，第3页。

③ 同上书，第26页。

人在马家庄召开大会，成立了山东矿区第一个“矿业工会”①。1924年5月，中国淄博矿区支部成立，自此工人阶级有了自己的组织。他们在共产党的领导下，同矿主展开斗争，维护自己的正当权益。从龚冰庐作品来看，他对中国共产党组织领导工人运动的情况并不了解，我们在他笔下看到的是工人们自发的斗争，尽管如此，他也写出了工人在不堪忍受压迫和奴役的情况下，自发地同矿主进行斗争的过程。尤为重要的是，他不仅写出了工人的反抗精神，还写出了工人自身的复杂性。

《矿山祭》中的阿茂，在矿井里被炸掉一条腿，年底参加矿山祭，他似乎意识到工人不起来同资本家斗争就没有活路，所以他跟麻皮说：“……不是俺阿茂在这里吹牛，这是要有本领的，你干么？我告诉你，地底下的煤不是什么人定造在那里的！我们的人更不是什么人定制在那里的！……还有什么话，完啦！俺阿茂不吹牛，要干就干，什么都没有用，俺挖着煤就是俺的，你小麻皮挖来的就是你小麻皮的。”“不？俺阿茂不是自己吹，苦也苦得，累（劳苦的意思）也累得，还怕什么鸟的蛋！……老实说，死路不通要走走活路看。干不干，干的俺们就来一套。”过去阿茂一直说“死路一条”，经过爆炸事故和在医院里躺了一个月，他有了“死路不通要走走活路看”的想法，这不只是个人的顿悟，更是周围环境的影响，接下来小说进行了暗示性描写：

> 十一月的阳光下，虽则是带有点寒冷，然而为周遭的人们过于兴奋的缘故，也就不觉得是严冬了，这里有些初春的景象。
>
> 人们都在昂着头要等戏剧的开演，但是不见有什么动静。
>
> 时候是到了，西山上的一大批矿工们却在骚动起来哩。
>
> 职董们呢？正在和远来的妖冶的女人们发着疯！
>
> 这总不免是一个非常的节日！

① 石绍敏主编：《山东煤矿工人运动史》，煤炭工业出版社1995年版，第38页。

小说结尾这几句话带有很深的寓意。北方冬天的十一月，已经天寒地冻，但“这里有初春的景象”；西山工人们的骚动，暗示着他们已经起来进行斗争；最后说“非常的节日”意味着工人们不会再上当受骗了，他们要为自己的权利展开殊死搏斗了。作者写得很含蓄，但其中隐藏的含义一目了然。

与《矿山祭》采用委婉手法写工人斗争不同，《裁判》则直接写工人与警察之间的冲突。矿上发生冒顶事故，四十多人被压伤，死了八个，矿上只把四个人抬到医院医治，其余那些伤重的在医院外面呻吟、等死。“因为他们死了，公司里给十块钱丧葬费，假使他们医活了，像这样的残废，公司中就得贴他生活费呢!”对矿主来说，工人死了比残废了好，这就是他们的经济学。但四十多个重伤者在医院外面流着血，他们的亲人在哭喊：

> 槐树的根旁，横倒着无数的尸身和哭倒着的妇女与小孩。紫黑的浓血，流了满地，呻吟和哭唤声充满了空间。
>
> “他要死了，死了，他要死了！呀，救命呀，你们看他怎样在摆动……”
>
> “谁做一个好事，快把我的儿子弄死了，给他一个好死吧！我不忍看了，我不忍……我不忍看他这慢慢地痛死！我的心也要痛死了……”
>
> 尖锐的女人的叫唤，格外刺耳地激动着人众的耳膜。

陈兆老伯还算是幸运的，他的儿子在医院里接受治疗。但当他看到医院外这种凄惨场景时，他也愤怒了：

> 天哪，这算什么？——哙，兄弟们，你们打进去呀！

愤怒中的陈兆老伯拣起一块石子，用足了力气，向事务所的楼窗上抛掷过去，玻璃窗打破了。其他人也开始抛石子，不到几分钟，事务所的玻璃都碎了。这时警察来了，很多人在逃走，陈兆老伯呼喊着不要让他们走，他带领着矿工们跟警察对峙。警察放空枪威胁他们，骂他们是“横暴的猪”，让他们赶快回家。陈兆老伯向群众也向警察诉说自己做了三十六年工，最后因为断了一条腿，被赶出了工场。这悲苦的经历，最后他呼吁说：

> 我如今虽然每天挂着篾竹饭篮出去兜卖，我虽不做矿工了，但是我一年一年在等候着，等候着这时机的到来。我等候了二年多，现在终于到来了，兄弟们，现在是我们工人自己靠自己的时候了！但是我们怎样抵御这些虐待我们的恶鬼呢……我们怎样才能自己保护我们自己！

群众被他鼓动起来了，他们高喊“让我们惩罚那些恶鬼，和这些猪猡算算账……”开始冲向警察的防线，这时警察真的开枪了，人们四处奔散，很多人倒下了，或死或伤，陈兆老伯腿上中了一枪。第二天，整个矿区发生了大罢工，工人们终于团结起来了，他们要找总办算总账。陈兆老伯原来盼望一个大人物来拯救自己，后来意识到只有自己能救自己。他盼望着这一天。但矿上的老爷们认为，陈是罢工的幕后主使，等他出院后要让他接受裁判。陈想：“我犯了什么法呢，法是恶鬼们定出来的。他们因为要杀人，要吃血，所以这样做。假使我能够定法律的话，就老实不客气只要一句‘不做工的没得吃’，其余一概都不要的。”陈兆老伯显然没有接受马克思主义的影响，对平等的诉求基本还停留在“不劳动者不得食”的朴素、直观的层面上。

对于罢工，很多工人怀有恐惧。因为罢工以后就要挨饿，之前有过罢工的经历，最后都失败了，饿死了很多女人和孩子，最后没有得到任何好处就复工了。但罢工的组织者很坚决，他们派人堵着各个路口，看见有去上班的，就绑起来。所有工人必须一起罢工。罢工人群会聚起来，发出巨大的吼声，将事务所包围了，他们要跟总办算总账。陈兆老伯从工人的吼声中看到了希望，他对昏迷中的儿子说："你听见吗？外面喧闹着的是怎样的一种声音呀？现在一切都反常了，我们的恶梦该是完结的时候了。狗儿，你来听了一声赏心的欢声而死吧，你不要这样糊里糊涂地死呀，狗儿，假使你就这样死了，不是太不值得吗？你生在恶梦中，而你又死在恶梦里。这样，你所得的痛苦未免太多了呀……"但是，他的呼喊没有唤醒昏迷的儿子，相反，儿子在他的呼唤声中死去了。他用两手紧紧环抱着儿子的尸身，尸身变得僵直了。外面集结起来的工人开始向医院聚集，他们听说总办躲到医院里来了。小说就此结束。

龚冰庐作为一名左翼作家，对共产党领导的工人运动了解不多，但他朦胧地意识到工人自己会从苦难中觉醒，会为了自己的利益而斗争。他生动地写出了工人身上潜藏的反抗意识，但由于这种反抗是盲目的，所以很难有好的结果。所以他写到工人们组织起来反抗的时候，小说就戛然而止了。

《一九二五年的血——关于五卅的传闻》虽然不是一篇写矿工的小说，但也暗含着煤矿工人觉醒的内容，构思十分特别。在一个雨夜，"我"从一个小县城乘坐火车回到矿上。由于深夜下雨，车上几乎无人，火车也极慢，被称为"慢牛"。在火车上遇到一名矿工，给"我"讲最近的新闻——上海五卅运动。这位矿工将顾正红称为是观世音身边的善财童子红孩儿，他趁观音菩萨睡觉的时候，跑到人间来看看什么样："他一看这个世界不对，世界中充满了罪恶；人类是过于混乱了，他们互相欺骗，斗争……又（尤）其是在同一人类中，分成了无数等级，互相压抑，互相仇杀。工人永远伏在工场里做工，而且永远不够温饱，发财的人永远闲荡着，整日里无所事事。"红孩儿很生气，将下到人间到工厂里做工，决定把这世界改变一下。他宣言说："这世界是他的，世界上的一切都是他的。因为工人造成了世界的一切，只有工人才是世界的主人，工人才配享受这现世的一切。这些游手好闲的不良分子，要把他们全部骗出这个世界。虽则这世界现在正把握在他们手里，但他要从他们手里夺回来。”于是工人们跟着他罢工、斗争。结果顾正红死在了日本人手里：“这样一来，他们就明明白白地对立起来，他们明明告诉人说：有钱人和工人是仇敌，官员是有钱人雇用的奴隶。”这位工人随后讲述了五月三十日上海南京路上的惨案：

——五月三十日，就是他们开火的一天。战线上混杂着有（用）钱雇佣来的走狗，穿着官员制服的刽子手。这一边呢，这一边站着工人，穷人，主张公道的学生。在这里，全世界各色人种，统统有在里面。

——于是全世界的争斗就从此开始，全世界的有钱人和工人开战了。

——结果怎样呢？谁也不知道……他们只说上海的全埠流满了血，马路上简直用人血染得通红。①

这名工人讲得绘声绘色，讲完把头伸向车窗外去：“这时从满空的湿雨中瞥见了煤矿工场上点点的灯光。大概人们都在熟睡的时候了，在矿下做夜工的矿夫，还在演着流血的惨剧。”看上去上海“五卅”流血的悲剧跟远在山东的矿工无关，但作者通过这名矿工的讲述，已经暗示了煤矿工人的觉醒。这名矿工讲完这个故事以后，自己说：“我听了这个故事以后，我才明白了一点。唅，原来在这世界上人类正分着二个等级。我们的敌人，原来刻刻在向我们进攻着。他们用的战术比机关枪，绿气炮还厉害。我们呢，我们得要把战线赶快划分起来，我们得要准备抵御了！……”这位矿工开始做好战斗的准备，深夜雨中矿山的宁静在不久的将来就会被打破，所以小说结尾意味深长地写道：

雨还是这样急骤地下着，四处吼着雷鸣，山谷间亮着电闪。不知道火车走了多少路了，车身仍是不绝地摆摇！

---

① 冰庐：《一九二五年的血——关于五卅的传闻》，《流沙》第4期，1928年5月1日。

——哙，朋友，再吸一支烟吧！

我的旅伴正在焦躁着，他愤愤地吐着烟丝，二眼顶（盯）定了煤矿工场上微弱的灯火。

也许这“微弱的灯火”，很快就会变成熊熊大火，就像今夜的暴雨、闪电和雷鸣，大火一旦烧起来，同样会让这山间“四处吼着雷鸣，山谷间亮着闪电”，作者以含蓄的手法，暗示着矿区即将到来的剧烈震动。所以小说里的故事虽与矿区无关，但当这个故事被一个矿工转述的时候，故事蕴含的思想和能量，就会在矿区中传递。流血、流汗的矿工和上海纱厂的工人一样，遭受着非人的剥削和压迫，他们自然会站在一起，结成阵线，正像这位矿工所说：“我们得要准备抵御了。”

在左翼作家中，龚冰庐不在小说中喊空洞的口号，抒发群体性的革命激情，而是善于从个体入手，反映工人阶级思想观念的转变和他们的革命要求，使他的作品叙事沉稳、厚重，对个体人物的心理，把握得比较透彻。

《黎明之前》故事的主体部分不在矿区，但倪洪德则是从矿区走出来的反抗者。他原本是煤矿铁路上的一名工人，因为爱上总管家里的女佣，偷着去约会被发现，便被赶出了矿山。之后他到青岛做短暂停留便到了上海，那时“上海正泛溢着革命的怒潮，从南国吹来的激动人兴奋的革命空气，喧腾了阖埠”。倪洪德进了工厂，参加了上海工人的示威游行活动。这位被爱情“逼出”矿山的工人，找到了更为广阔的天地。龚冰庐到底是创造社的传人，《黎明之前》带有郁达夫和郭沫若早期小说的特点，主人公多愁善感，常常自怨、自艾、自省，使小说充满了大段的内心独白，仿佛是从《沉沦》中走出的人物参加了革命，因“性”而来的苦闷变成“阶级之苦闷”和“时代之苦闷”。龚冰庐的其他作品多少也带有这种色彩，非常私人化的内心感受，常常在小说中肆意流淌，即使那些目不识丁的矿工，也常常思绪万千。这是其作品的鲜明个性，但也给作品带来了冗长的赘疣。《炭矿夫》是龚冰庐最重要的小说，但其中对工人反抗的描写存在着值得思考的问题。小说写了三代人的命运：老伙夫在准备给外孙过周岁的前夜死去了；他的女婿老陈，因为参与组织工人罢工和其他人一起被枪毙了。矿主枪杀了罢工的积极分子，但罢工并没有结束，这个时候作者写出了罢工期间工人们的想法，写得非常真实、具体，反映了工人阶级的复杂性：

> 一部份工人都把这回罢工事件委之于命运，他们成天在叫着天哪，除此以外就不知道还有其他的办法。他们一天到晚蠢动着，找不着一条出路；他们成天的打算的，只是怎样能够充满这饥饿的肚子，有时他们会憧憬到未来，构成些将来的逸乐的幻梦，然而他们的大部份是在怨望着，因为未罢工以前他们倒还不至于饿死！
>
> 他们的另一部份工人呢，正把这一件事当得非常地严重，甚至严重到过分的程度。但是经过了长时间的坚持以后，他们已经弄得束手无策了，所以他们也常常叹气，发怒，虽则他们始终继续着办理下去。
>
> 有些老年的矿夫们，那简直是发了疯了。他们到处找人相骂，无理取闹，把年轻人骂得一钱不值。
>
> 妇孺们更不用说了，他们始终不知道是怎样一回事，他们只知道诅咒人家说：这是根本做差了的。①

工人们的饥饿越来越严重，连野草也被抢嚼得精光了。因为时间长了，外面的救济几乎断绝，工人们无法再坚持下去了，尤其是很多工人家里还有女人和孩子。工人们开始不信任罢工委员会了，工人们只盼着尽快复工。这时事务所的人开始做工人的工作了，他们说："来罢，忠顺一点，我们再给你们工作做。"罢工维持委员会出来劝说："不要上当，兄弟们！""我们的旧的铁索还没有解开，不要再添上新的了。"但工人们

① 龚冰庐：《炭矿夫》，现代书局 1929 年版，第 55—56 页。

陆续报名了。老陈的儿子阿根也去报了名。虽然他只有 8 岁，但他和他生病的母亲还得活下去，除此之外，他也没有别的出路。一部分被开除的罢工维持会的委员和一部分不愿意报名复工的流氓还聚集在一起开会，希望再次发动工友们举行更大的活动，但他们发现工友们是靠不住的，他们愤怒地叫嚣着："打！烧！"他们说到做到，在一个黎明时分，他们潜伏到矿区，点燃了炸药。随着一声声轰鸣，这个矿区工场被炸烂了："这里没有人哭喊，没有人的奔走，只是全部的厂房崩塌下来，钢铸的桥梁倾圮了！在这样沉黑的深夜，什么人都还甜睡着，这里没有人来救援，没有起什么冲突，仅仅是一刹那顷，全个工场已经炸毁得没有余屑了！"升降机自然也被炸坏了，成千的井下工人也升不上来了。那个只有 8 岁的小阿根，"也没有出逃这命运的圈套"。

小说最后写的这次爆炸，作者的态度很暧昧，一方面，他反对这种不顾后果的冒险主义行动，尤其是将成千的工人葬送在地下，这显然是残忍和冷酷的。所以小说在介绍这部分人的时候，说他们中间有流氓；但另一方面，似乎也给予了一些赞美之词，说明作者对这种行动也没有很明确的态度。

尽管如此，在左翼作家中，龚冰庐的作品还是卓然独立的。他不简单地宣扬阶级斗争观念，不塑造脸谱化的人物，不喊空洞的口号。他没有塑造共产党人的形象，这可能是他的一个缺陷，但他的作品中的阶级斗争意识还是很充沛的。正如有人指出的那样：他"像录下了大地最深处猛烈的雷鸣，像撞响了'普天下'工人反抗的洪钟，龚冰庐的创作以明确的阶级意识和真切的时代精神，表现出生活在社会最底层的无产阶级自发的革命要求和强悍的反抗力量；这种要求，这种力量，汇集为具有鲜明的时代革命气息的狂涛，掀起了冲决旧世界一切堤防的革命洪潮！这就是对无产阶级革命的情绪性把握，也是对无产阶级革命情绪的意识性表现！"①

① 朱寿桐：《情绪：创造社的诗学宇宙》，上海文艺出版社 1991 年版，第 372 页。

鲁南文化与赵德发小说的民俗书写*

朱献贞　鲍俊羽**

内容提要：赵德发是一位起步于乡土文学盛名于传统文化文学表达的齐鲁作家；赵德发文化心理的形成源自鲁南地区的乡间大地，对民间气候风貌、地道方言、神话传说、生活习惯、宗族礼仪等民俗的观察与体验构成了作家独特的地方文化思维，影响其创作的艺术趋向；赵德发乡土题材作品的民俗书写，体现其对乡土世界的关注及忧思，其民俗书写的意义和价值不仅在于对齐鲁大地民俗生活的原生态关注，更提供了一种新的审美角度和方式。

关键词：鲁南文化；赵德发；民俗书写

赵德发是齐鲁大地上成长起来的乡土作家，80年代问世的《通腿儿》《窖》等短篇小说就为其博得很高的文名。近几年来的创作越来越受到评论界的重视，这很大程度上源于赵德发对传统文化的现代转型及其命运的持续关注和文学书写。其实，创作伊始，赵德发就将目光凝聚在齐鲁这片乡间大地上，把文学之根深扎于齐鲁文化的土壤中，自然朴实地呈

---

* ［基金项目］本文系国家社科基金项目："左翼文学的政治理想与道德建构关系研究"（编号17BZW138）阶段性成果。

** ［作者简介］朱献贞（1973—　），男，文学博士，曲阜师范大学教授，硕士生导师，从事现代中国文学与文学研究、鲁迅与左翼文学研究。鲍俊羽（1991—　），女，文学硕士，山东省日照市文联干部，从事当代文学批评研究。

现了这方水土所养育的民众及民魂。90年代的“农民三部曲”和21世纪的“传统文化小说三种”以及《人类世》《经山海》等作品越来越浓厚的文化色调，让人们更加清晰地感受到赵德发对齐鲁文化区域中的人事书写的热情，这也包括对齐鲁民俗尤其是鲁南地区的生活习俗的文学呈现。主要体现在三个层面：一是包括婚丧嫁娶礼仪在内的人生礼仪民俗；二是包括方言土语、日常俚语、民间传说、民间歌谣神化等在内的口承语言民俗；三是包括日常民俗生活、宗族组织民俗和精神信仰民俗的社会生活民俗。民俗作为赵德发乡土题材作品的重要内容，体现了他对乡土世界的关注及忧思，其民俗书写的意义和价值不仅仅在于对齐鲁大地民俗生活的原生态关注，更提供了一种新的审美角度和方式，为当代乡土文学增光添彩。

文学关注人、关注人的生活。毋庸置疑，民俗在人的生活中是不容忽视的重要部分，是文学创作的最原始素材，贴近人心，有着丰富的艺术魅力及感染力。值得提出的是，生活中的民俗并不能随意在文学作品中表现，原生态的民俗鱼龙混杂，只有在艺术创作时通过作家的筛选、提炼，以表达作者需要传递的某种信息时，审美化的民俗才能拥有更丰富的内涵及张力。齐鲁大地上的民风民俗丰富多彩，展示了这片儒家文化熏染下的生活情态和人文风貌，它们为赵德发等山东作家的文学创作提供了鲜活的素材，也酝酿了文学鲁军的多样审美趣味。

从民俗的角度研究赵德发的《缱绻与决绝》《天理暨人欲》《嫁给鬼子》《通腿儿》等一系列长篇或中短篇小说是有意义的尝试。众所周知，民间文化对于生活其中的创作者有着深刻的影响力，对故乡的所见、所思、所想能构成一个作家原始的创作动力，故乡的山川草木事事物物都是作家创作的素材甚至是创作中的灵感点。这就构筑起民俗与文学相联系的通道，给文学作品注入更多生活气息，增强其艺术感染力。

心理学研究认为，童年时期的生活环境和经历对人一生造成的影响是难以估量的，幼时生活体验、感受及记忆在很大程度上可以影响人的性格、思维方式。联系赵德发的成长经历，这样的研究观点同样颇有道理。乡村生活的经历和对农村风情的感受不仅影响赵德发对作品题材、作品内容的选择，还关系到写作视角、写作手法的运用等方面。

赵德发的文化心理形成于山东鲁南地区的乡间大地上，对于民间气候风貌、自然风光、地道方言、神话传说、生活习惯、宗族礼仪的观察与体验构成作家独特的地方文化思维，影响其创作的艺术趋向，这可以称为一个作家的恋土情结。只有综合考察作者所受民俗文化的影响，体会其恋土情结的内容以及其中的深沉情感，才能更好地分析作品内涵。

赵德发 1955 年生于莒南县宋家沟，这是一个贫穷的小山村，幼时的他经历过大饥荒，吃过树叶和草叶，对于农村的贫穷有着铭心刻骨的体验，知道真正的饥饿是什么感觉，完全理解农民生活的艰难。作为家中长子的他，还受乡间伦理影响，有着深重的长子情结，希望能够以自己的能力改善家中状况，所以 14 岁的他尽管学习成绩优异，可以借此进入城市逃离困境，还是主动辍学回家务农赚钱。他幼时体质过敏，被皮炎折磨多年，家中想尽各种偏方治疗，发病时甚至经受过火烤。愚昧落后的农村对一些暂时无法治愈的疾病往往归咎为鬼神之说。长时间被疾病折磨的他在听到这些说法时逐渐生出一颗敏感的心。

俗话说："百里不同风，十里不同俗。"在这种环境下长大的赵德发有着对农村天然的熟稔与敏锐的洞察力。二十几年的生活积淀，他所经历的四邻八舍、春耕秋收、草木农田、婚丧嫁娶、宗族仪式满满的累积在心中，像是一座巨大的富矿，拥有无法想象的潜力。鲁地的民俗风情给予他精神上的滋养，他扎根于这片土地，创作伊始就致力于讲述这片土地上的悲欢离合、人生百态。就像作者自己所说："我走上文学创作之路时必然会从乡村出发，写乡村生活。这是乡村生活对我的最大影响，也是土地对我的慷慨馈赠。"① 早期的短篇小说虽然在创作主题、人物形象、故事脉络等方面还略显单薄，但也逐步创作出了《通腿儿》、《窖》系列、《樱桃小嘴》、《闲肉》等既饱含鲁南地区民俗文化特色，又打动人

① 赵德发、王晓梦：《世心与史心的守望——赵德发访谈录》，《百家评论》2013 年第 5 期。

心的优秀作品。丰富的农村生活经验，大量素材积累，使赵德发不满足于中短篇小说创作，怀着一颗为中国农民立此存照的决心，凭着对农村生活、农民生存的切身体悟，赵德发走入了《缱绻与决绝》的创作天地。原本打算以一部作品来记叙民间生活的他，在《缱绻与决绝》创作完成后，发现浩渺繁重的农村历史远不是一部作品所能表达的，自己多年农村生活所积累的素材还有很多有待发掘表现，这就陆续有了《天理暨人欲》《青烟或白雾》，共同组成“农民三部曲”系列。三部作品洋洋洒洒百万字，可谓淋漓尽致，全方位而又真实地刻画出鲁南乡间大地上的众生百相。

由中短篇到长篇，赵德发在一系列农村题材作品中饱含深情地叙写触目可见，触手可及的日常习俗、民间文化、民俗心理，展现农民的真实生活状态以及他们的思想精神世界，抒发这些从小耳濡目染的风物习俗在作者内心所激发的审美情感，透露着作者对这片乡间土地的深沉热爱及热切思考。他记下了乡亲们的愚昧、盲目和无知，更记下了乡亲们的善良朴实与坚韧，描绘出一幅独具风神的鲁南地区风情画。在这幅色彩斑斓的画卷里，瑰丽的民俗色彩是其中浓墨重彩的一笔，有着不容忽视的美学价值，透过这一点，让我们走近并发掘赵德发民俗叙事的审美价值。

一　赵德发小说中的人生礼仪民俗

人生在世，从每个普通人降临到世间的那一刻起，婚丧嫁娶成为他们生命中不容忽视的生存经历。人的一生并不算短，可是以出生、成长、嫁娶、丧葬为时间点来划分的话，似乎能真切体会到岁月如梭、时光飞逝。这四个节点，因其普遍性和重要性不仅对个人有着独特的意义，在整个社会也是颇受重视。在古代，从皇室子弟到达官贵人再到平民百姓，各有一套关于人生礼仪的规矩与讲究。随着社会的发展，现代以来，即便旧阶层关系被打破，从南到北地域不同，礼仪习俗也不尽相同，不同的生活环境塑造了各地独具风神的民风民情，尽管有些随着岁月变迁渐渐式微，但仍有一些具有典型性的习俗被长久传承下来，从赵德发作品中我们可以看到鲁南地区有着浓郁地方色彩的婚丧嫁娶习俗。

齐鲁文化源远流长，受儒家学说影响，鲁地农村对婚姻也颇有一套看法，父母之命媒妁之言、门当户对等思想深入人心。结婚需要媒人牵线，《缱绻与决绝》中花二妗子促成了大脚与绣绣的婚事，《青烟或白雾》的二咣咣屡次为吕中贞牵线搭桥。迫于结婚需要人说和的传统思维，吕中贞有话给支明禄说只能请姐妹蒿子代为传话，却因此酿成了自己错失支明禄的婚姻悲剧。结婚的日子需要找人推算，以求一个良辰吉日。结婚对象的“登对”也十分重要。《缱绻与决绝》中未出嫁的绣绣与费文典结亲，两家都是天牛庙数一数二的富户。《天理暨人欲》许景行与玉莲同样是家境殷实。遭土匪绑架失去清白的绣绣最终嫁给了贫穷的封大脚，在封家人看来娶到绣绣这种大小姐是封大脚天大的福气，却也因为两家差距过大，封大脚始终得不到岳父宁学祥的承认。除了常见的婚姻思维，鲁南农村还有一种特殊的婚姻现象叫作“倒插门”，也就是入赘。在以男权为主的传统乡间，倒插门的女婿需要到女方家生活，甚至要随女家的姓氏，无疑在村里入赘的男人日子并不好过。《青烟或白雾》主人公吕中贞正是因为想找一位上门女婿才迟迟没能结婚，也正是这样的出发点导致她婚姻一连串悲剧的发生。中篇小说《入赘》讲到瓜瓤因为眼睛的毛病一直找不到妻子，在明知“一个男子汉到外村当倒顶门女婿，而且是上一个寡妇的门，这事很不光彩”的情况下，出于对婚姻的期盼与渴望，前去陈家官庄倒插门的故事。

除了以上传统婚姻思维，在婚事期间同样有许多风俗习惯。感人至深的短篇小说《通腿儿》提到新婚同在喜月的新娘是不能见面的，若是见面则谁先说话对谁有利。《青烟或白雾》蒿子结婚落轿的地方放几块又暄又软的石头，新娘轿子将石头压破，要说“新人压得石头破，儿孙辈辈有官做”的吉利话。① 送给新娘的两碗宽心茶也不用喝，要浇在轿前。

---

① 赵德发:《青烟或白雾》，人民文学出版社 2002 年版，第 14 页。

《天理暨人欲》详细写到了许景行结婚时送亲、迎亲、闹洞房以及晚上凑热闹的人们隔着房门、窗户要喜糖的情景，要喜糖的妇女将门鼻子晃的叮当响，嘴里念着："门鼻响，门鼻响，养个好儿披大氅。"① 地道的民间风俗与俗语相联系，更富有生动的感染力。

人生礼仪方面的风俗，除了结婚，葬礼在乡间也有着重要意义。传统中国迷信鬼神之说，认为人死而有灵，葬礼是一个人生命的终点，某种程度上也可以看作是另一种生存形态的起点，有些人活着的时候受尽贫穷或者疾病的折磨，便将生的希望与喜悦寄托到另一个世界，希望死后可以获得解脱得到幸福，人们相信死的仪式能够直接影响其在另一个世界的生活。儒家提倡孝道，经过历年历代的发展与变化，孝道不仅指的是逝者生前子孙的行为，也规定着过世以后逝者的子孙们该如何操办葬礼仪式、如何守孝。此外，先人可以福荫子孙的说法在民间很受赞同，《青烟或白雾》中就屡次提到子孙后代做官的是祖坟上冒青烟。因此，民间对于葬礼的重视程度不亚于生者的日常礼俗，自有其严格的规矩。

《路遥何日还乡》讲刻碑人洪运叔的故事。民间重视葬礼规矩，葬礼上不可或缺的墓碑自然也有它的内涵，墓碑的规格大小与上面镌刻的花纹图样要与碑主人的身份相符，碑文要符合"道远几时通达，路遥何日还乡"的十二字大黄道，还要套的上"生老病死苦"的五字小黄道。作者还通过洪运叔之口讲出，在乡民们眼中，碑文的讲究至关重要，如果碑文不符合黄道，那么墓主人的魂灵就会流落在外，找不到归去的方向。《缱绻与决绝》中提到在深受乡风乡俗影响的村民看来，死后的棺材就是在未知世界的房子，田氏在死之前问宁学祥："他爹，俺死了你能给俺几寸厚的房子?"（《缱绻与决绝》第二章）棺材的厚度仿佛直接关系到魂灵在另一个世界的安宁程度。不仅棺材的厚度，在村民们看来，丧事操办得越热闹风光，逝者就越能得以安息，因此丧事规模大小以各家能承受的范围为限度，规模越大就越被人称赞，得到一些老人的羡慕，仿佛

① 赵德发：《君子梦》，安徽文艺出版社 2014 年版，第 93 页。

子孙们也更有孝心。宁家当年日子过得红红火火，宁白为父亲操办丧事，做斋四十九天，请来吹手八十多人，唱经的僧人道士一百多人，每天念经烧纸、各种杂耍，灵棚一直从家里扎到墓地，长达三里路，一度成为盛景，引得十里八村的人前来观看。赵德发通过田氏的葬礼从报丧、穿孝、吊孝、不同身份吊孝人的不同穿戴、在供桌前作揖叩首的讲究到出殡时队伍的排列等方面细致入微地展现了民间丧葬习俗。由儿媳提一灌米汤绕土地庙三圈浇给土地爷，其余人在土地庙前烧纸钱，叫作“送汤”，是为了取悦土地爷，请他善待新鬼。供桌上摆好牌位，供桌前逝者子孙分列两边，祭仪开始，先请“鸿客”祭拜，“鸿客”拜完再是“贵客”。叩拜有各种各样的名堂，叩拜、传箸、捻香、奠酒，一整套流程有不同的拜法，其中最隆重的叫“大加官”。

这些流传的丧礼讲究与规矩，本来是为了表达对死者的敬意与追悼，由此体现子孙的孝心。但是农村中也有一些丧事，只传承了葬礼中陋风陋俗（愚昧落后）的一面，过分追求程序化与虚荣心，丧礼原本应该蕴含的沉痛与缅怀荡然无存，极有讽刺意味。《天理暨人欲》中许合习的母亲因为两个儿子不孝，生活贫寒，吃上顿没下顿，儿媳妇甚至给她送猪食，一气之下自缢身亡。许合习受到村委批评，心里暗暗不服气，想着要给母亲大肆操办丧事借此在乡亲们面前展现一个孝子形象。居然有老人看过葬礼后羡慕的表示尽管许合习的母亲是被儿子气死的，但是办这么风光的葬礼也算死得值。让人啼笑皆非的同时又为其愚昧与落后叹息。

二 赵德发小说中的口承语言民俗

民俗不仅表现在这些或者热热闹闹或者庄重肃穆的人生礼俗上，语言作为人与人交流必备的工具承载了太多文化内涵与人文风韵。中国疆域辽阔、地大物博，各地语言习俗也大有不同，每个地方的语言都是其地方文化的独特载体，这些约定俗成的语言通过民间集体口口相传，代代沿袭，成为民俗的重要组成部分。在赵德发农村题材作品中，民俗语言占有一席之地，通过对方言土语、民间传说、民间歌谣、日常俚语儿种语言形态的展示，赵德发勾画了一个原汁原味的乡间世界。

赵德发农民题材作品的语言，尤其是人物对话，很大程度地保持了与日常生活的相似性，对方言的运用自然而又真实。如《缱绻与决绝》中封二与儿子封大脚的对话："你们还不着火不冒烟的。没看看，家里就要添人口了，不多抓挠点怎么办？""谁说俺不着火不冒烟？俺这几天寻思了，趁着地耕完了，庄稼还不下种，我贩一趟盐去。"（《缱绻与决绝》第五章）《暮鼓》中嫂子和蔡奎形容钙奶饼干："给俺，俺尝了，真事呢！两个饼干泡半碗，一抿舌头就化，不信给你看那碗底渣渣……"[①]再比如《蚂蚁爪子》中村长对木墩的评价："这块货，俺早看出他就是枣核儿解板，小料的。"[②] 这些人物对话饱含鲁南民俗风情，读起来感觉身临其境，代入感极强。

除了日常对话，俗语、流行语、顺口溜、咒骂语以及一些比喻是语言民俗的另一种表现，这在赵德发作品中俯拾即是。如"嫌饭"是指怀孕妇女的妊娠反应，"走路"的意思是女人改嫁（《通腿儿》），"扒瞎"的意思是胡说八道，不正经说话（《那个夏天》）。"富人盖衣裳，穷人盖巴掌。"[③] 如实反映出农村有钱人家有厚被子可以盖，但是穷人睡前只能用巴掌拍被子把被子拍结实了保暖。许景行与玉莲新婚时闹洞房的妇女说的"晃、晃、晃门鼻，来年抱小侄！"[④] 展现了重男轻女思想下农村人对生男孩子的期盼。《通腿儿》中狗屎娘心疼新做的被子，骂两个在被子里踢踢打打的孩子："两块杂碎，不怕蹬烂了被窝冻死。"[⑤]

民间歌谣也能在一定程度上反映语言民俗，这在赵德发作品中出现较少，但也能从不同角度呈现农民生活状况，所思所想。例如《缱绻与决绝》中那首祖祖辈辈流传下来的歌谣"吃了饭，没有事儿，背着筐头

① 赵德发：《赵德发短篇小说选》，山东文艺出版社 1992 年版，第 255 页。
② 同上书，第 83 页。
③ 同上书，第 8 页。
④ 赵德发：《君子梦》，安徽文艺出版社 2014 年版，第 92 页。
⑤ 赵德发：《赵德发短篇小说选》，山东文艺出版社 1992 年版，第 14 页。

拾盘粪儿，攒点钱，置点地儿，娶个媳妇熬后辈儿!”（《缱绻与决绝》第二章）完全是对长久以来多数农村人生活的高度概括。“月亮一出照个楼的梢，打了个哈欠抻一抻腰，干妹子哟，你可想煞我了。”（《窖》）虽然过于直白，但也不无贴切地表达出农民对于爱情的热切追求及美好向往。《君子梦》中有一首关于鬼子的歌谣“剁，剁，剁鬼子！先跺脚呀，后剁手呀，剁的鬼子没路走呀……”① 传递出深受日本人侵略与荼毒的沂蒙人对“鬼子”的厌恶与愤恨。

民间神话传说是语言形态的第四种表现，不同于此前三种，民间故事集语言与文学性于一体，更具有生命力与张力，并且故事总带有一丝神秘色彩，这些民间故事犹如沧海中的熠熠明珠，融入文学作品中，平添一份魅力，使得作家笔下的故事更加引人入胜。《天理暨人欲》中有一棵“雹子树”，每逢遇到冰雹，万物草木一败涂地时，雹子树却欣欣向荣、生机勃勃，不仅如此，时间久了遇不到冰雹天气，这棵树反而会非死非活，破败丑陋。围绕这棵特别的树，有一个耐人寻味的故事，传说这雹子树是雹子的小老婆，所以每逢冰雹天气，它反而会愈加生姿勃发。伴随着这样一个浪漫又略显神秘的故事，作者在作品中赋予它一个独特的功能，它的叶子可以激发人的性欲，这一功能被人发现后，有些人抛却心中的敬畏，大肆采摘。作者将民间故事巧妙化入作品，借以衬托人物形象，彰显人性的贪婪与丑陋。作品《缱绻与决绝》开始就讲了一个关于天牛庙的传说，天牛庙数一数二的富户是宁家，而宁家之所以如此红火，是当年宁三指使自己妻子生下刘罐子孩子的缘故，以这样一个传说，作者自然展开天牛庙村民们的悲欢离合。《缱绻与决绝》中还有一个大铁牛的故事，传说这块形状像牛的石头是由一位有法力的道姑从空中打落下来，天牛庙也因此得名。它立在村口，默默凝视百年来村庄巨大的变化。作品几次写到铁牛的叫声，以铁牛这一民间神话中的形象联系着乡村的几次历史转折。

---

① 赵德发：《君子梦》，安徽文艺出版社 2014 年版，第 172 页。

赵德发的作品中出现了许多具有地方特色的语言民俗，但他的作品并不是单纯对民间俗语的展示，他从民俗语言中汲取的滋养远远不止这些。语言的生动性、形象性以及感染力是一方面，作者对民间语言的化用以及对民间故事叙事特点的把握也是非常重要的方面。例如《窖恩》中这样几句："这疑团在草庄滚来滚去滚了两月，滚得人心像一片让驴打了滚的庄稼。""这一下把草庄人折磨苦了。心中已不是驴打滚的滋味，简直是雹子砸菜畦的惨相了。"结合民间常见农事形象和民俗语言，赵德发将草庄人的心理状态生动地刻画出来，仿佛眼所能见，手所能感。同时，民间神话传说的一大特点就是有很强的故事性，赵德发显然把握住了其中精髓，无论是长篇《青烟或白雾》从吕中贞不幸的婚姻说起，一路展现她跌宕起伏的大半生，最终反而收获了当初曾经错过的缘分，还是短篇故事《入赘》讲述一个眼看娶不到媳妇的疤眼光棍通过入赘的方式得到妻子，狂喜不已的他沉浸在喜悦中，没多久就发现妻子对他的欺瞒和利用，一番挣扎后却还是奔着妻子的方向而去。无论是构思布局、叙述技法还是结构设置，都显现出作者对民间文学写作手段的借鉴和吸收。

三 赵德发小说中的社会生活民俗

赵德发在作品中对鲁南乡间社会民俗进行了细致的描写。社会民俗是日常习俗中特征最显著，影响最深远，使用范围最广的社会习惯生活形态。这一形态包含的内容十分广泛，既有关于节气、农事、器具、饮食的日常民俗生活，关于家族、祭祀、家庙的宗族组织民俗，也包括关于禁忌、祈愿、崇拜的精神信仰民俗。

日常民俗生活主要表现在作者对生活状况、农业生产、自然节气的描写上。因为饮食习惯、经济状况、主要农作物的不同，各地生活习俗也不尽相同。短篇小说《姥娘》中提到，沂蒙山区每家生孩子多，母亲营养又不够，常有奶水不足，孩子喝不够奶的情况，缺奶的孩子往往会喝一种补粥："小米面加水，用铁勺在火中熬成糊状，冷却后再撒一点糖。”[①] 沂蒙人爱吃煎饼，主食也是煎饼，但是曾经饥荒贫穷的沂蒙山区在缺少粮食的情况下会做一种特殊的煎饼，作者在不同作品中曾多次提到。例如在《樱桃小嘴》中写的“把地瓜秧切碎，掺上少许地瓜干或䅟子做成”[②]。就是这种煎饼，也不能经常吃到。对于农村生活的艰辛与贫穷，《缱绻与决绝》还写到了“借鱼”这一说法。一般农村人家在家里来客人的时候会去有白鳞鱼的人家借一条鱼，用面糊裹了炸一下做一盘菜，客人也心知肚明，只吃裹在鱼上的面糊，还鱼的时候要将剩菜端给人家做报酬，哪家有那么一条鱼，往往能换回不少剩菜。种种生活习俗的展现，曾经生活艰辛的沂蒙山区跃然纸上。

在农村，自然节气往往与农业生产联系在一起。像是在《窖缘》中赵德发写到的春天，“那是一个春气勃发的日子，刚下了场小雨，刚晴了天。地皮酥湿酥湿，经锄头一划，那藏了好久的三春阳气就畅畅地往外冒。它冒出后并不走远，就在那庄稼苗上萦萦绕绕，在锄地人的心上萦萦绕绕”，天街小雨，村民们眼里却不只是盎然春意，更多的是初春里生机勃勃的庄稼。《缱绻与决绝》多次提到不同时节天牛庙的农事进程，春末洋槐花盛开，白色的花团团簇簇，一阵风过就像下过一场纷扬的雪，然而“山里的花汛给庄稼人的从来不是审美呼唤，而是一种农事的提醒。满山洋槐花要表达的语言是：种花生的时间到了”（第六章）。夏日灼热的风炙烤着辛勤的庄稼人，他们眼里看到的“一场带着火一样的西南风，很快把麦子烤熟了”（第六章）。与农事相关的，沂蒙地区还有一大特色——地窖，赵德发曾经以此为名，满怀深情地写下这里发生过的爱恨情仇，这就是《窖》系列。《窖》在文章的一开始就指出：“过去，地瓜是沂蒙山人的主食。村内有多少户人家，村边就有多少口地瓜窖子。这是沂蒙山区的一大景观。”以生活中的民俗事项承载民间故事，《窖》传递出来的故事淳朴而又生动。

自古以来中国都是以农为本，可是传统农耕技术水平低，掌握的劳

---

① 赵德发：《赵德发短篇小说选》，山东文艺出版社 1992 年版，第 1 页。
② 同上书，第 97 页。

动资源、工具有限，这决定了各家之间需要整合劳动力互相扶持才能更好地进行劳动生产活动。居住相近、有亲缘关系的族人互相扶持，以此为起点，传统中国逐渐发展养成深厚的家族观念，正是这种家族、宗族观念的存在孕育了宗族文化的基本精神。宗族的存在和发展需要一定的规章制度，在规章制度建立、完善的过程中逐渐形成较为系统、稳定的宗族习俗，其中某些典型民间思想、民间文化都在宗族习俗中得以体现与传承。

赵德发最能体现宗族组织民俗的作品莫过于长篇小说《天理暨人欲》。中国历来有聚族而居的传统，先人选定一处定居，开枝散叶、世代繁衍，形成同姓同族聚居的村落。村落大都设有先祖祠堂、家庙。凡是老去的族人灵位都放置在家庙里，代表着先祖的神秘与威严。家庙是宗族习俗的典型体现，有些情况下，一些宗族规矩习俗正是在家庙中施行。《天理暨人欲》中就有这样一个家庙。故事刚开始，蚂蚱犯下令人不齿的错事，老族长召集全村成年男性族人进入家庙，宣布对蚂蚱的严厉惩罚，尽管老族长的命令过于严苛，但是没有一人敢提出异议，“老族长曾在家庙里处死过三男二女，重伤十余人，轻伤无数”。[①] 此时的老族长，就是整个宗族民俗的化身。除了宗族伦理规矩，家庙存在本身还昭示着祖先崇拜的观念，在没有过错的情况下，去世族人的牌位摆在家庙的供桌上接受香火供奉，同时成为约束子孙后代的一种力量。“一个庄户人活着的时候不管多么卑微窝囊，而一旦变成了这座家庙里的牌位，就神神秘秘威风凛凛。”[②] 这种神秘与威风，正是源于祖先崇拜的意识。

与家庙情结密切联系的是子嗣观念，祖先崇拜的意识使得族人对子嗣繁衍看得至关重要。俗话说“不孝有三，无后为大”，将血脉绵延下去就是生存的意义所在。家庭中儿子的地位远远高于妻子，娶妻的目的就在于生子，没有儿子在村里就意味着断子绝孙，这个词在咒骂中都是最刻薄的诅咒。《天理暨人欲》中许正芝的妻子卫氏在一直没有儿子的情况

---

① 赵德发：《君子梦》，安徽文艺出版社 2014 年版，第 9 页。

② 同上书，第 8 页。

下，建议许正芝再娶一房，许正芝尽管渴盼有儿子，却拒绝做这种不义之事，为了许正芝能再娶一房诞下儿子，卫氏居然自缢而亡。想各种办法、手段得到传承的机会就是最重要的事情，在这种根深蒂固的子嗣观念下，与之相应的民俗也应运而生，在《天理暨人欲》中同样体现了出来。再娶一妻的许正芝还是没能生下儿子，无奈之下将弟弟的儿子认作孩子，继承家业，传承香火，叫作“过继”，这种情况在没有儿子的人家并不少见。

社会民俗生活也包含精神信仰民俗。乡间精神信仰民俗是在科学落后、生产力低的农村生活中自发产生的一套神灵崇拜观念、禁忌事项和相应的仪式。赵德发作品中多次涉及信仰民俗，《天理暨人欲》老族长惩罚蚂蚱过重，导致蚂蚱死亡之后村里闹起了蝗灾，在蚂蚱父亲许景一眼里这是“老天有眼，俺儿屈死了”。村民们也都认为是老族长的命令招致老天爷的报应降下蝗灾。许正芝的女儿小叹遭雷劈身亡，村里人议论纷纷，认为是小叹做了有违天理的事情遭到上天惩罚。发大水时油饼逮到一只巨大的鳖，想抓回家去饱餐一顿，村人却认为团鱼大了就会成精，如果敢对它不敬就会遭到报复，最终族长许正芝恭恭敬敬地向团鱼作揖道歉，并将它送回深水。短篇小说《姥娘》和《偷你一片褯子》中都提到等有了孩子，偷那些爹娘好、孩子好的人家的一片褯子用，自己的孩子就会健康壮实、好养活。《断碑》讲到郭枣花的娘吩咐她：“要把带来的写有自己生辰八字的那张红纸撕碎，泡在婆家的水缸里，意思是自己属于这一家人了。”①

除了上述内容丰富各异的记述，赵德发作品中还有很多对民俗生活、民间文化的展示，赵德发的农民题材小说简直就是沂蒙山区风俗、沂蒙山区文化的大汇展。文化的秘密和民族深层的心理积淀就潜藏在种种民风民俗之中，赵德发对沂蒙山区文化的发掘和执着书写真正展现了他农民之子的身份与情怀。

① 赵德发：《赵德发短篇小说选》，山东文艺出版社1992年版，第108页。

四 赵德发小说民俗书写的文化价值和审美意义

自20世纪20年代鲁迅对中华大地凋敝乡间的深切凝视及深广忧思开始，以五四启蒙精神为引导的“地之子”们开始将目光投向生于斯、长于斯的乡土民间，在这种启蒙与理性思维下乡土民俗更多的是以落后、愚昧、残酷的枷锁形象进入文学作品，以表达陋风陋俗对人的戕害，唤醒人们的灵魂为目的。30年代沈从文是以欣赏的眼光描绘湘西地区的日常生活、民俗事项，发掘民俗中的优美人性与人情。而以茅盾为首的左联则是将民间生活与波澜壮阔的革命时代相联系，以反映不同阶层人们在大革命背景下的生活变迁。40年代以赵树理为代表的解放区文学，直接以农民日常生活事项取材，讲述共产党领导下抛却曾经陋风陋俗的农村新气象。乡土小说在80年代重放异彩，但受当时社会环境影响，无论是伤痕、反思还是寻根等视角，或多或少延续了五四时期的启蒙主题，对民间民俗的发掘有着意有所指的深层意蕴。

到90年代，本着反映真实农村、农民生活状况的考虑，出现了一批以平视视角阐述农民生活，反映农村风俗的乡土小说作家。他们立足民间，充分摹写乡土民俗，塑造生动而又富有张力的农民群像，赵德发正是其中的佼佼者，其笔下的主要人物，有着生动的泥土气息，个性丰满而真实。例如《缱绻与决绝》中的封大脚，他守旧，对于妻子绣绣曾经被马子糟蹋一事多有介怀，但他纯真，依旧喜欢绣绣并对她呵护有加；他勤劳，自己辛勤开出了一片荒地，在地里干活从不疼惜力气，他也懒惰，合作化时期迟迟不肯上工竟成了村人眼里的懒虫；他善良大度，先后收养苏苏的女儿以及宁学祥的小儿子宁可玉，他又小气吝啬，不肯出钱给宁可玉上学，自家收集的粪藏着掖着不肯交公。赵德发在众多民俗事项与日常生活中刻画了这样一个饱满成熟的人物形象，这一形象的塑造体现着作者对民俗文化的体悟，也是因为作者所秉持的平视视角才使得人物更具立体性和真实感。

赵德发对民间事项书写的背后，其实是对“民”的深切关怀。其农村题材作品中农民的生活离不开民俗，通过对民俗的展现与状写，农民生活才呈现得更真实可感，通过对农民生活的叙写，才承载了民俗事项的开展。赵德发记叙着社会发展和变迁下乡间民俗的嬗变与生活的变化，以真实的历史为创作基础，以理性又饱含深情的思索烛照现实。作品从各个方面展现普通人的生存状况，揭示乡间土地上真实存在的善良与美好，自私和狭隘，呈现地道的农村世界。赵德发的民俗书写中还始终蕴含着一个重要的问题——农民的土地意识、农民与土地的关系。粮食是延续生命的必需品，土地是粮食的来源，从某种意义上说，土地就是农民赖以生存的物质基础。不仅如此，由于以农为本的特性以及传统中国农村的政治伦理格局，土地不仅是生存的物质基础，在一定程度上也是精神上的满足和保障。赵德发在作品中全面展现了农民的恋土情结，展现了农民与土地的血肉联系。在赵德发关于土地的民俗事项书写中，人物形象更加生动。《缱绻与决绝》中封二临终前不吃不喝讲了一整天的“土地经”，怎样敬地、养地、种麦子、谷子、糁子……宁学祥为了不卖掉手中的地宁愿放弃被土匪绑架的女儿；封大脚和绣绣二月二“趌谷仓”祈求来年风调雨顺、屯粮满囤的仪式；勤劳的封大脚因为农业合作化土地被没收再也不肯下地干活；90 年代以来商业化强征土地，封运垒为此大打出手，最终被判刑一年……民俗在揭示农民心理中起着重要作用，从节日仪式中我们看到农民对一年收成的美好祈愿，从禁忌习俗中我们看到农民对生活隐患的担忧，从耕种收获中我们看到农民对土地的挚爱，从沂蒙地区特有的“地瓜窖”中我们看到另一方别有洞天的民间世界。不同于对农民拔高或贬低的民间书写，赵德发作品中我们可以感受到扑面而来的泥土气息，栩栩如生的人物形象，这一切在一定程度上都得益于对民俗事项的地道展现。

赵德发的民俗书写对其个人创作风格也有重要意义。综合考量其创作历程，民俗小说的书写将作者创作推向了一个新的高度，民俗小说的创作淋漓尽致地展现了作者对农民生活的关注与关心，这在一定程度上养成并发展作者关心现实、关注人类的思维方式。在其后的创作中，无论是《双手合十》还是最新长篇小说《人类世》，作品中仍然多多少少还有农村生活的影子，但是作者的重点已经转向更广阔的对人文、对人类的深切忧思。

齐鲁大地幅员辽阔，历史悠久，民俗事项也因之纷繁复杂，形态多样。赵德发作品中对于民俗的书写，真正不事雕琢地将民俗与文学联系在一起，成为具有地道鲁南地方特色的文学创作，在当今社会经济发展，都市文明冲击的情况下，传统乡村的个性与特征值得被关注被记载，作者的民俗描写对推进民俗文化的传承无疑具有重大的作用。

区域文化映射下的莫言创作

——以《檀香刑》为例

相　琳*

内容提要： 莫言作为齐鲁大地孕育的杰出作家，其文学创作深受齐鲁文化的熏陶和浸润。齐文化作为滨海文化与仙境文化相结合的文化体系，具有奇幻性与叛逆性的双重品格，出生于齐文化圈的莫言深受其影响。在《檀香刑》中，齐文化的奇幻性构筑了作品奇崛诡异的故事情节，而齐文化的叛逆性与开放性则构筑了系列放荡不羁、自由奔放的女性形象。

关键词： 莫言；《檀香刑》；齐文化；奇幻；叛逆

关于区域文化对作家文学创作的影响，严家炎先生曾有过精要论述："对于20世纪中国文学来说，区域文化产生了有时隐蔽、有时显著而总体上却非常深刻的影响，不仅影响了作家的性格气质、审美情趣、艺术思维方式和作品的人生内容、艺术风格、表现方法，而且还孕育出了一些特定的文学流派和作家群体。"① 出生于齐文化圈的莫言正是受齐文化影响较重的山东作家之一，他的作品无不呈现出齐文化的深层浸润和深

---

* ［作者简介］相琳（1989—　），女，文学硕士，重庆城市管理职业学院继续教育学院教师，从事中国近现代文学研究。

① 严家炎：《总序》，魏建、贾振勇《齐鲁文化与山东新文学》，湖南教育出版社1995年版，第3页。

刻烙印。莫言的哥哥管谟贤在莫言获诺贝尔文学奖之后也一再强调齐文化对莫言的影响："莫言的幻觉现实主义，是从中国古老的叙事艺术中来的，这是莫言对中国神话、民间传说，尤其是齐文化的传承和创新……齐文化为他提供了丰厚的文化底蕴、浓烈的文化氛围，为他提供了大量的创作素材，为他的创作打下了基调，所以我一再说，研究莫言应该从齐文化那里寻根。"① 正是在齐文化的浸润下，莫言凭借神秘而丰富的想象在作品中构筑了无数奇崛诡异的情节和自由奔放的人物形象。

一 齐文化的奇幻性与《檀香刑》奇崛诡异的故事情节

文化特征的形成与自然环境是分不开的，齐地位于我国东部沿海，黄河下游，三面环海，相比内陆地区而言，地形较开阔。开放的滨海环境孕育了众多的神话传说，面对着浩渺无际、变幻莫测的大海，人们往往会产生无限的遐想，齐地的东部沿海时常会出现海市蜃楼的神奇景观，在生产力比较低下、科学水平还不足以解释各种自然现象的历史背景下，人们更容易将其归因于鬼神仙怪的力量，因此齐人与其他地区的人们相比，更富于幻想，拥有着更为丰富的想象力。齐地也因此成为盛产神话传说的地域之一。春秋时期，齐学形成了道家传统，齐国由此成为神仙方士的发源地，海内三神山和黄帝泰山封禅的传说就产生于齐国，从战国到魏晋的著名方士也大都为齐人。这一切的一切，都为齐文化打上了神秘、虚幻的烙印。

由于仙境文化的渗透，齐地自古以来就是志怪小说的发祥地，蒲松龄的《聊斋志异》就是深受齐文化影响并根据民间传说加工而成的文学典范，作者在其中为我们构筑了一个人、鬼、狐、仙相交织的文学世界。谈到蒲松龄，莫言也曾写下过这样的诗句："装神胜过装洋蒜，弄鬼强似

① 管谟贤：《由莫言获诺奖看人类文明的进步》，杨守森、贺立华主编《莫言研究三十年》（下册），山东大学出版社 2013 年版，第 275 页。

玩深沉。问我师从哪一个，淄川爷爷蒲松龄。”① 莫言在此明确地道出了他与蒲松龄的师从关系，可见在齐文化熏陶下成长起来的莫言受其影响之深。正因为此，莫言凭借着齐地丰富的文化资源延续了齐人“好谈怪力乱神”的文学传统，作品中充斥了大量的扑朔迷离、诡谲离奇的故事情节，使其带有了一种神秘虚幻的文学色彩。

《檀香刑》中的赵小甲因为小时候听了母亲给他讲述的神奇虎须的故事，而央求孙眉娘去给他弄一根虎须，当他真正得到了虎须之后，他看到了身边人的本相。他的老婆孙眉娘竟然是“一条水桶那般粗细的白色大蛇，站在炕前，脑袋探过来，吐着紫色的信子，两片鲜红的嘴唇一开一合”。“她的嘴里喷出一股腥冷的气味——正是蛇的气味——直扑到俺的脸上，她的脸上出现了一个古怪的笑容，一些明亮的鳞片式的东西，在她的脸皮里闪烁着。”② 而赵小甲的亲爹赵甲也变成了一只瘦骨嶙峋的黑豹子，“它的毛茸茸的大头上，扣着一顶红缨子瓜皮小帽，两只长满了长毛的耳朵在帽子边上直竖着，显得十分警惕。几十根铁针一样的胡须，在它的宽阔的嘴边往外奓煞着。它伸出带刺的大舌头，灵活地舔着腮帮子和鼻子，吧嗒，吧嗒……两只生着厚厚肉垫子的大爪子，从肥大的袍袖里伸出来，显得那么古怪……”③ 而钱大老爷是白虎精转世，与小甲的黑豹子爹展开了一场虎豹大战。在这里，莫言运用非凡的想象力将人物作了人兽同体的神化，一方面是为了展现人性丑陋、卑污的一面，另一方面是受到了齐文化中神秘虚幻的仙境文化的熏陶。在作品中有意识地将人物进行幻化、神化，使故事情节整体呈现出离奇诡异的特征。在德国士兵杀害了孙丙的妻儿和马桑镇的二十几条人命之后，孙丙为灭洋鬼子拯救苍生，去曹州搬回来了神拳救兵，其中“一个身材玲珑，腿脚轻快，腰扎着虎皮裙，头戴金箍圈，手提如意棒，尖声嘶叫着，活蹦乱跳

① 莫言：《我的文学经验——2007 年 12 月在山东理工大学的演讲》，杨守森、贺立华主编《莫言研究三十年》（中册），山东大学出版社 2013 年版，第 52 页。

② 莫言：《檀香刑》，作家出版社 2012 年版，第 81—82 页。

③ 同上书，第 84 页。

着，恰似那齐天大圣孙悟空。另一位袒着大肚皮，披着黑直裰，头戴毗卢帽，倒拖着捣粪耙，不用说就是天蓬元帅猪悟能。”① 孙丙还在高密大摆神坛，使岳武穆元帅的精魂附体，让众士兵喝下神符，练就金刚不坏之躯。我们看到莫言笔下的义和团运动是如此怪诞、离奇。在莫言一系列的小说发表之后，人们发现他的小说越来越倾向于“魔幻现实主义”的表现手法，因而极力地用西方的一套话语体系来解释他的作品，将作品中神秘夸张诡异的故事情节归因于魔幻现实主义手法的借鉴。的确，就连莫言本人也承认在读了马尔克斯的作品之后，他深受启发，感叹“小说原来可以这样写”。如果说是魔幻现实主义的创作手法激发了莫言的文学创作思维，那么真正支撑莫言文学创作的还是中国深厚的文化资源和文化积淀，莫言笔下的“高密东北乡”是齐文化长期氤氲下的文学蓓蕾。正如识者所言：“高密东北乡地处古代齐文化的领地，闳大不经，充溢泱泱之风的齐文化，更多地保存了远古神话的幻想色彩。这里本就是齐文化得以滋长的土壤，必然会受到放达、洒脱和宽容的齐文化的熏陶，使高密民间形成了具有地域色彩的世俗民间文化。”②

二 齐文化的叛逆性、开放性与《檀香刑》放荡不羁的女性形象

齐国的封地营丘在东夷腹深重地，该地夷族势力较商奄旧地要强大得多，因此姜太公封齐之后，不得不容纳当地的东夷土著文化，对其采取了宽容和顺应的政策，突出表现为“因其俗，简其礼”的治国之策，因而齐国更多地保留了东夷文化的内容，而受周礼的影响较少。再加上齐国开放性的地理环境与自由洒脱、放荡不羁的民族性格，使齐文化整体不太注重礼乐教化，甚至表现出“非礼”的举动。虽然后来汉武帝“罢黜百家，独尊儒术”，齐、鲁文化逐渐走向融合，但是由于东夷文化渊源的影响，齐文化还是较多地呈现出与礼教相抗衡的姿态，表现在齐人文化观念上就是不受封建礼教的禁锢与束缚，放纵欲望，快意人生，

---

① 莫言：《檀香刑》，作家出版社2012年版，第210页。

② 魏建、贾振勇：《齐鲁文化与山东新文学》，湖南教育出版社1995年版，第246页。

张扬自我。

所谓“一方水土养一方人”，特定地域环境塑造特定民众性格。有研究者指出马克思主义经典作家就此问题的基本认识是：“自然地理环境是人类活动的场所，它为人类提供了生产、生活资料，是人类赖以生存的根基。在人类社会的历史进程中，自然环境起着一定的正面或负面的作用。并且自然环境的差异必将对人类文化打下深深的烙印，进一步影响着文化的发展命运。它不仅影响到文化，而且影响到人类社会的方方面面，并对其范围内人的性格的形成也产生影响，使其带有明显的地域性特点。”① 前面讲到齐地东部面朝广阔的海洋，地形开阔，沿海的有利条件使齐地拥有较长的海岸线和丰富的海洋资源，再加上海上交通的便利，因此齐地很适宜发展工商业。由文献资料记载，我们得知姜太公封齐之后，在经济上推行“通工商之业，便渔盐之利”的政策，以农工商并重来实现富民强国，因此齐地自古以来就形成了以工商业为主的经济发展方式，且很早就与各国进行海外贸易，拓展经济发展渠道，与国外交流密切。所以齐地人与内陆人相比，眼界更加开阔，思想更加超前，思维更加活跃，因而齐人形成了开放豁达、自由洒脱、放荡不羁的民族性格。

莫言作品中刻画的众多原始生命力旺盛、放荡不羁、自由奔放的女性形象正是自古以来齐人性格的真实写照，其中以《檀香刑》中的孙眉娘形象最为典型。小说第一篇《凤头部》以“眉娘浪语”展开故事的叙述，一出场她就以艳丽风骚、泼辣放荡的形象展现在我们的面前。孙眉娘出生在一个戏班子家庭，打小跟着爹的戏班子走南闯北，长着一双天足，美貌绝伦，风情万种，外号“大脚仙子、半截美人、狗肉西施”，然而她却偏偏嫁给了“白天迷迷糊糊，晚上木头疙瘩”的赵小甲，傻子丈夫自然不能满足眉娘正常的生理和精神需求，在与钱大老爷相遇之后，眉娘疯狂地爱上了英俊威武的钱大老爷，为了能与钱丁再次相见，眉娘想尽一切办法，甚至拜访神婆吕大娘，按照她的吩咐冒险来到潮湿低洼

① 梁娟娟：《齐文化与齐人性格的形成》，《管子学刊》2004年第4期。

的田野来寻找交配的蛇，结果遭大蛇袭击，加上相思成疾而大病一场，后来以为父亲报被薅胡须之仇的名义闯入知县书房与钱丁厮混。我们看到莫言笔下的孙眉娘不囿于传统世俗观念，敢爱敢恨，放荡不羁。虽然已为人妇，但是为了追求性爱自由，不惜牺牲名节和尊严与钱丁相会，放纵礼教压制下的人性欲望，只为满足自己的情爱需要。在得知钱丁患病不起的消息之后，眉娘心急如焚，柔肠寸断，竟然大胆夜闯县衙而陷入知县夫人设的圈套，遭到毒打。莫言在讲述眉娘与钱丁爱情故事的背后，并没有对这种爱情给予现实的褒贬评价。

在《檀香刑》中，一切伦理世俗的观念被彻底推翻，活跃在作品中的孙眉娘形象作为人性抒写的载体摆脱了传统礼教和封建专制主义的羁绊，将人性最原始的面貌淋漓尽致地呈现出来，以“荡妇”的形象将传统三从四德和封建伦理制度完全颠覆，从而彻底地完成了一次人性本真的抒写和回归。在一次清明时节，她还上演了一出“孙眉娘大闹秋千架”，将自己貌美风流、浪荡多姿大胆地展现出来，文中这样写道：“秋千架是什么？秋千架就是飘荡的戏台子，上去就是表演，是展览身段卖脸蛋子，是大波浪里的小舢板，是风，是流，是狂，是荡，是女人们撒娇放浪的机会。”① 秋千架上的孙眉娘与传统内敛矜持的封建女性形成了鲜明对比。自古以来，受礼教的束缚，女性的个人欲望大都处于被压制的状态，甚至逐渐被异化和扭曲，而在礼教意识相对淡薄的齐文化区域内，女性的个人欲望得到了释放。在孙眉娘身上，我们看到了原始生命力的张扬和热情奔放的人性本真。与此同时，我们也深深地体会到莫言笔下放纵欲望、快意人生的文学旨趣。

齐文化作为齐鲁大地独具特色的文化分支，它与鲁文化一样，对所属地区的作家产生了深远的影响，由此产生了带有齐文化印记的胶东作家群体。莫言作为最具代表性的胶东作家之一，受齐文化的影响尤其明显。在情节设置上，莫言擅长采用神化与幻化的艺术加工，使作品整体

① 莫言：《檀香刑》，作家出版社2012年版，第22页。

呈现出神秘虚幻的文学色彩，在人物塑造尤其是女性形象塑造方面，善于展现人性的原始状态和充满自由野性的生命形态，这些都体现了莫言对典型区域文化之齐文化的自觉意识和传承精神。

张恨水研究

主持人：王昌忠

主持人语：

《区域文化与文学研究集刊》一直在探索、突破之中发展，对重要作家的文学文本展开区域文化与区域文学视点下的聚焦研究，便是本期的创新之举。这体现了主编及其相关策划者的眼界。如果不对“区域文化”与“区域文学”作过于狭隘、机械的理解的话，文学话语无不具有区域文化和区域文学属性。这不仅指文学话语总是产自特定区域因而可以归属于“区域文学”，还指文学话语“装载”的总是特定区域的人类物质生活和精神生活因而必会显现区域文化特质。在区域文化与区域文学的关系上，区域文学反映区域文化并化约为区域文化的有机构成，区域文化“进入”区域文学并使区域文学得以成立。就此而言，将包括张恨水在内的名家的文学文本置于区域文学视点下加以言说，不仅具有学术合理性、应然性，也可开辟出新的学术空间、培育出新的学术生长点。因而，本专辑《〈弯弓集〉：九一八国难文学的奠基作》（高翔）、《张恨水〈一路福星〉中的西部都市化书写》（朱周斌）、《战时重庆经济生活与张恨水的散文书写》（杨华丽、冉超）三篇论文不约而同地考察张恨水作品的区域性形态和区域化特征，无不为认知理解、体察张恨水及其创作建构了新的空间。

任何作品都能够以区域文学、区域文化为视点进行解读；对一个作家而言，其任何一部作品都可以进行区域文学、区域文化视点下的考察。既然如此，将选定作家的哪些作品集为一束展开专辑性的“区域文学”“区域文化”研究，就有所讲究、有所考虑了。否则的话，不仅削弱学术价值、意义，而且缺乏有机性、整体性和学理性。有效、积极的作法，当是从该作家的作品中将那些具有相同或类似“区域性”的作品挑拣出来，发现、把捉并解析、评判此“区域性”。这必然关乎对“区域性”的学术指认。“区域”是一个空间概念，但作为标识区域属性的“区域性”概念除了具有空间意义还具有时间意义。原因在于，同一个区域的属性，不管是政治的、经济的还是文化的，在不同时间（时代）有所不同。这样，时间（引申为时事）的相同或类似就成了区域性相同、类似的基本、关键条件。另一方面，即便对于不同的地理区域，由于时间（时事）的相同或类似，其区域性也会呈现相同或类似的特征；或者，其区域性会受到相同或类似的影响、操控。因而，对特定作家来说，选取其在同一时间（时事）背景下、以同一时间（时事）作用、制约的“区域”的特性为话语内容的文学产品进行区域文学、区域文化研究，不失为可取、科学之举。

本专辑所选三篇论文研究的张恨水作品书写的区域，从纯地理意义上看，“小区域”并不一致：高翔的《〈弯弓集〉：九一八国难文学的奠基作》视野在东北和上海，朱周斌的《张恨水〈一路福星〉中的西部都市化书写》关注西南由大至小的城镇、村落，杨华丽、冉超的《战时重庆经济生活与张恨水的散文书写》的目光集中于重庆。然而，张恨水上述作品所“安放”的“大区域”却是一致的，那就是外敌入侵、战争拖累下的中国。显然，同一“大区域”中的不同“小区域”由于处在“国难”“战时”这同一时间（时事）中，从而获具了相同或类似的“区域性”，或者说各自的“区域性”受到了相同或类似的影响、操控。三篇论文所着力探究的，正是张恨水在国难当头、战争爆发时事情境中对东北、上海、重庆和西南其他城镇、乡村相同或类似的“区域性”及其相同或类似变动的传达、表现。因此，三篇论文完成的是名副其实的张恨水抗战题材作品“区域性”研究；将看似独立的三篇论文聚集一处，名之“区域文学视点下的张恨水创作研究”是名正言顺的。当然，本专辑毕竟只是该类研究的开端，专辑的整体性、有机性还是有所不足。对于同一作家创作的“区域性”研究，如何选取作品、如何提炼“区域性”等，还有许多需要思考之处。

《弯弓集》："九一八"国难文学的奠基作*

高　翔**

内容提要：张恨水创作的《弯弓集》，文学史家多谓其为"短篇小说集"，实乃误称。其实这是一部收有诗词、小说、笔记、电影剧本等多种体裁的综合性文学作品集。《弯弓集》中的诗词，或发古人之幽思，将历史与社会时政、现实国难联系起来，借古讽今，哀叹衰微的国运，悲悯孱弱的民族，唤起国人的警醒，或慷慨昂然、热血盈胸、壮怀激烈，书写国家大义、民族情怀。国难小说是《弯弓集》中最主要组成部分，与笔记体裁作品共同构成了鲜明的文史互证特征，显示出独特的物象审美艺术。笔记中的国难叙事，体现着对这一古老体裁的翻新。《弯弓集》中谍战题材的国难叙事作品，则成为"我国最早"的现代谍战文学文本。历史表明，《弯弓集》是中国现代国难文学的奠基作；作为中国国难文学史上的一个重要文本与创作节点，显示着承前启后、继往开来的非凡地位。

关键词："九一八"事变；张恨水；《弯弓集》；作品集；国难叙事

---

* ［基金项目］国家社科基金重大项目"'九一八'国难文学文献集成与研究"（14ZDB081）、国家社科基金一般项目"'九一八'文学研究"（14BZW110）。

** 高翔（1953—　），男，辽宁社会科学院研究员，主要从事中国现代文学研究。

《弯弓集》是张恨水创作的一部文学作品集，1932 年 3 月由北平远恒书社出版，署名“皖潜张恨水”。其成书缘由，如作者言：值国难之际，“吾于心焚如火，百病来侵时，尽二十日之力，而成此弯弓集者也”，“略尽吾一点鼓励民气之意”。[①] 全书除《自序》《跋》之外，收有《咏史》（七律，四首）、《健儿词》（七绝，七首）、《风檐爆竹》（小说）、《以一当百》（小说）、《最后的敬礼》（小说）、《无名英雄传》（笔记）、《仇敌夫妻》（小说）、《九月十八》（小说）、《热血之花》（电影剧本）等九题作品。以往，学界对《弯弓集》意义、价值以及文学史地位，缺少足够的认识和确切的评价；而今视之，《弯弓集》当为中国现代国难文学的奠基作，作为中国国难文学史上的一个重要的文本与创作节点，显示着承前启后、继往开来的非凡地位。

之所以如此断言，宏观而论，大致基于这样的缘由：其一，自 1840 年鸦片战争以来，中华民族饱受外敌欺凌，战事频仍，土地被割，苦难绵延，刺激着国难文学的产生和发展；但时至九一八事变爆发之际，虽不乏佳作，体裁也丰，却多呈碎片形态、零散样式，终未形成宏大场面。《弯弓集》是我们难得一见的国难文学作品集，体裁之广泛，主题之集中，创作意识之自觉，艺术表达之自洽，均有触目之点，展现了独有的国难文学创作阵势。其二，如《弯弓集·自序》所说：“今国难小说，尚未多见，以不才之为其先驱，则抛砖引玉，将来有足为民族争光之小说也出，正未可料，则此鹅毛与爪子，殊亦有可念者矣。”[②] 历史表明，《弯弓集》不仅是“国难小说”的理性倡导之本，国难文学创作实践成果的集成，也担当了国难文学创作的“先驱”角色。其三，正是张恨水在《弯弓集》张起国难小说创作导向之帜，诱发了中国现代文学史上国难小说创作的热潮。

至于其他缘由细节，以下各题将有详论。

① 张恨水：《自序》，《弯弓集》，北平远恒书社 1932 年版，第 7 页。
② 同上书，第 7—8 页。

一 文本辨识

《弯弓集》所收作品，体裁不一，然却多有文学史家谓其"短篇小说集"①，实乃误称。又有学者将张恨水的短篇小说《一月二十八》标明"收入《弯弓集》"② 亦乃史误。

谓《弯弓集》为"短篇小说集"，也是许多读者或研究者基于张恨水的自述而产生的误识。张恨水《弯弓集 · 自序》全篇虽仅约1000字，却无一不围绕小说展开言说，开篇便断言："烽烟满目，山河破碎，文人可于其时作小说"；"寇氛日深，民无死所，国人能于其时读小说"。继而，作者围绕此论进行诠释：作家"以小说之文，写国难时之事物，而供献于社会"；那些"同赴国难之同胞"读者，在国难小说的"悲壮之图画，义勇之文字"中，得以进之，得以慰之。③

其实，《弯弓集》中的一些作品，已同时发表于那时的报刊。如《九月十八》，1932 年 4 月 24 日起连载于《社会日报》；《最后的敬礼》，1932 年 4 月 24 日至 28 日连载于《大晶报》；《仇敌夫妻》，1932 年 4 月 21 日至 5 月 8 日连载于《福尔摩斯》；《热血之花》，连载于《上海画报》1932 年第 789 期至第 811 期；《咏史》（七律，四首），发表于《上海画报》1932 年第 799 期；《健儿词》（七绝，七首），发表于《上海画报》1932 年第 798 期；《无名英雄传》（九篇），连载于《中国日报》1932 年 4 月 21 日至 5 月 6 日。连《〈弯弓集〉自序》也发表在《社会日报》1932 年 4 月 21 日、22 日。实在而言，张恨水对《弯弓集》并没有高调自评，在他看来，《弯弓集》"都是鼓吹抗战的文字"，"谈不上什么表

① 唐弢、严家炎主编：《中国现代文学史》（三），人民文学出版社 1979 年版；侯榕生：《简谈张恨水先生的初期作品》，（香港）《明报月刊》第 8 卷第 7 期，1973 年 7 月；陈珺：《三十年代"国难小说"及旧派通俗小说的历史转型》，《中国现代文学研究丛刊》2006 年第 3 期，等等。

② 《张恨水著作系年》，张占国、魏守忠编《张恨水研究资料》，知识产权出版社 2009 年版，第 419 页。

③ 张恨水：《自序》，《弯弓集》，北平远恒书社 1932 年版，第 3—5 页。

现，只是说我写作的意识，又转变了个方向。由于这个方向，我写任何小说，都想带点抗御外侮的意思进去”。[①] 就张恨水的自言而论，《弯弓集》的重要意义，便在于标志着张恨水创作的转向。

但张恨水始料未及的是，《弯弓集》一问世，就受到左翼作家阿英的批评与责难。阿英在《上海事变与鸳鸯蝴蝶派文艺》一文中，开篇便以不屑的笔调写道：“一般为封建余孽以及部分的小市民层所欢迎的作家”，从张恨水到程瞻庐、徐卓呆，“差不多全部动员的在各大小报纸上大做其‘国难小说’”。“一般的说来，在这些作品里，是充分的反映了封建余孽以及部分的小市民层对于这一伟大事变的认识，和在这一时期的生活观点的全部”。[②]

确切地说，阿英的《上海事变与鸳鸯蝴蝶派文艺》，主要是针对张恨水和徐卓呆及其作品展开的批判，张恨水是首当其冲者。如阿英所言：“这里所要检讨的，就是封建余孽以及部分的小市民层的代言人所‘弯’的是怎样的‘弓’，以及这张弓射到了敌人没有，以及射出去了没有的问题。”[③] 阿英果然明了张恨水《弯弓集》命名之义：“取名《弯弓集》，显然是以‘射日’为隐语。”[④] 但对于“弯弓射日”的效用却充满了怀疑。

阿英对张恨水所著《弯弓集》评价的要点，在于其“典型的说明了封建余孽对于东北与上海两大事变的态度”。在阿英看来，面对国难来临，张恨水“除了愤慨以外”，深感自身的乏力与无助，于是，便“只有写《弯弓集》了；‘烽烟满目，山河破碎’，‘寇氛日深，民无死所’，‘一榻横陈，心焚如火’，不写小说又怎么办呢?”阿英又进一步分析道：“小说虽说‘对于经过（国）大计，亦不必定其绝对无之’，虽‘纵曰消遣，不必有功，而至少与（于）读者无损’，且可得‘片时之安慰’。这就是这一作家对小说的理解，以及在‘国难’期间不得不做‘国难小说’

---

① 张恨水：《写作生涯回忆》，张占国、魏守忠编《张恨水研究资料》，知识产权出版社 2009 年版，第 43 页。

② 阿英：《上海事变与鸳鸯蝴蝶派文艺》，《北斗》第 2 卷第 2 期，1933 年 5 月 20 日。

③ 同上。

④ 张友鸾：《章回小说大家张恨水》，《新文学史料》1982 年第 1 期。

的原因。"[①] 这就是阿英对张恨水创作《弯弓集》动因的基本认识。当然，这还只是一种外部分析。在阿英看来，张恨水对于"走写实主义的路""是压根儿不理解的"，"表现了他自身的在认识上的许多矛盾"[②]。就此阿英提出三点：其一，《弯弓集》中的作品"是缺乏真实性的，所描写的一些事实，仍旧是过去作家的滥调与空想"。其二，"张恨水的这几篇小说，仍旧是和他自己过去的作品，以及其他'礼拜六'派的作品一样，是鸳鸯蝴蝶的一体，只是披上了'国难'的外衣"。其三，"在这几篇小说中，是谈不上技术的，虽然在偶而一两篇内，作者稍稍加以描写，大部分是连新闻通信都不如"。[③]

总观阿英对《弯弓集》的评论，其基本着眼点，是在阶级与民族衡度中对阶级意识的强调。这种批评生态的呈现，当然是那个时代使然。

"九一八"事变发生后，面对日益激烈的民族矛盾，国民政府却置国土沦丧于不顾，加紧对中共武装展开围剿。时任中共负责人博古（秦邦宪）在题为《为着实现武装民众的民族革命战争，中国共产党做了什么和将做些什么?》的演讲中指出："'九一八'日本帝国主义占领满洲，国民党不是去抗日，而是进行对苏区三次'围剿'。日本帝国主义占领山海关热河，国民党不是去进行抗日，而是进行对苏区的四次'围剿'。日本帝国主义进攻华北，国民党不是去抗日，而是进行对苏区的五次'围剿'。"[④] 当正在瑞金休养的毛泽东，不顾病痛，执笔撰写了《中华苏维埃共和国临时中央政府宣布对日战争宣言》。宣言称："中华苏维埃共和国临时中央政府特正式宣布对日战争，领导中国工农红军和广大被压迫民众，以民族革命战争，驱逐日本帝国主义出中国，反对一切帝国主义

① 阿英：《上海事变与鸳鸯蝴蝶派文艺》，《北斗》第2卷第2期，1933年5月20日。

② 同上。

③ 同上。

④ 博古：《为着实现武装民众的民族革命战争，中国共产党做了什么和将做些什么?》（博古在马克思主义研究会演讲会上的演说），1934年7月8日，中央档案馆《中共中央文件选集》第10册（1934—1935），中共中央党校出版社1991年版，第717页。

瓜分中国，以求中华民族澈底的解放和独立。"[①] 这明确告示：中国共产党人要进行一场以"驱逐日本帝国主义出中国"为目标的战争，是一场"民族的革命战争"。之所以如此，盖因国民党军阀"宁肯将东三省上海及整个中国送给帝国主义"，对于中国工农红军"则不断的以其最大的军力来进攻，企图消灭苏维埃政权和工农红军"，显然是"出卖中国污辱中国民族的行为"。正如《中华苏维埃共和国临时中央政府关于动员对日宣战的训令》中所言："要不是国民党军阀的进攻，苏区工农劳苦群众与红军早已与抗日的英勇士兵和义勇军站在一起直接对日作战了。"因此，《训令》直言：摧毁国民党统治"正是实际去进行民族革命战争，是直接对日作战的必要前提"。可见，中国共产党人时下所定义的"民族革命战争"[②]，其特别强调的是在国家民族救亡图存之际，亦当表现出鲜明的阶级意识。

对于日本侵华战争的本质，中共中央在《中央关于日本帝国主义强占满洲事变的决议》中指出："日本帝国主义者的武装占领满蒙"的"真实的意义"，"是以军事和武装的力量将中国屈服在日本帝国主义的剥削和奴役之下，巩固他们在满洲的统治，加倍地榨压剥削中国的劳苦群众，以找求本国经济恐慌的出路，并依据着满洲的战略上的各要点，准备反对苏联的进攻与帝国主义争斗市场和殖民地的强盗战争，准备直接武装干涉中国革命的战争。所以满洲事变是瓜分中国为各个帝国主义者的殖民地的开始，是反苏联战争的序幕，是世界新的帝国主义强盗战争的初步"。[③]

在文学批评领域，中国左翼作家联盟率先对现阶段革命的双重内涵展开论证。

1931 年 11 月 15 日，左联机关刊物《文学导报》第 1 卷第 8 期刊载

---

① 毛泽东：《中华苏维埃共和国临时中央政府宣布对日战争宣言》（1932 年 4 月 15 日），《红色中华》第 18 期，1932 年 4 月 21 日。

② 《中华苏维埃共和国临时中央政府关于动员对日宣战的训令》（1932 年 4 月 15 日），转中央档案馆《中共中央文件选集》第 8 册（1932），中共中央党校出版社 1991 年版，第 642 页。

③ 《中央关于日本帝国主义强占满洲事变的决议》（1931 年 9 月 22 日），中央档案馆《中共中央文件选集》第 7 册（1931），中共中央党校出版社 1991 年版，第 419 页。

左联决议《中国无产阶级革命文学的新任务》，在其所规定的六项新任务中，前两项这样写道：其一，"在文学的领域内，加紧反帝国主义的工作；加紧反对帝国主义战争，特别是进攻苏联与瓜分中国的帝国主义战"。其二，"在文学的领域内，加紧反对豪绅地主资产阶级军阀国民党的政权，反对军阀混战，特别是进攻苏维埃红军的战争"。

在这样新的任务面前，左联决议对文学理论批评重新予以规定，其中首条写道："必须即刻在大众中开始理论斗争和批评的活动，去和那些经常不断的欺骗民众的各种宣传斗争，去和那些把民众麻醉在里面几乎不能拔出的封建意识的旧大众文艺斗争，去和大众自己的封建的，资产阶级的，小资产阶级的意识斗争，去和大众的无知斗争。"①

由此不难见出，左联决议中对当时文学创作与批评，虽未标出明确的"民族的革命战争"文学，但所阐释的意义内涵，确是其题中之意。

鲜明张起"民族革命战争"文学之帜者是冯雪峰。他以丹仁为笔名发表的《民族革命战争的五月》一文，对"民族革命战争"及其文学批评与创作实践，有权威性的诠释。有学者认为：此文"是为响应中共1932年4月12日发出的《中央为反对帝国主义进攻苏联瓜分中国给各苏区党部的信》而作，它对日本帝国主义侵略中国的战争本质及与此战争相关的国际、国内形势的阐释直接来自中共的上述文件及其他有关日本侵略中国的决议和文件"②。

丹仁指出："反对帝国主义和地主资产阶级而澈底实行民族革命的战争，是在中国到处爆发起来了。"那么，什么是民族革命战争？丹仁认为："民族的革命战争，必须是反对帝国主义的战争，必须是反对地主资产阶级的战争。因此，它不是中国和日本的两个民族的战争，也不是在中国领地上进行的日本和美国的帝国主义和帝国主义的战争。它是中国被压迫的民众反对帝国主义及地主资产阶级的势力和帝国主义与地主资产阶级联结在一起的势力的战争，即革命和反革命的阶级的战争。"丹仁

① 《中国无产阶级革命文学的新任务》，《文学导报》第1卷第8期，1931年11月15日。

② 杨胜刚：《中国共产党的政治实践与左翼文学》，当代中国出版社2016年版，第148页。

举例说明："中国今日的民族革命战争"，"首先在长江流域，中国南部，蓬蓬勃勃的，浩浩荡荡的进行着，发展着"。那里的"工人农民苦力"，"是中国的民族革命战争的主力军和领导者"；当然"还存在于东三省的农民抗日的游击战争和义勇军中"。义勇军"主要的最大的成分和力量却是那因为地主资产阶级和帝国主义军阀官僚的累年的剥削，而至于赤穷，因为政府的不抵抗主义而被日本帝国主义的铁蹄蹂踏，无田可耕，无家可归的数万数十万的农民。他们虽还不免要被地主豪绅土匪首领军官所强奸所欺骗，但事实教训他们，他们的出路只有武装反对帝国主义和地主资产阶级——民族的革命战争"①。

正是在上述的前提和基础上，丹仁提出，"革命文学者""应当携带文学的武器加入民族的革命战争，创造民族的革命战争文学"②。基于"民族的革命战争，必须是反对帝国主义的战争，必须是反对地主资产阶级的战争"③，丹仁认定："民族的革命战争文学，必须是反对帝国主义，反对地主资产阶级的文学。这种文学的创造成为我们今日的急务，不仅因为在一般的意义上这个战争是和中国民众的运命相关，尤其因为这个战争中的中国民众的多少的伟大的力量和英勇的行为，多少的真实的民众的英雄，怎样光辉地在等待作家去表现，多少的帝国主义和统治阶级的明里暗里的阴谋和破坏，中伤和欺骗，在等待作家去曝露！""它将在民众面前证明民族的革命战争的实在，谁是这战争的领导者，使民众认识民族的革命战争的本质，而去扩大这个民族的革命战争！"④ 然而，令丹仁失落的是，在文学"领域内的革命战争，是显然的落后，显然的退怯"，"在意识形态战线上肃清封建势力的斗争是太不猛烈"⑤。

也许这也是当时左翼文学阵营的共识，众多左翼文学批评家便以此为标准而进行着他们的文学判断。

---

① 丹仁：《民族革命战争的五月》，《北斗》第2卷第2期，1932年5月20日。
② 同上。
③ 同上。
④ 同上。
⑤ 同上。

易嘉在《五四和新的文化革命》中也明确指出："当前的文艺创作的方针，一定要能够表现革命战斗的英雄，——革命的民族战争里的群众，反军阀的战争里的群众，一切阶级战斗里的英雄；一定要能够揭穿一切种种假面具，——地主买办和资产阶级的剥削制度，帝国主义的侵略和压迫资产阶级和小资产阶级的生活，要揭穿他们的真相，要暴露他们自欺欺人的意识。"①

茅盾在《我们所必须创造的文艺作品》中呼唤："立在时代阵头的作家应该负荷起时代所放在他们肩头的使命"，这就是："最低限度，必须艺术地表现出一般民众反帝国主义斗争的勇猛"，"唤起民众间更深一层的反帝国主义的民族革命运动"。②

沈端先在《创作月评》中批评左翼作家葛琴的《总退却》道："最大的缺点，是将上海战争描写做孤立的战争"，"作者所描写的那种局限在'民族性的'仇恨，（这儿没有丝毫国际性的表现）反而掩蔽了战争之发生的根本。这种无意识的政治的误谬，在客观上使这作品走上了和帝国主义走狗的走狗，所谓'民族主义'作家所努力的作品一致的倾向。"③

冯雪峰也认为，在《总退却》中，"帝国主义和统治阶级各派的阴谋利用破坏是仿佛对于战争没有关系似的；长官和帝国主义的勾结及其意义也并没有被我们的作者所曝露"。因此说，"没有站在阶级的立场上加强地指出退兵乃是帝国主义和统治阶级镇压革命，镇压民族革命战争的发展这一层最主要的意义"是《总退却》"最大的错误"④。至于《豆腐阿姐》，也犯着与《总退却》同样的错误。本来，"中国资本家乘战争的机会向工人进攻，应当在这种作品里得到最鲜明的最深刻的描写"，"可是，作者不曾在相互的联系中去分析现象"，使"我们不能在战争中的工人生活里理会到上海战争的本质"。⑤

① 易嘉：《五四和新的文化革命》，《北斗》第2卷第2期，1932年5月20日。
② 茅盾：《我们所必须创造的文艺作品》，《北斗》第2卷第2期，1932年5月20日。
③ 沈端先：《创作月评》，《北斗》第2卷第三、四合刊，1932年7月20日。
④ 丹仁：《关于〈总退却〉和〈豆腐阿姐〉》，《北斗》第2卷第2期，1932年5月20日。
⑤ 同上。

那么如何创作“民族的革命战争”文学，左翼作家与批评家的一致看法是，战争的本质及战争的发展和变化过程，“特别是其中的阶级的关系及其作用”等，是“不能不表现的总要点”，而且“必须把这战争放在世界的阶级的光（尖）锐及中国红白战争的激烈的图画中来分析”[①]。

也许谷非（胡风）的诗作《仇敌底祭礼》是他们心目中的创作样本，开头这样写道：

大炮轰破了满洲暗夜的天空：
是的，在愤怒里我读到了这消息。
谁是屠伯？
是“贵国”的人干的，
也是“敝国”的人干的。
而死的是，
生在海那边的我们底兄弟！
生在海这边的我们底兄弟！

诗歌的结尾，诗人又写道：

在满洲浩荡的原野上，
不，不止在满洲一角地，
在海这边每个农村每个工厂里，
在海那边每个农村每个工厂里，
在陈腐的全世界上每个农村每个工厂里，
将要吹起进军的喇叭，
高唱着我们底前进曲，
那不是什么《君之代》，

① 丹仁：《关于〈总退却〉和〈豆腐阿姐〉》，《北斗》第2卷第2期，1932年5月20日。

也不是什么《卿云歌》,
那是新人类底诞生诗,
我们兄弟自己共作的——

起来呵,海这边的奴隶!
起来呵,海那边的奴隶!
起来呵,全世界的奴隶!
挣脱你们颈上的锁链,
争取我们自由平等的“祖国”,
它底名字叫做“大地”。

正义战争与无产阶级意识的融合,才是“民族革命斗争文学”创作的基点和成功之处。左翼文学批评家对当时包括左翼文学家、文学作品的激烈批判,表明了当时左翼文学与中国共产党的“民族的革命战争”主张某种程度的不吻合。对张恨水国难小说创作的批评,被纳入这一充满时代精神的理论轨道,显然是历史所然。

二 国难诗歌:“一腔热血沙场洒,要洗关东万里图”

《弯弓集》中所收旧体诗,除《咏史》(四首)、《健儿词》(七首)外,还有《补白诗》(四首),共计十五首,初呈阵势和规模,不可小觑。当然也有例外。对于《咏史》,阿英认为,“这四首史诗,是典型的说明了封建余孽对于东北与上海两大事变的态度。他们愤恨着二十年来不断的军阀混战,他们认为中国不强,不能与日本帝国主义对抗的主因在此。他们诅咒统治阶级的坐视‘胡马入汉关’,而‘浑如醉’,‘笑不前’,‘争明系统’如旧。但是,他们除了愤慨以外,又有什么办法可想呢?‘书生漫作长沙哭,只有龙泉管不平。’他们所能做到的如此而已”①。

① 阿英:《上海事变与鸳鸯蝴蝶派文艺》,《北斗》第2卷第2期,1932年5月20日。

对于《健儿词》，阿英同样指出：其虽然“高呼着‘背上刀锋有血痕，更来裹剑出营门。书生顿首高声唤，此是中华大国魂。’【健儿词之七】但他们，封建余孽的本身，是只有‘大声唤’的，没落的封建阶级，他们是没有‘出路’的。作者的这几首诗，相当的把这一阶级的意识形态，具体的表露了”[①]。然而，当我们更长距离、长时段地反观《弯弓集》中的诗歌，批评家的认识又有改变了。梁羽生认为：“张恨水平生所作诗词甚多，我觉得最能代表他的‘功力’的是他在抗战前夕所作的《咏史》四首。题为《咏史》，其实则是‘借古喻今’。诗固然写得好，而且就其内容来说，也是张恨水所作的诗词中较具‘思想性’的。”[②] 当今视之，所言不谬。

对于张恨水创作旧体诗，已有论者言：“张恨水的文学生涯，是从诗词开始，最后，在诗词上结束。”[③] 据《张恨水年谱》：1905 年张恨水 10 岁时，跟随调职的父亲一同前往江西新城，“在家从端木先生读书”，由此“爱上了《千家诗》，并请先生教他读诗写诗，这是他接触古诗的开始”。[④] 是年 11 月，“随父返回原籍潜山”，在储先生的威逼下，“开始学作八股及律诗”，半年之内居然“搞懂了平仄”，对《千家诗》更觉有味了。[⑤] 1911 年，沉迷于小说的张恨水，再次与旧体诗紧密为伍。这一年，教授少年张恨水八股的储先生，也来到南昌，担任其弟妹的塾师，使其有机会师从储先生习诗。张恨水后来在《写作生涯回忆》中曾记载这段生活：“他（储先生）原是教过试律诗的。他说我有诗才，劝我作诗，他可从旁指点。对于这，我欣然从命。但他不会写作古近体，只写得五言八韵的试律。于是，介绍我读了几本试律诗集，并出了几个诗题我作。

① 阿英：《上海事变与鸳鸯蝴蝶派文艺》，《北斗》第 2 卷第 2 期，1932 年 5 月 20 日。

② 梁羽生：《梁羽生评点民国闻人诗词》，（香港）天地图书有限公司 2013 年版，第 218 页。

③ 王张应：《诗人张恨水》，《安徽商报》2017 年 3 月 2 日第 20 版。

④ 张占国、魏守忠：《张恨水年谱》，张占国、魏守忠编《张恨水研究资料》，知识产权出版社 2009 年版，第 154 页。

⑤ 张恨水：《写作生涯回忆》，张占国、魏守忠编《张恨水研究资料》，知识产权出版社 2009 年版，第 10 页。

我慢慢的凑，居然可以完篇。我记得在'两个黄鹂鸣翠柳'一题里，我有这样十个字：'枝横长岸北，树影小桥西。'……这作风，大概维持了两三年之久。"① 可见，对于旧体诗，此时的张恨水已由早期的被动接受进而转变为乐而为之。18岁考入蒙藏垦殖学校后，家境贫寒、少年失怙、对未来生活渺茫的张恨水"愁苦无从发泄"而"一发之于诗"②，此际，诗词已然成为张恨水表达内心世界的利具。

咏史诗是中国古代诗歌中一种特殊文类，它的产生是中国古代文学史上的重要现象。咏史诗，顾名思义，是史与诗的融合体，社会客体与抒情主体的统一体；产生于久远的秦汉时期，以东汉时班固的《咏史》为标志；至唐时，创作蔚为大观，进入自身的成熟繁荣期，不仅有刘禹锡、杜牧、李商隐等卓有成就的咏史大家，而且出现了专事咏史诗创作的诗人和专门性咏史诗集，成就了咏史诗创作历史的一代高峰。

张恨水《弯弓集》收录《咏史》诗四首，《咏史》"其一"中，诗人感慨于"山河脱幅三千里"之际，当局却"兄弟阋墙"，萁豆相煎，骨肉相残；更有"江东名士""壁上诸侯"者，或苟安于世，或握兵屯田拒战倭寇。《咏史》"其二"中，诗人热切期盼横持长毛、具有豪迈之气英雄的到来，怒斥屈辱于外敌的逊国君臣，任凭侵敌在"卧榻之侧"，醉心于管弦之音，岂不知，国家民族危亡时刻，书生枉自悲戚歌哭，"只有龙泉管不平"！《咏史》"其三"开篇哀叹，国民政府之都南京纵有靡丽之景、王气之象和千官之居，却无抗战之气，对国民政府的不抵抗政策极尽讥讽。"为问章台旧杨柳，明年可许故人看"，是典型的咏史之句。据唐人许尧佐《柳氏传》和孟棨《本事诗》记载，唐代诗人韩翃在西安与柳氏成婚。两年后韩翃及第独自回家乡省亲，然未及回归便因安史之乱爆发而夫妻失散，直至唐肃宗收复失地，韩翃才得以托人寻访柳氏，托带碎金，并附《章台柳》："章台柳，章台柳，昔日青青今在否？纵使长条似

① 张恨水：《写作生涯回忆》，张占国、魏守忠编《张恨水研究资料》，知识产权出版社2009年版，第14页。

② 同上书，第15页。

旧垂，也应攀折他人手”，与“先言他物以引起所咏之词”的兴之表现手法不同，全篇用语双关，将柳树与柳氏同义言抒，表面描绘柳树，实则表达着对柳氏生死离别的关切：是否安在？嫁人没有？其实柳氏此际已为他人妇，纵有深情也万般无奈，遂复《杨柳枝》：“杨柳枝，芳菲节。所恨年年赠离别，一叶随风忽报秋，纵使君来岂堪折。”后人以《章台柳》为词牌名与曲牌名。这里，张恨水借“章台柳”历史本事，深切表达了对沦丧国土的悠悠之念。

《咏史》“其四”与前三首所欲表达之意大同。诗人通过对“花蕊宫词”“金貂盈座”“黄左相争”等史实的铺叙，揭露并讽刺国民政府忙于内战、拒抗外敌的世象。诗人引花蕊夫人当年作《述国亡诗》“君王城上竖降旗，妾在深宫那得知。十四万人齐解甲，更无一个是男儿”，表达对倭寇入侵而罕见有人上阵杀敌的悲哀；满朝武官竟鲜有关询国难的凄凉；国土频陷却依然醉心于国家内部利益集团打斗的哀痛。

综上可见，张恨水的咏史诗，显然不是单纯地发古人之幽思，而是将历史与社会时政、现实国难联系起来，借古讽今，哀叹衰微的国运，悲悯孱弱的民族，更唤起国人的民族抗战精神。

与《咏史》的格调不同，《健儿词》（七首）则慷慨昂然、热血盈胸、壮怀激烈：“看破皮囊终粪土，何方性命换河山。男儿要赴风云会，笳鼓连天出汉关。”（之一）“不负爷娘抚此生，头颅戴向战场行。百年朝露谁无死，要在千秋留姓名。”（之二）男儿当如此，女儿亦不让须眉：“未是木兰替老亲，亦非击鼓学夫人。女儿自有凌云志，不让英雄独姓秦。”（张恨水自注：秦，指秦良玉。）“笑向菱花试战袍，女儿志比泰山高。却嫌脂粉污颜色，不佩鸣鸾佩宝刀。”（张恨水自注：“下十四字集唐诗红楼”）前者绘画出一代女性的英雄形象，后者则表达了中华儿女“不爱红装爱武装”情怀。应当说，张恨水《咏史》诗中的女性英雄形象，在其律诗创作中具有重要意义。他笔下的巾帼之英，完全不是古代诗词中被动依附、地位卑微、感性至上的女性，而是有着国家大义、民族情怀、蕴含现代意识的新女性。

《补白诗》（四首）则一反《咏史》《健儿词》的史实意识，以气吞山河之势，直抒胸臆，劲吐块垒："百岁原来一刹那，偷生怕死计何差。愿将热血神州洒，化作人间爱国花。""为国牺牲果值当，插标卖首又何妨？挺胸大步出门去，轰轰烈烈干一场。""慷慨当离席，晶晶目有光。酌酒渗仇血，干杯上战场。""男子不亡国，英雄肯杀身。愿将一腔血，飞雨溅仇人。"

补白，即填补空白，专门指谓中国文学史上一种独特的主要用以填充报刊空白的文体。内容多为知识性、哲理性短文，内涵幽远，语趣意丰。这种文体的倡导和撰写，主要来自那些具有编辑经历的作家，其发现报刊版面留有空白，便将适量文字之作编排于此。在中国现代文学史上，鲁迅、阿英等都是补白写作高手。

郑逸梅则以现代"补白大王"著称。特别值得一说的是，郑逸梅以补白之体，记写了含有日本侵略中国史料的珍贵之文，如《创立商务印书馆之夏粹芳》《一二八之文献损失》《宋哲元之大刀》等。

张恨水从 1918 年 1 月进入芜湖《皖江日报》任编辑、总编辑起，到 1948 年秋辞去北平《新民报》经理等职务止，共计 30 年，其间又先后在《益世报》《朝报》《今报》《立报》《世界晚报》《世界日报》《南京人报》《新民报》等任职，不仅经历资深，经验老到，尤被称为"副刊圣手"。于补白文体的运用，可谓深谙其道。在自费出版《弯弓集》之际，不略版面，虽以补白诗表达着与郑逸梅一致的民族情愫，但以诗补白的编辑形式，确是一种反抗侵略的创造性文学表达方式。

三　"以小说之文，写国难时之事物"

《弯弓集》中收有短篇小说《风檐爆竹》《以一当百》《最后的敬礼》《仇敌夫妻》《九月十八》，共计 5 篇。《风檐爆竹》全文近 1300 字。故事发生在"扬子江岸边一个打鱼人家的茅屋住所"。斜风细雨、漆黑如墨的晚上，一位 50 余岁的妇人昏昏欲睡之际，从兵舰上绕道登岸的日本兵闯进她的家门，打探进攻浏河镇的进路。妇人表面应承，借进里屋沏茶之机，拿出预备过年燃放的五千头爆竹，将其与自家茅屋一同点燃。火光与爆竹声，告诉了五里之外的中国军队，他们立即向其开火。偷渡的千人日兵，战死与被俘各占一半。然而，有着两个毅然放弃打鱼生计转而参加抗日武装儿子的老妇人，却在这场交火中无声倒下……日俘哀叹："这回失败，不是败在中国军队手里，只是败在一个打鱼的老婆子手里罢了。"作者不以人物塑造为要，旨在情节取胜，以一个短小精致的故事，表达着对一位渔家巾帼英雄的敬仰之情，描绘出全民抗战的图景和不屈的民族精神。作品中写道：老婆婆"将爆竹挂在屋檐下，在身上掏出一盒火柴来，擦了一根，将茅檐点着。这茅草上面虽然是湿的，然而细雨未曾湿透，下层还是干的，加上斜风一卷，立刻将一排屋檐都点着了。前面的日本兵看到火着，狂叫起来。老婆婆也不理会，擦了一根火柴索兴将爆竹头点着，立刻如机关枪一般，响了起来"。此可谓文题"风檐爆竹"的点睛之笔。

《风檐爆竹》篇幅虽短，却是一部颇具史实性的作品。小说讲述的发生在"扬子江岸边"渔家儿女激情抗战的故事，显然是1932年上海"一·二八"淞沪抗战的组成部分。

"一·二八"事变，是九一八事变后日本向驻守上海的中国军队发动的军事攻击，目的在于"转移国际视线，乘机在东北成立伪政权"①。事变发生于1月28日23时30分。日军最初以2300人的兵力，在日本驻上海第一遣外舰队司令盐泽幸一（少将）的指挥和坦克的掩护下，初从上海北四川路西侧兵分五路，向中国驻军发动进攻，"一·二八"事变由此爆发。十九路军奋起反击，日军进攻受挫，迫使日军与中国军队达成1月29日20时停战协定。其实这只是日军缓兵之计。停战后的日军不断从海上运增兵力，在这场为期37天的战斗中，日本参战兵力最终多达7万人。上述史实，在《风檐爆竹》中老婆婆"梦见她两个儿子在闸北打了胜仗回来"的情节、"绕道登岸"的"兵舰上的日本兵"突闯渔宅等的

① 王辅：《日本侵华战争（1931—1945）》（一），辽宁人民出版社2015年版，第118页。

描述中，得到了互证。

其实，《风檐爆竹》中的浏河叙事，同样显示着历史的真实性。小说中有这样的描写：晚上八点钟，一个挂指挥刀的军官及其跟随的"上十名兵士"，闯入老婆婆家中。其中一个会说中国话的日本兵问道：这里到浏河镇有多少路？"老婆婆道：二十里路。日本兵道：不能有那多，你不要胡说。你知道中国兵在那里？老婆子道：我不知道。这位老婆婆口里如此说着，眼睛就不住向这些日本兵身上去打量，身上接着便有些颤巍巍的。那日兵道：老太太，你不要害怕，我们不害你。我们是去打浏河的。明天得了胜，我们还有钱赏给你。你告诉我到浏河去要怎样走？"接下来，便出现了老婆婆点燃房檐与爆竹、给中国军队传送敌情进而为国尽忠的壮烈一幕。

浏河镇，位于江苏东南部，今隶属江苏省太仓市，南与上海宝山、嘉定两区接壤。元时改刘家港，为漕粮北运出海港口；"明永乐三年（1405），郑和下西洋，亦由此出发。嘉靖年间，因倭寇登岸侵掠，设重兵驻守。明末港口淤浅，海运遂衰。""此港因条件优越，于元明雄峙江海，成为我国最大的海港之一。刘家港开发始于元时，发展海运、漕运，一时番商云集，外通琉球、高丽、日本等国。这个天然良港，使太仓滨海乡村一跃成为'甲于东南的'万家之邑'。刘家港更大规模开发是明永乐初。朱棣决定派使者通西洋，命户部尚书开浚娄江和刘家港口，水宽三里，水深增加，直达苏州，沟通太湖平原，使港口环境大为改善。永乐二年建成远洋航海基地。"[①] "一·二八"事变中，鉴于军事进攻未能得手，日军先后撤换盐泽幸一（少将）及其继任野村吉三郎（中将）、植田（中将），以白川义则（大将）为统领，向中国军队进行更疯狂的进攻。有前三任指挥官正面进攻失利的教训，白川义则决定从翼侧浏河登陆，对淞沪守军实施双面夹击。致使中国军队腹背受敌，后路被抄，被迫撤出战斗，浏河失陷，写下淞沪会战痛苦的一页。这场战斗的失利方

① 中共太仓市委宣传部、太仓市哲学社会科学界联合会编：《元明海运中心刘家港》，中国文史出版社 2013 年版。

使国人认识到了作为军事重镇的浏河，是江防要地和长江门户。这无论在历史上或是小说中，都鲜明地表现出来。

《以一当百》《最后的敬礼》与《风檐爆竹》的篇幅大体相当，《以一当百》的故事发生地却转为东北北宁铁路线上一个荒落的小站。由于日兵的轰炸，“站上人都跑光了”，仅剩一个有着“苍白胡子的老人”强守忠。因“站西有一道桥，被日本飞机炸断了”，“假使不在站上报信，来的火车，一定会出危险”，他就“在站上守候着”。当一列看似“不像日本兵车来临时”，他挥旗拦了下来，避免了列车冲入河水中。不料开车的竟是老人的儿子强国民。这列火车上装有一千支步枪，二十架机关枪，是强国民乘日兵不备而偷开出来，目的是送给锦州的抗日武装。不料，载有二三百日本兵以及炸药和各种武器的铁甲车在后面紧追不舍，且时速远超火车。在此紧急时刻，为了不使一火车的军火再次落入侵略者手中，强守忠做出了一个惊人的决定：指挥儿子将列车向断桥疾驶，冲入河水中；尾随其后的铁甲车也在强守忠的导引下，直冲桥下。随之而来的是“比先前那声音更大了”的“巨响”，天际间“冒出一阵浓烟”。此时强守忠想到的是：“我父子两个，打倒日本二三百兵，死也值得！死也值得！但是我的儿子，是个好儿子呀！”老英雄的眼泪随即点点滴滴落在枕木上。全篇杀身成仁的民族气概和大无畏情怀；以一人牺牲换取二三百日兵的覆灭，是“以一当百”题意的所在。《最后的敬礼》则为“据上海来人言”① 的社会实录。“九一八”事变后的上海，日本海军陆战队将架有小钢炮的坦克驶入市区，肆意横行。木匠陈阿得低头而行，无意碰撞了正在路上炫耀武威的一日本军官，遭其拳脚，隐忍而归。次日清晨，又有日本兵前来拍砸家门，领头者正是昨天对他施以暴力的那个日兵军官。这伙暴徒进屋不言所以，便用枪拖把木匠击晕并捆绑起来。深夜方醒的陈阿得终于醒悟：“活一百岁也是死，怕什么？拼着这条性命报仇去。”在亲人的鼓励下，阿得参加了义勇军。在战斗中，他追杀的身负

① 张恨水：《弯弓集》，北平远恒书社 1932 年版，第 34 页。

枪伤、几次对他施暴的日本军官，已然"目光发呆"，奄奄一息。见此"阿得于是放了枪，将他移到路边，站起一立正向他行个军礼。他也半举着手回礼，眼睛缓缓闭上。他似乎知道中国人虽然和平，却并不怯懦，以前藐视中国人，有些错误。然而在日本，就他个人而论，已经是迟了"。这显然揭示出了文题"最后的敬礼"所蕴含的寓意。小说的背景与故事同样是社会的实写，作品开篇写道："二十一年一月廿八日，日本对上海市政府，发出最后通牒的日子，已经满了，中国也完全屈服了。但是日本的海军陆战队，依然现出很凶野的样子。将坦克车开到北四川路，穿街而过，车头上架着的小钢炮，对着街两边的楼房，左右转动着，做那射击之状。"恰如当时的历史：

1932 年 1 月 21 日，日本驻沪总领事村井仓松，就日人挑起、制造并转嫁中方的所谓日僧遭袭事件，向上海当局提出四项无理要求；1 月 27 日，村井仓松又发出最后通牒，限于 28 日 18 时前对四项要求给予令日方满意的答复，否则采取必要行动。在国民政府的指示要求下，上海市市长吴铁城于 1 月 28 日下午时分，复函村井，全盘接受日方提出的四项要求。然而，蓄意制造事端的日常，并不以此为满足，28 日 20 时 30 分发出新的通牒，在尚未得到中方答复之前，盐泽率一的海军陆战队就向闸北中国驻军阵地猛攻。"一・二八"事变在日军不宣而战的情况下爆发。[①]

可见，无论是社会历史，或是故事情节，都鲜明体现出了极为完整的真实；对于后者，"不过著者从中略加描写而已"[②]。张恨水作品中的文史互证特征，于此得到凸显。

《弯弓集》中的短篇小说《九月十八》，篇幅较长，在"九一八"国难小说史上，地位特殊，当属奠基之作。但在小说发表之后，从 1932 年阿英的最早评价开始，一直到今天，学者们的评价普遍不高，而且未见

① 参见军事科学院军事历史研究部《中国抗日战争史》上册，解放军出版社 2015 年版，第 149—151 页。

② 张恨水：《弯弓集》，北平远恒书社 1932 年版，第 34 页。

有科学而中肯的阐释，亟待予以补足。

阿英主要从社会阶级论的角度，认为《九月十八》这篇小说反映的是封建余孽对“九一八”事变的认识，只是将鸳鸯蝴蝶派的作品披上了国难的外衣，表露的是这一阶级的意识形态。

阿英的批评，自有其党派政治考量和理论背景。作为左翼文学批评家的阿英对文学文本做出了超出文学评论范畴的批评，以政治要求对文学做出了苛刻的评价。今天视之，应历史地看待，当予重新评价。

《九月十八》讲述了一个浪子回头、从军抗日的故事。

小说主人公名字叫王有济，时年 21 岁，是一个大资本家的儿子，家里有很多实业。家住辽宁沈阳，到南京读书，是一位大学生。小说开篇这样描写王有济的外貌：“身上穿了一套紧俏而又平贴的西服，在小口袋里，露出一小角花绸手绢来，他的黑头发，一把向后，梳得溜光，没有一根乱的。在那长圆的脸上，又加了一副玳瑁大框眼睛，更得了衬托之美。”用现在的话来说，是一个典型的“富二代”形象。

王有济来到南京读书，目的就是混个文凭，谋得大学生的美名。因家境富有，读书期间不住学生宿舍，而是住在旅馆里。早、中、晚饭均由茶房外买。“给起小费来，却比别个客人特别优厚。”平时不务学业，而忙于社会交际。一是捧歌女（刘蕴秋），点十个戏，出手阔绰。二是请客吃饭。三是谈恋爱，找女朋友。唯独不爱听课，以打瞌睡消磨时间，常遭到任课教师的批评，又不知悔改，给老师起绰号。

“九一八”事变的爆发，颠覆了王有济的这种生活方式，家中的财产全部被日本人和汉奸所冻结，经济来源断绝了，所捧歌女刘蕴秋也弃他而去；为生计所迫，他也搬出旅馆回到学生宿舍住宿。正所谓“无家可归，无书可念，无事可做，无地可托足”。“九一八”的炮火，上海日本兵的大炮，使王有济警醒，终于走上抗日从军之路。

特别值得一提的是，《九月十八》这部小说，之所以命名“九月十八”，通篇贯穿着“九月十八日日历”这一物象。

最初注意到王有济所住旅馆房间墙上挂的日历，是旅馆茶房李四，九月二十日下午1时许，他在王有济的房间里收拾屋子，见日历上还是“九月十八”的那一张。这茶房心想，也许是王有济“有心留着的，却不敢去撕”。其实全然不是那么回事。这时在房间里醒来的王有济，随手拿起报纸，才得知，九月十八日日军占领沈阳。他抬头一看墙上挂着的日历，是九月十八日，心生疑惑：今天只到下午，怎么晚上日军占领沈阳的消息就来了呢？细一回想才知道日军占领沈阳，前天歌女刘蕴秋在这里闹了一个白天两个晚上，他便忘记撕日历了。此后，王有济深感自己的“太无心肝”，家乡沈阳沦陷自己还在南京取乐，三天后才知道这一噩耗。他这样想：“为什么（自己）忙着日历都没撕，这不是造化儿警告我，留着这张日历，让我去注意的吗？好了，我保留着到收回沈阳那天再撕它。”然而，随着时间推移，沈阳方面的消息越来越坏，这收复的希望也越来越渺茫。小说写道：一个月后“九月十八，那张日历上有点灰了”。“伸手去摸着日历……却在薄薄的灰层上，留下指头五个圆光印子。”此时不但沈阳没有收回，而且日军又占领了锦州。王有济愈加心灰意冷。三个月后，那张日历仍是“九月十八日”。王有济消沉已极，报纸不断传来中国军队“打是退让，不打也是退让，所靠得住的，只是失地求和的消息。要说中国军队打到日本，那是不可能的了”。又过了一段时日，王有济辞掉旅馆的房间搬到学校宿舍住宿后，猛然间想起那一卷日历落在了旅馆。此时，王有济已然将停止在“九月十八日”的日历“留成了一个纪念品”。但毕竟是把自己心之所系日子的日历丢在了旅馆。时间进入1932年初，十九路军在上海打了胜仗，王有济深感振奋，忙着买报纸了解战争消息，又与同学们讨论时局。此时一位素不相识的名叫甄觉民的人请求拜见，声称有要事面谈。原来，王有济离开旅馆，将日历遗留在房内。这位甄觉民是位退伍军人，官至团长，继王有济之后，租用了同一个房间。看到停止在“九月十八日”的日历很受刺激。决心再次投军。入伍之前，深感这“九月十八日”的日历对自己教育良多，为表达自己重上战场一去不复返的决心，特将日历送还王有济作纪念。甄觉民团长的举动，深深感染了王有济，民族意识大增，激发了他投军抗战、赤条条杀上前线的决心。入伍前，决定把身边物件全部拍卖，“我拿一部份作随身用费，多的捐到红十字会去”。在拍卖会上，王有济把激励他不忘国耻、立志投军的日历送给他曾一度讨厌而今无比敬重的李百全教授。而李教授接受了日历后，又将其挂在学校礼堂上，并声言：要等王有济胜利归来，再将日历送到校图书馆永远珍藏。小说就此结束。

我们知道，物象的广泛运用是中国现代小说的一个突出现象。张恨水也不例外。他对于停止在“九月十八日的日历”这一物象的诗性描写，表现出别样的特征。

其一，在《九月十八》中，九月十八日的日历象征着中华民族的屈辱与痛苦，体现着典型的物象兴情的特征。其二，小说的结尾，以“九月十八日”日历，营造出悲壮、激昂的意境，呈现出物象造境的特征。大学堂里正在为投笔从戎的学生召开送别会：“50 个投军学生，一律穿了军服，其余的都穿着白衣服，电灯之下，真个满堂如雪。”在韩桂兰钢琴伴奏下，李百全教授领导全场人员唱起《易水之歌》：“风萧萧兮易水寒，壮士一去兮不复还。”唱毕，全场人员泪洒衣襟，痛哭不已。李百全教授大声说道：“（日历）用意很深，我不敢自私，转送给学校，挂在礼堂上，大家自勉罢！”作者最后写道：王有济明天到上海投军去了，但礼堂上的日历，“却永远是九月十八，这就因为还等着王有济回来呢。”

这由物象转换生成的令人热血沸腾的宏阔意境，鲜活地展在我们面前了。

四 谍战：独特的国难叙事

短篇小说《仇敌夫妻》与电影剧本《热血之花》，体裁不一，却以相同的题材，展示着一种独特的国难叙事，这“是历史层面的民族战争和文化层面的民族主义意识与浅俗审美趣味共同作用的结果，表现出民族性和通俗性两大审美属性……成为高歌民族精神的艺术形态，显示出重要的社会价值”①。

---

① 邹旭林、谭桂林：《论民国时期现代谍战叙事的发生》，《中国文学研究》2015 年第 2 期。

《仇敌夫妻》全篇近万字。作品主人公——近而立之年的化学教员桂有恒，"九一八"事变后以极大的爱国热情，积极参加"誓死抵制日货委员会"的抗日活动。然而，他却有着一个特殊的家庭。夫人是日本女子，且不为社会所知。小说以大量的心理描写，展示着桂有恒特有的心理世界。参加抗日活动之初，自己向民众宣誓：切实抵制日货。然而，"现在连日本货都要抵制不用了，自己家里，却容留个日本夫人，这话怎么自圆其说呢？要说和夫人离婚吧？夫妻感情，向来是很好，夫人已经嫁过来十年，添了两个儿女，慢说无原无故，不应当离婚，就是有原故，看在这两个儿女分上，也要原谅一点，离婚！这两个字如何可以出口！然而不离婚，社会上人知道了，那怎样办?"接下来，作者不吝笔墨，生动绘述着桂有恒的一双儿女："他的男孩子，今年九岁，穿了一套深灰色薄呢的裤褂，那裤子短短的，高过膝盖，露出一小截白腿来，下面黑线袜子和粗黑皮鞋，倒沾了许多灰。只这一点，可以看出这孩子是个活泼的。那姑娘只七岁，也是西式打扮，穿了一件绿色的套领长衣，蓬着垂到脑后的黑发上，簪上了一朵大红结子。那小小的鹅蛋脸儿，用黑发来衬着，真像她的母亲。这一对小孩，一个人抱了父亲一只腿，抬起头来，笑着乱叫爸爸。"然而，如此天伦之乐、人伦亲情，却在随后的生活中发生了重大变化。不久，桂有恒又在"抗日秘密工作委员会"任常务执行委员。这是一个"对日军事外交经济各问题，无所不包的"重要机构。"为接济义勇军的饷项"制定了一份极秘密的"各路义勇军"的组织的详细表册。怕委员会里"人多手杂"，为"慎重起见"，桂有恒将文件带回家，锁在保险箱里。午夜时分，竟发现夫人榴子正在偷偷抄写"那份义勇军表格"。桂有恒此时"只觉胸中一阵热火，由腔子里直喷出来"，完全没有料到榴子"却下这样的毒手"。清晨，榴子准备借机外出传送情报，被早已洞悉内情的桂有恒拦下并对她说："不幸，我们作了夫妻，不幸我们又作了仇敌，不幸我又知道爱国。"经过一番激烈的内心搏斗，桂有恒终于下决心，趁榴子不备，在咖啡里投毒，将其药死。两月后，桂有恒参加了义勇军，成为"骁勇善战的队长"。只是出手杀妻的痛与苦，始终纠结在心……

《热血之花》全篇 29 幕，约 1.7 万字，以大学教授华有光的家庭为叙事主线，展开故事。国难当头，华有光教授两个读大学的儿子华国雄、华国威毅然投身义勇军。华国雄的未婚妻舒剑花，肩负大义，忍辱负重，借与日特恋识之机谋取敌军情报，却被华国雄误解。而舒剑花成功获取日敌情报，我军事先得知敌人出兵路线，华国雄、华国威受命在 48 小时内将敌兵阻击在夹石口小道处。惨烈的战斗，使驻守阵地的一连人，只剩下华氏兄弟二人。在“大雨如注”的恶劣天气下，兄弟“两人共守机关枪下，紧紧对着敌人的来路”，终于迎来了“大批援军”，兄弟二人双双立下战功。战斗结束后，舒剑花受命执行一次新的任务，而无法与华国雄见面以消解误会。张司令亲往华府，迎接华氏兄弟凯旋，并代舒剑花与华国雄沟通和解释，一对有情人终释嫌隙。而舒剑花却在执行任务中为国捐躯。

两部作品因融入了谍战情节，而显现出特有的风貌。作品这样描写舒剑花佯醉、趁敌特佘鹤鸣出门之机获取密件的情景：“剑花跳了起来，先把西服口袋里钥匙和一把手枪，拿到手上。开箱子翻书，用手按摩壁上。低头见地毯一处有皱纹，掀开地板，地板上有一钉头，用手一按便开。在地板下取出一个箱子，用钥匙打开，全是文件。坐在地上匆匆的看。咚咚门响，剑（花）夹了箱子，一手拿枪，闪在门后。门开了，剑花放了一枪。”随后“匆匆的跑出了寓门”，将箱子交给接应的警察，一同离开了。《仇敌夫妻》将榴子窃取情报的情节，叙述得动人心弦：“已经是深夜一点多钟”，将文件锁在家中保险箱子里的桂有恒，回到卧室“登床就寝了”。“他自己也不知道是睡了多少时候，却听到自己的卧室门，咿哑一声响。睁眼看时，屋子里漆黑。这很奇怪，自己睡觉的时候，清清楚楚，记得是开着电灯，何以这个时候，电灯却是灭了，莫非是有贼？第一个感想，不过如此，第二个感想，立刻就记起保险箱里的秘密文件，于是突然由床上坐了起来，正待去扭电灯，一抬头向窗子外一看，却见东边书房里，放出一些亮光。那地方在半夜里，决不会亮电灯的，真奇怪了。……心知有异，也不敢亮电灯了，摸了自己一根粗的手杖，轻轻的开了房门，向外走去，走到书房窗之外，在一条破纸缝里，向里面一度张望，这一下子，真把他吓了个够，原来这不是旁人，却是他的夫人榴子。她并不坐在桌边，却点了一枝洋蜡，放在方凳子上，她半蹲着，伏在方凳上，把那份义勇军的表格，放在手边，另拿了一张白纸，用铅笔如败风扫落叶一般，一阵风抄了下去。"

张恨水的国难小说融入了浓重的谍战叙事与悬疑情节，两者的相遇，当然有着必然的因果关系。正如有学者分析的："民国30年代初期日本军国主义势力加紧侵略中国，九·一八事变尤其是七·七事变激化了中日之间的民族矛盾，民族危机充分唤醒了中国人的民族意识和国家观念，整个社会民族情绪高涨，'救亡图存'成为当时最强烈的政治诉求。现实的间谍活动也借助这场民族战争发挥到了极致，并通过新闻媒体广泛报道开来，大量日本间谍及其活动罪行被公之于众。这样，'间谍'和'间谍战'就通过新闻报道迅速进入社会公共视野，并迅速把日益流行的民族意识转化为一种普遍的社会公共意识。"[①] 同时，"自民国30年代初期开始日益强烈的民族主义意识成为一种重要的社会群体心理构成，也自然成为众多作家和读者的民族正义诉求。这一点成为现代谍战叙事快速发展的重要文化原因。"[②] 由此，似可得出这样的结论：张恨水的《弯弓集》，不仅是九一八国难文学的奠基作，且其收入的《仇敌夫妻》《热血之花》也成为"我国最早"的现代谍战文学文本。[③]

一般认为，现代谍战叙事的发生，主要基于"现代印刷业发展迅速"和"中国进入了以刊物为中心的文学时代"，"有关间谍话题的随笔杂谈或纪实报告"散布于报刊媒体，《盛京时报》是其中担纲媒体之一。[④] 但若深入挖掘不难得知，早在"九一八"事变前，日本对中国领土觊觎即

① 邹旭林、谭桂林：《论民国时期现代谍战叙事的发生》，《中国文学研究》2015年第2期。

② 同上。

③ 同上。

④ 同上。

深，间谍在中国活动时间悠久、十分猖獗，成为现代谍战文学发生的重要社会因由。

据考，早在1871年3月，日本参议员江腾新平就向政府建议："尽快派出间谍人员，潜入中国各地搜集情报，一等时机成熟，立即发动战争。"[①] 翌年，日本维新政府接受这一建议，并于8月派出首批间谍人员活动于东北地区，日本近代对华的情报收集滥觞于此。至清末，日本为实现其军事扩张、称霸东亚的野心，在华建立了庞大的情报网。

说起日本对华间谍战，绕不开的一个人物是荒尾精。他1858年出生于名古屋，1882年毕业于陆军士官学校，授陆军少尉衔。1886年春，荒尾精奉参谋本部之命赴华。荒尾精少年时代便有赴华之愿，当日本陆军卿大山岩问他："你去清国的目的何在?"荒尾精毫不掩饰地说："取得中国，好好统治它，以便振兴中国。"[②] 进入中国后，荒尾精以乐善堂汉口支店为掩护，开展间谍活动。

1890年，荒尾精在上海创立了日清贸易研究所，亲任所长并继续进行情报收集和间谍人员的教育培训活动。应当说，荒尾精及其领导下的乐善堂和日清贸易研究所，不仅为日本侵略中国提供至关重要的情报，而且为日本培养了大批谍报人才。其最显著的情报成果是1892年出版的《清国通商综览》。该书分两编，计2300余页，以"完全依据汉口乐善堂人士实地调查的报告加以整理而成，并非录自中国或外国固有的文献"[③] 为突出特征。"书中对中国的了解之详细，甚至远远超过当时的清廷。1892年在日本一出版，便引起日本朝野的巨大关注"[④]，成为研究中国的重要文献。

---

① ［日］江腾新平：《对外政策意见书》，转引自郑瑞侠《甲午战争前日本的舆论及情报准备》，《辽宁大学学报》1993年第6期。

② ［日］井上雅二：《巨人荒尾精》，左久良书房，明治四十三年，第12页。

③ 黄福庆：《甲午战前日本在华的谍报机构——论汉口乐善堂与上海日清贸易研究所》，《近代史研究所集刊》1984年第13期，第323页。

④ 杨丽娟：《中村谍案——日本发动"九一八"事变的一个借口》，《北京日报》2017年9月5日第13版。

日俄战争结束后，日本在中国尤其在东北的情报组织得以极大发展。1907 年成立的满铁调查部（课），大肆收集中国政治、军事、经济情报，进入 20 世纪 30 年代初，其骨干成员已多达 2000 余人。这个组织在存世的约四十年历史中，共撰写研究报告 6200 份。

另一间谍组织关东军特务机关，人员则达 4000 人以上。据统计，1928 年初至 10 月初的约 9 个月时间里，日本仅赴东北的各种旅行团、考察团共 166 个，计 6180 人。[①] 他们以旅游等为借口，搜集我军事情报，以编制日军作战计划等。时至"九一八"事变前的 6 月 25 日，东北军边防屯垦三团在现内蒙古科尔沁右翼前旗察尔森镇，扣留了中村震太郎等四人。经查证，中村震太郎系日本帝国参谋本部情报科情报员、陆军大尉，地道的军事间谍。27 日零时 30 分许，中村震太郎一行四人被处决。此即所谓震惊一时的"中村事件"。事件发生后，日方在《盛京时报》《泰东日报》等媒体连篇发表颠倒黑白、造谣惑众的消息，日本陆军省又混淆视听地发表《关于中村大尉一行遇难的声明》，日本内阁会议亦声称，中国方面不能迅速以诚意从事调查，"则日本当局与外交当局应会同决定报复行动"。9 月 17 日，荣臻与林久治郎就中村事件正式开始谈判。寄希望通过外交解决中村事件的东北当局，9 月 18 日上午还在进行谈判的荣臻，万万没想到，当晚，日军突袭北大营、炮轰沈阳城，制造了震惊中外的"九一八"事变。[②]

上述史实，显然结实地构成了张恨水国难谍战文学创作的时代背景。

五　笔记：体裁翻新中的国难叙事

《弯弓集》收入笔记《无名英雄传》九篇。顾名思义，讲述的均是普通百姓勇赴国难的故事。其中，《江湾送粥老妪》《汽车夫胡阿毛》《神枪手》《盘肠勇将》《两兵士》《却里张》《大刀队七百名》七篇，均以淞

① 参见王芸生编著《六十年来中国与日本》第 8 卷，三联书店 1982 年版，第 73 页。

② 参见杨丽娟《中村谍案——日本发动"九一八"事变的一个借口》，《北京日报》2017 年 9 月 5 日第 13 版。

沪抗战为题材；《不歇劲》《冯木匠》则讴歌了关外军民抗击倭寇的民族精神，所述故事真实感人。

笔记是中国古代较早的一种文体。“正式以笔记二字作为书名则始于北宋宋祁所著《笔记》三卷。南宋以后，笔记以其灵活多样、不拘体例和篇幅长短的写作形式赢得了众多文人的喜爱，笔记著作随之日多一日，终于蔚为大观，成为中国古代文史哲著述领域中不可忽视的一个群落。”有学者认为，笔记的“特点主要是杂和散。上至天文，下至地理，举凡社会政治、经济、军事、文化、科学、奇谈怪论、琐事屑闻，都可以纳入笔记的范围，可谓包罗万象”①。然而，自笔记与小说的不经意联系以来，笔记、笔记小说等概念，便呈纷纭复杂和模糊状态。

其实，笔记与笔记小说概念的本质区别，就在于文本的真实性。当然，不同文体的真实性，意义有所不同。笔记追求于事实及史料本体的真实，笔记小说则呈现着艺术的真实，换言之，其是允许想象和虚构的。总观《无名英雄传》，视其为笔记文体是合适的。

《江湾送粥老妪》讲述：江湾一老妪不畏酷烈炮火，“以大洋铁桶，盛粥一筒享壕中战士，习以为常，无所谓畏惧”。时人有证，确“阵地有老妪送粥”。《神枪手》述十九路军某营一士兵持步枪将一低飞日机击中，“轰然一声，机毁，斜落地面”，“人以神枪手呼之”。对此，陶希圣先生“适自上海北归”，亦“所云如此”。作者以为此“虽有神话化，亦乐得而述之也。”因其“可激起人大无畏之精神”。《冯木匠》的故事，亦“由沈来平之姚君为予言之如此”。《大刀队七百名》为淞沪抗战中旧属冯玉祥部一支武功颇深的神秘队伍，虽“据传言”所叙，然所说“庙行大捷”却为实有：

> 某次大雪，日以坦克车攻庙行镇，大刀队数百，悉换白衣，以作保护色，敌人既近，各从壕中奔出，右手握刀，左手握弹，禁口

---

① 陶敏、刘再华：《“笔记小说”与笔记研究》，《文学遗产》2003 年第 2 期。

无声，于雪地上滚至车前，先以手榴弹击车玻璃窗，然后大呼杀贼，挥刀而前。白衣白雪，更映刀光，但见白气一团，纷扰敌阵。敌坦克车十七，陷泥者一，被俘者四，全线乃大奔溃，即沪战大获全胜中之一幕也。①

据考，庙行镇原名庙巷镇，位于上海宝山。"一·二八"淞沪会战，十九路军在庙巷浴血战斗，阻击3万日军进攻。战地记者报道时，将此役误写成"庙行大捷"（"巷"与"行"沪语同音），从此该名沿用至今。

若说上述三则故事来自民间，那么《却里张》《盘肠勇将》《汽车夫胡阿毛》《不歇劲》则源于当时的新闻媒体。《却里张》本事载《大美晚报》（上海），说的是一诨名"却里张"的机关炮手"以机关炮及山芋"致日军"坦克车不期而退"的神奇故事。《不歇劲》的情节源于"关外义勇军通电"。《汽车夫胡阿毛》乃据北平晨报实录的一则悲壮故事：汽车夫胡阿毛被日军逼运军火，"胡佯允上车，迨至浦江畔，开足速率，疾駚入浦，人车同殉"，押运的"四日兵亦死"。作者盛赞"胡诚不愧为中华男儿！"《盘肠勇将》"事载上海新申两报……略加删润，并未稍参己意，抹煞事实也。"其言，2月22日下午2时许，一中国军官"与日军肉搏，被日兵刺刀戳伤肚腹，大肠流露，血如泉涌，而某军官仍挥刀冲杀，砍毙日本军官一，日兵二，更以九龙带缚伤口，亲自掬肠纳腹中。匆促从事，两手沾血，衣袖尽赤，而某毫不知痛处，犹大声呼杀，一跃而前。……及至医院，仍复喊杀不已"，成"千古美谈"。

《无名英雄传》里的《不歇劲》《冯木匠》两则，在题材的选择上，确与其他篇章不同，显示着"九一八"事变后东北社会特有的抗战风貌。《不歇劲》全篇寥寥200余字，却生动刻画了东北义勇军中"署名打日本，不歇劲者"的英雄形象："不歇劲，确有其人，年三十许，短小精悍，颇似日人。有时即因以着日军衣朦混日人，俟有隙，往往手持两手

① 张恨水：《弯弓集》，北平远恒书社1932年版，第43页。

枪，敌日兵四五人多至七八人无不利。至结队与日军战时，非日兵败不退，即子弹用尽，亦伏地等肉搏机会，故人均以不歇劲呼之。而不歇劲遂亦因此名以自豪云。”《冯木匠》则直述“九一八后数日”后发生的故事：“沈阳某胡同中，死一日兵。日军警大忿怒，全巷搜索凶手。不得，则将所有住民，不问文弱老少，一律拘（拘）往司令部，逼询杀人者。然住民实不知，无以为对，日军当局下令曰：不招认者，杀无赦。”如此“杀凡五人”。日军欲再行杀人时，少年冯木匠“离众而前曰：日兵我杀之，与他人无涉”。“日军当局观其面，义勇现于色，双目尽赤，无怯色，似非杀人者。”便派人侦察，知日兵被杀之夜冯木匠适病，并未出门，“当不至是”。于是对冯木匠说：“汝壮士，为吾日本武士道所难能也。吾不杀汝，可仍回家理汝业。乃以金票二百元予之。冯却金不受，扬其一臂曰：吾将往投义勇军，后会有期耳。遂扬长而去。”读此笔记之作，不禁令人联想起罗烽的短篇小说《第七个坑》。两者对国难的揭示和对抗战精神的挖掘，有异曲同工之处。

2019 年 9 月 30 日

张恨水《一路福星》中的西部都市化书写

朱周斌*

内容提要： 作为民国时期最为重要的通俗小说作家，张恨水的“通俗性”很大程度上体现在他对都市生活的叙述中。抗战期间，张恨水在重庆生活了八年；在坚持用文字抗战的同时，他的写作中也融入和包含了对重庆作为一座现代都市的发展历程的观察。《一路福星》这部作品较为集中地描写了作为现代都市的重庆风貌，以及现代生活方式对它的感染与侵袭。此外，小说在叙述主人公途经贵阳回迁的过程中，也描写了重庆到贵阳沿线的现代化进程。

关键词： 张恨水；《一路福星》；现代化；都市

作为一个通俗作家，张恨水实质上对现代都市问题有着强烈的关注。全面抗战的八年，他在重庆的生活一方面非常困厄，另一方面，他又以当年在北京、南京和上海等大都市生活和工作的经验，来审视包括重庆在内的西部地区现代都市发展问题。这种感知和体会体现在包括其散文、诗词在内的诸多作品中。这些观察与思考，在一部不太出名的小说《一路福星》中得到了较为集中的体现。

《一路福星》1948 年 1 月开始在《旅行杂志》上连载。该小说以抗

---

* 朱周斌（1977— ），男，文学博士，四川外国语大学中文系教授，主要研究现当代文学理论与批评。

战结束之后，在重庆寄住八年之久的青年归效光、黎嘉燕在返乡途中的爱情故事为线索，以他们的沿途所见所感为轴心，展现了西部地区在抗战时期所遭遇的现代化发展问题。

在小说的开端，弥漫着战争结束所带来的期盼以及归程不得的焦虑感和混乱感。一开篇，我们看到的是生活的艰辛：

> 重庆市，一幢临街的市房，拥有四层楼。这楼是纯粹重庆式的建筑，砖砌的方柱子，起宝塔式的，搭着木架。木架四围，是竹片编的夹壁，木条钉的双层假墙。在这竹片与木条的外面，将黄泥石灰青灰，加层的糊裱起来，在外表上看着，也未尝不是立体式的钢骨水泥房子。这四层楼上，为了有下江人复员东下，空出了两间屋子。也就有了一户人家，由乡下搬进城，连大带下，七八个人，全拥挤在这内外相连的两间屋子里。他们只找着一张竹架床，一张白木方桌子，和几只大小方凳子。这床算是安顿了主人夫妇两个。其余的人，却是在楼板上展开地铺。①

这里对重庆房子的描写，就是《东行小简》中张恨水在湖南所见的原型。这种“未尝不是立体式的钢骨水泥房子”，表明了重庆这座城市已经完全具备了追求现代都市化的普遍心理、但经济能力却有限的现实。就在这样的房子里，重庆度过了它的抗战岁月，同时也因此而大踏步地走上它迈向现代化的旅程。在这座异乡的城市里，张恨水和无数下江人一起，经受了战争所带来的苦难，也见证了这座城市在荒谬的阶层不公的环境里，客观地浸染了现代化气息的事实。

但对他这样有正义感的文人来说，苦难从一开始一直延续到离开的最后时刻。这便是这部小说一开始以主人公、一个学校的校长“余自清”的生活环境加以暗示和呈现的。余自清一家老小，从乡下来到城里的假

---

① 张恨水：《一路福星》，北岳文艺出版社 1993 年版，第 1 页。按，该出版社是将《大江东去》合订为 1 册、但却从头从新编辑页码的。本文引用该小说仅标为《一路福星》。

洋楼里蜗居，急切地等待着踏上归家之途。伴随着房子的拥挤，更麻烦的是交通工具的极度紧张。这一紧张被尽情描写，既是小说加强戏剧性的要求，也可以被解释为战争在极大程度上损毁了社会的发展速度和内在秩序的结果。

几经周折，当回家终于变得可能，小说的男主人公归效光和女主人公黎嘉燕（“离家燕”的谐音，张恨水取小说人物名字一向遵从了谐音取名的传统）来到江边，看着他们就要离开的、寄居了七八年的城市：

> 这样两个人的距离就缩短到两尺路了。她望了隔江的重庆，并不看到房屋和山峰，只是沉沉的烟雾里，一层层的亮星，向高空堆叠着，东边的江北县，那变为亮星的灯光，又在暗空里，拉了几条长线，拖长着几里路。她站住了脚，向四周张望着，因道：“我最爱在远处看重庆的夜景，隔了江看更妙。”归效光道：“我也有这个感想。可是到了白天，重庆的外景就不耐看了，尤其在两条江面上。看着岸上那些灰木架子的楼房，东倒西歪，七上八下，这个半岛的外围，简直是破蜂巢。”黎嘉燕道：“不过初来的时候，看到陕西街那条银行区，居然有钢骨水泥的七层大厦，我也很是惊奇。”归效光道：“八年的抗战实在繁荣了重庆不少。”①

在这一长篇引用的段落之后，是黎嘉燕笑着说“我们明天就踏上了长途……我们只说些不相干的话”来主动打断这番略有伤感的抒情性对话。换言之，在叙述者的意图里来看，这段对话真正属于小说线索之外的“闲笔”，它当然具有促进男女主人公此后旅途的情感交流的叙述功能；但从叙事自身的线索看，它却偏离了“旅途”这一直接的目的。然而，正是这种略显多余的偏离，凸显了作者摆脱叙述者的身份、直接借

① 张恨水：《一路福星》，北岳文艺出版社 1993 年版，第 34—35 页。

用人物的语言，来努力表达自身观点的意图。这里人物的语言所传达出来的观点也是我们一直在分析的观点：张恨水亲身经历了重庆山居和城居生活的落后与种种不便，同样也对重庆在抗战中所发生的现代化较为剧烈的进程有着切身的认知。

不得不承认，张恨水——及其笔下的人物——对重庆的感受，在横跨几乎七八十年后，依然真切。重庆依然以它山城的夜景闻名，但这并不妨碍它在白昼的时候既呈现出它日益现代化的一面，也会显露出它发展迟缓的一面——只不过这种巨大的、并置的差距，被山城有层次的灯光所遮盖了而已。关于当代重庆，自有它曲折发展的一面，也有最近十多年迅猛发展的一面；这是一个和行政中心的偏移与重归有关的故事，它对应的正是七八十年前重庆从边远城市变为战时陪都的重要中心城市遥相呼应的故事。正是这种前后呼应的“边缘—中心”的位移，导致了七八十年前重庆这一城市的内在矛盾，与当今重庆这一城市的内在矛盾，表现出惊人的结构上的相似。也正是基于这种相似，我们仍能如此真切地感受到七八十年前张恨水及其笔下人物曾经所有过的感受。另外一方面，我们也可以把这两者之间的相似，理解成七八十年后的此刻，不过是在朝着七八十年前的某种回归。正是基于这种理解，我们才能真切地认识到，在这七八十年间的社会变迁的、被战争和革命所打断的历史图景深处，存在着某种一致的逻辑和力量。这种逻辑和力量就是对现代化生活的追念与渴慕。

这就是我们至今必须重新去阅读和理解张恨水那些被忽视的——而实际上其节奏也难以被日益视觉化、快餐化的审美经验所侵袭的当代人轻易所认同的——小说和诗词散文作品的原因。在他和他的作品身上，很可能包含着整个30年代整个普通市民——甚至那些见识过现代都市生活的乡下人——意识中最为普遍的关切点，而这一最为普遍的关切点，实际上也是今日普通民众意识中最为普遍的关切点。在很大程度上，这种关切深深地制约着我们对于生活本身的理解、制约着我们观察身边事物的眼光、也制约着我们对自身和社会未来发展的设计与想象。在这个意义上，理解张恨水及其笔下的小说人物，就犹如理解今天我们自己和我们身边的朋友；透过他们，我们能看到熟悉的思维模式和熟悉的感觉模型。这种最为熟悉的思维模型与感觉模型，就是对现代城市化程度的敏感以及在此基础上对生活及其各种景观的感知与评价。

在写到綦江那一节时，同样有着如下细致的书写：

> 这里个县城，虽然不小，却没有夜市，建筑的市房，都是竹子木片夹壁的假洋楼。街道也是碎石子面地的小马路，但没有电灯。街沿的摊贩，和那半掩店门的铺子，里里外外，各点着挂的撑的菜油灯。灯都是壶式的，有两个嘴子或三个嘴子，灯草在壶嘴子里伸出来，各吐着几寸长的火焰。在十字路口处，百十丛这样的灯焰，倒也别有风趣。此外就是灯光下照着的摊贩，全是卖橘子和广柑的，虽然是晚上，这一座綦江城，也形容成了一座橘柑市场。①

内容基本上和当年发表的游记中所披露的内容一致，但是多了更详尽的描写，当初只用“綦江一切为重庆最小之缩影”一笔带过，如今却重点揭示出綦江城和重庆一样的“假洋楼”，包括碎石子所铺成的街道，以及尽管没有电灯，但却挂满菜油灯，这些细节很明显地指出了綦江和重庆一样，分享了对于同一种生活模式的渴望；但与此同时，它在现实中却并不足以达到现代化的程度。然而，还有什么比这种冲突和矛盾更能说明现代化渴慕的力量是如此之强大呢。

这种渴慕不但是个体的感受与认知，而且进一步形成了一种社会运转机制。因此，在刚过綦江不久，到达川黔交界的大镇东溪镇的时候，小说中特意写道：

> 工厂，银行，矿局，都在这里设下了机关。虽然是个市集，事

① 张恨水：《一路福星》，北岳文艺出版社1993年版，第65页。

实上比綦江县城还要富足，因为这样，公路局也在这里设下了一个大站。这一队通车，到了街市上，也都停住了车子。因为车站所在，早已让复员的车辆，塞得满满的……这里一条带有城市规模的街道，根本就是公路，也可以想到这个市集是由公路发展起来的。①

虽然现代城市在人口聚集这一意义上，与古代城市并没有什么根本的区别，但这里呈现出来的城市风貌本身，却与綦江的城市风貌有了根本的改变。一个是羡慕现代城市但却无法达到，一个虽然在深山之中却因为身居交通要道而变得愈加繁华和忙碌，而且出现并积累了不少现代城市的要素，这反过来加强了它的城市化特征。这座东溪镇像转瞬即逝的光亮，让一车受够了颠簸之苦的人更加想念离别很久的都市。这种想念是由同车的壮丁余有庆表达出来的：

余有庆将一条大手绢在额头上包扎了个圈子，手里拿着烧饼啃了走来，他道："既然上路了，还埋怨什么？十天之后，我们就到了南京。新街口溜溜，夫子庙走走，把战前的生活，又恢复过来，那也是很好的事。"②

余有庆在小说中是个次要的角色，从给他所设置的形象和动作来看，他文化程度不算很高，社会地位甚至比一般知识分子和青年学生也还要低。但就是这样一个角色，说出了要坚持长途奔波痛苦的力量源泉之所在：为了回到战前生活的城市，为了重新开始被战争所中断的生活秩序。如果这是一个极其普通的人的盼望和想法，那么，它更是余自清所代表的知识分子们的盼望和想法。通过这种人物设置及叙述，小说有力地保证了这种意图的表达。

战争并没有熄灭人们对故乡及其生活的怀念，但这个故乡并非一个

① 张恨水：《一路福星》，北岳文艺出版社1993年版，第78页。
② 同上书，第80页。

小山村或是小城镇，而是战前就代表了国家发展高峰和中心的现代大都市——很可能，它不过是这些小说中或小说之外的人物所寄居的城市而已——但是，恰恰是这样的城市成了梦境中追寻的故乡。这种怀念和渴慕，更深层次地表明，现代化的物质及其之上的生活方式，早已成为各个阶层共同的梦想和追求，战争并不能中断这一点，甚至，战争反而有力地深化了这种观念和感受。

其实，即使是在重庆，即使是随时冒着被轰炸的危险的城市，它的生活也仍然是城市的生活。但这种感觉，在战时的重庆并没有被清晰地认识到。一直要等到离开了重庆，路过更为贫困和更为落后的山区时，这种感觉才开始浮现出来。在桐梓，离贵阳不过一两天路程的县城，小说这样描写主人公归效光的感受：

> 长途旅行的人，睡眠是最舒服的一件事。他仰在床铺上躺着，不到五分钟就安然睡着了。及至醒过来时，满眼漆黑之中，却看到一粒像红豆样的东西。仔细看着，有些明白，是一盏瓦檠灯放在桌上。在枕头下摸出带的手电筒，向桌上亮着，那灯盏油腻得像堆漆似的器具，大概是日久不擦抹的桐油灯，这也不管它了。再将电光对手腕上的带表看看，乃是十二点一刻。这在城市里，还不算晚，在这偏僻的地方，那就太夜深了。①

没有比这一段话能更清楚明白地展现出城市生活与乡村生活之间如此鲜明的对比了。小说人物本来是带着对重庆的艰苦生活的感觉，走在返乡路上的。但当他们一旦真的走在回乡的路上，他们才真切地感知到其实他们过去的八年仍然是生活在城市里。即使那是一座被战火所时刻威胁的、与战前的南京和北平不可同日而语的较为落后的城市，但较之此时此刻深居山中的小城里只有一盏桐油灯的房间，它便突然重新被赋

① 张恨水：《一路福星》，北岳文艺出版社1993年版，第90页。

予了值得留恋和怀念的、真正的城市生活的光环和意义。此刻的生活因而显得那样令人难以忍受，甚至使疲倦的旅人都无法踏实安稳地睡去，仿佛贫困落后是一种比战争还让人难以忍受的东西。

尽管是小说，核心故事是爱情故事，但是，这篇《一路福星》仍然尽可能地对任何一处经历的地方的物质程度进行较为详尽的描述，并通过人物的眼睛和感受对此进行评论。这些观察和评论的核心基础，就是这种在战前就已经深入人心的现代都市的生存体验，是对在此基础上所形成的生活方式的迷恋的一种反映。

在散文《东行小简》中，张恨水曾直截了当地报告了贵阳的发展情况。在《一路福星》中，这一报告借女主人公黎嘉燕之眼重述了一遍：

> 大家坐上了马车，都觉得新鲜，尤其是余家三个小孩子，笑着抢了上车。在重庆市郊，虽然也有马车，那马车是敞篷的，而且因为市区高高低低，车子根本不能来，只是跑野外的公路。贵阳的马车，和重庆一样，是利用了汽车剩余的轮带，只有两个轮子。不过这车身子和下江相同，也是个轿式的。这轿式却也名实相符，比轿子短，比轿子略大，倒顺可以挤着坐四个人……黎嘉燕是没有到过贵阳的，自小在地理教科书上，领教过贵阳，据说是全国省会最小的一个，而且说是街道很窄小，因之这个小省会的印象是很深的。可是车子进了城，倒让她出乎意外，这里现出很直很宽的马路。两边市房，都是两三层楼的。马车正经过一截繁华的街市，大体竟和重庆的街市相同，尤其是广播放音器，两旁连续不断的广播出音乐来。这形容着这个城市，已经是现代化了。不过街上来往的人，大半是走路，很少的几辆人力车，在马路上来往。自己所坐这样的马车，根本就遇不着，汽车自然也是没有。偶然有辆吉卜车经过，行人就老远的让着，这又很可以知道这个城市是缺少动荡的。走了大半条街，转入一条巷子，马车在一片大广场面前停着，看时，这里

居然有几所西式建筑的房子，夹了广场对峙。①

这是作为概念中“全国最小的省会”的贵阳同现实中正在现代化过程中的贵阳之间的猝然相遇。在从重庆避难八年的人物们看来，贵阳的街道竟然已经发展得和重庆不相上下，唯一不同的，不过是由于达官贵人相对较少，使得“车辆”这种现代化交通工具罕见。尽管这不过是小说中的描绘，但鉴于它非常清晰地同《东行小简》这样的游记性文字形成了明显的互文关系，有理由相信它具有较强的写实性特征。它清楚地表明，战争尽管威胁到了整个西南，和重庆一样，贵阳也被日军所轰炸，但是，战争也给贵州带来了一些发展机遇，一些工业内迁，人口的转移，也造成了贵州获得了不小的现代化的进步。在战时，“1938 年冬国民政府决定重庆为陪都。当时，贵州省居于大后方西南地区的中心，为川、滇两省的主要通道，战略地位日趋重要。这一年年初，国民政府调派实业部部长吴鼎昌任贵州省主席、委以‘建设贵州经济、安定后方’之重任”②。战争的客观形势及其相应的应对之举，促进了贵州的现代化进程。

如果说，这些还只是历史中的大致勾勒的话，那么，张恨水的小说则更为真切而生动地表述了这一点。我们可以看到，在某种程度上，贵阳和重庆有相似之处，这正是由两地相似的地理特征所决定的，更是战时重庆对贵阳的影响所决定的。作为战争输送线上的一环，军事物资、流动的人群，都为贵阳的现代化提供了动力：

在这条长巷，由南头到北头，全是摊贩。巷子中间，常有小小的空场，是四五年前被炸掉的房屋，于今还没有建筑起来。连这些空场在内，也全都是摊贩。这些摊贩一部分是卖旧货旧衣服的，他们大概全是两广的人，抛售了什物，好轻身回家。一部分是卖土产

① 张恨水：《一路福星》，北岳文艺出版社 1993 年版，第 123—124 页。

② 钱存诰：《抗战时期的贵州企业公司》，郭宗英主编《抗战时期内迁西南的工商企业》，云南人民出版社 1989 年版，第 45 页。

的，似乎是原来的市集移过来的，一部分是出卖美军剩余物资的，尤其以最后这一类为最多。纸烟、日用品、罐头、衣袜，每一项都有精致的装潢，堆叠在摊子上，五颜六色，非常的好看。而且这些日用品里，居然还有化妆品。①

这段描写本来应当蕴含着强烈的悲剧效应：废墟上产生的繁华市场。也许它该有震撼人心的力量才是。可是，在张恨水的笔下，它却充满了戏剧性：在这废墟上，人们似乎忘掉了战争所带来的创痛，每个人都在这个新兴的同时也许是暂时的市场上寻觅着自己需要的东西。更刺目的是，除了这些给人产生饥饿感的日用品，竟然在这里还可以买到化妆品。这是一个重要的符号，一个关于现代生活整个结构及其观念都在发生巨变的符号。一方面虽然在有意识地谴责社会不公，另一方面向我们呈现出了整个社会都在普遍地受到现代生活方式的诱惑。显然，“化妆品”就是这种诱惑的功能性符号。

不仅是小说中的人物这样看待战争与城市的关系，更进一步，小说中的叙述者及其背后最终的作者也如此看待战争与城市的关系。在通过人物的眼睛初步体察了贵阳一番之后，叙述者直接出面进行评论道：

他们经过了许多内地小县镇，又踏上了大都市，自然感到兴奋。由招待所出来，就正是贵阳繁华的街市。贵阳的城市，原来是很小，经过日本飞机两次彻底的轰炸，市房烧掉了十之七八，这倒给了一个改造的良好机会。于是街道放宽了，市房也改得摩登化。原来贵阳的繁华区是大什子（西南地区于十字街口，多称大小什子），重建以后的贵阳，也还是以大什子为中心，分出了东西南北四条大街。大什子以北是最繁华的一段。立体式的新建筑，在店铺门口还有一道走廊……开着大一点的铺子，倒多是下江人。②

① 张恨水：《一路福星》，北岳文艺出版社1993年版，第129—130页。
② 张恨水：《一路福星》，北岳文艺出版社1993年版，第127页。

这里借用叙述者的叙述语调，将贵阳这座城市的建设同战争的破坏之间的关系做了清楚的描述。这种观念当然有其客观性的一面，但是，问题在于，这篇小说可是写作于抗战结束不到三年、新的国内战争正在进行之中这一段特殊的历史时期，它是一篇在战争的硝烟未了之际描写战争后果的小说。按照我们一般的想象，此时此刻，整个社会理应处于战争所带来的创伤和惊恐之中。但是，张恨水的《一路福星》的特殊性和重要性就在于，它采取了这样一种贴近的平视视角，让我们得以看清历史迷雾的另一边，还存在着另外一种其实并不太让人意外的陌生选项。这种选项是一种现实的选项，它的基础就是人对于日常生活的迷恋。

在张恨水的叙述里，战争给人带来的痛苦，不仅仅是抽象的家国、民族的受损，而是这种损毁已经深入到每一个日常男女的生活之中。它的破坏是具体的、真实可见的；如果非要从抽象的立场上来讨论战争，那么也许可以说，它破坏的是一个又一个普通日常男女对于生活的美好感受，破坏的是无数的村庄与城市。正是基于此，我们才能够真正地理解，为什么在张恨水的笔下，他所经历的山区、小镇和都市，才会依然停留在战争前的生活秩序链条之中被加以评判。因为都市曾给过无数日常男女以平淡的爱恨情仇，他们曾经在他的小说里上演过他们悲伤而幸福的人生。是战争毁坏了这一切，自然，战争所毁坏掉的，也应当在战火中重新建立起来。

正是基于这样的信念，所以我们才看到，在张恨水战争期间的作品里，不断地呈现出对于现代化程度的观察与思考。由于重庆是陪都，造成了它同各个小集镇和贵阳这样的小都市发展速度的不均衡，因而，后者的现代化程度又相对落后一些。

所以，在《一路福星》中，我们可以看到这样的不同发展阶段：

重庆——贵阳——小集市——小山村

这是一个由高等城市到低等城市的结构序列。这趟回家的旅程，不仅仅在途经自然的地理空间，实际上也是一次关于中国不同现代化程度的考察与体会。返乡的旅程，一变而为不停地在贫困落后的山村间穿梭，那些偶尔出现的现代化色彩和气息，如果从它们自身单独的历史线索来看，也许还能称得上是“当地的”的进步。但是，重要的问题在于，这些单一的、封闭的空间已经不复存在，它们身不由己、浑然不觉之中已经被置于其他遥远但却又真切的大都市之下，已经在这些过客的眼中被置于整个现代化的序列中。因此，上述现代化等级模式并不是真切的，真正的模型应该是这样的：

上海/南京/北平——重庆——贵阳——小集市——小山村

在此有必要回到《一路福星》的写作背景：它仍然是为《旅行杂志》所写，它虽然是写于战后惊魂未定之中，虽然写作的对象是西部区域，但是，它的原点仍然在于上海这一座城市，“抗战时期，中国的政治、军事、经济、文化等中心统统西移，上海一度沦陷。但抗战一结束，上海便立即恢复了在中国政治、经济、文化等方面的原有作用和地位”①。张恨水迅速重新找到了自己在抗战前的文化位置，继续沿着抗战前对于中国的想象写作。

也正是由于“上海/南京/北平”的隐蔽存在，才使重庆获得了它的位置：一座痛苦地经受着战争的山居城市，同时也是一座伴随着战争的痛苦而获得了迅猛发展的城市；然而，它的现代化是在危险而不公平的环境下发生的，使得它的现代化是有限的，甚至显得是落后的。

另外，以重庆作为背景，贵阳也才获得了自身的位置：一座几乎被彻底轰炸的城市，却也在战争的废墟中接受着现代化的洗礼，但与重庆相比，它又几乎不过是现代化的起始阶段，因此，吊诡的是，重庆在这

① 陈青生：《年轮——四十年代后半期的上海文学》，上海人民出版社2002年版，第3页。

种比较中也获得了它自身作为现代化城市的位置。

同样，沿途经过的贫困落后的山村与集镇，也在这种城市现代化维度中确定了自己的位置。它们并不是自身被定义的，它们的贫困和落后都是外地过客眼中的贫困与落后，它们自身的习俗、它们自身如何看待自身的落后与贫困，又是如何看待这些看待他们的过客，则被彻底摒弃在小说人物角色的感受之外，被摒弃在小说的叙述之外。

张恨水的小说正是依靠这种单方面的凝视及其叙述，成功地将不同区域的生活扁平化、单一化、线性化和阶梯化。整个中国社会因此在他的小说里变成了一副现代与落后并置和冲突的面孔，关于贫穷的叙述，变成了如何摆脱贫穷、如何城市化的叙述。至于“贫穷”“落后”本身到底具有什么样的内涵，它的来龙去脉，它自身的复杂性，统统都被放到“现代化”这一维度中被否认掉了。“现代化”在这个过程中根本不需要反省和证明自己，或者说，它通过毫无忌惮地否定掉一切、通过至高无上地俯瞰一切，而获得了自身毋庸置疑的合法性。

这些贫困落后的地区，与先进发达的都市化地区，就这样相互定义，相互确认。但是，这种“相互”并不是真实的，而是单一的，因为它们并不相互模仿，而是以都市化的生存境况为唯一依据，以都市化的形态为唯一归宿，以都市消费水平和生活方式为唯一尺度。这些依据、归宿和尺度，曾经在张恨水那趟西北行的有关作品中得到了初步的表达，如今，我们发现，它并没有随着战争的破坏而有所变化，相反，它们仍然非常牢固地树立在《一路福星》这部诞生于抗战结束之后、人民解放战争胜利之前的小说中。正是它，决定了小说人物及其叙述者之所见和所能见。

战时重庆经济生活与张恨水的散文书写*

杨华丽　冉　超**

内容提要：张恨水是抗战时期来到重庆的知名文人之一。和许多知识分子一样，战时重庆经济秩序的崩坍极大地影响了他的物质生活质量，也极大地影响到了他的写作内容与写作策略。细审他此期的散文写作可以发现，间接书写与直接书写经济生活的文本甚多，其原因来自他对巨大的生存压力的感知，来自他以创作契合时代主题的努力，来自他作为报人的责任意识。在文学风格上，他此期书写经济问题的散文体现出了文学性与现实性、娱乐性与教育性相结合的特征，对丰富大后方抗战文学具有重要意义。

关键词：张恨水；散文；抗战时期；经济书写

国民政府于1937年11月20日发布的移驻重庆宣言，宣告了重庆的战时首都身份，确立了它在战时中国的政治、经济、文化、军事中心地位。随后，大量机关单位、企事业部门内迁重庆，大量文化团体、教育

---

* ［基金项目］国家社科基金重大招标项目“抗战大后方文学史料数据库建设研究”（16ZDA191）、重庆市大学生创新创业训练项目“张恨水散文中的重庆书写研究”（201910637022）。

** ［作者简介］杨华丽（1976—　），女，重庆师范大学文学院教授，重庆市抗战文史研究基地骨干成员，抗战大后方文化与文学研究协同创新团队骨干成员，硕士生导师，研究方向为中国现当代文学与现代文化；冉超（1997—　），男，达州外国语学校教师。

机构也齐集重庆，使得重庆这个临时首都一时间繁荣无比，却也出现了种种严重的经济问题。这里汇聚了全国最有权势的政客和最具财力的商人团体，这里遭遇了支援抗战、交通阻断、日机轰炸等原因而导致的物资匮乏，以及商人囤积居奇、政府大量印发货币导致的货币贬值、物价暴涨，这里有着在入不敷出的苦难中挣扎的普通市民，也有着大批因经济拮据而艰难度日、贫病交加的知识分子。胡风、老舍、冰心、王鲁彦、巴金等文人的经历，都是这一时期知识分子经济生活之糟糕的证明。而在这庞大的文人团体中，张恨水是不可忽略的一个。

张恨水入渝甚早。来渝前，他几乎放弃了原有的一切资产；来渝后，其妻儿子侄先后前来投奔，张恨水承受的经济压力可想而知。对于只能依靠稿费生活的张恨水，解决之道只能是夜以继日地写作。时代造成的作家个人的不幸，使得张恨水被“榨出来的油”特别多：在渝期间，他每天产出三千字，最终发表的散文就有一百四五十万字，创作的总字数则达到了八百多万。① 今日的我们，固然可以从多方面去解读《八十一梦》《大江东去》《巴山夜雨》等小说、《山窗小品》等散文，然而如若能设身处地去理解张恨水这一时期的文学创作，我们定会注意到随处可见的重庆形象，定会注意到散落在字里行间的政治、文化以及经济等与战时情势密切相关的因素。仅就经济因素而言，张恨水重庆时期散文中屡屡出现的物价、游资、交通、住房、卫生状况等，为我们重新认识战时陪都的经济状况提供了重要资料，而细究其写作的因由，则能见出那一时代的知识分子在战时陪都因经济而遭遇的人生悲苦。

一　张恨水散文中的经济书写

全面抗战以后，大量物资被投入战争，投机商人和部分大官僚大资本家互相勾结操纵市场经济，使得战时重庆经济秩序遭到严重破坏，货

① 张恨水：《榨出来的油》，《张恨水散文全集·写作生涯回忆》，时代文艺出版社 2015 年版，第 73 页。

币贬值，物价飞涨。战时重庆经济生活的变化深刻影响着张恨水的散文书写，与经济相关的吃、穿、住、行等意象频繁出现。

（一）战时经济的侧面书写

大量人口的涌入和日机频繁的轰炸，对重庆原有的经济秩序带来了严重冲击。其中最突出且最明显的问题是大量人口涌入重庆，给重庆的基础设施建设带来了巨大压力，使得住房、医疗、卫生、交通等公共资源紧张。1942 年底，《大公报》刊发社评文章《论重庆市政》指出，重庆存在的问题依旧是路政、卫生、交通、住房等基本建设缺乏实绩。[①] 张恨水在散文中也大量反映了这类问题。

1. 建筑景观之落后。由于日军对重庆的大轰炸，战时重庆的建筑景观十分落后，很难称为现代化的国际都市。“因为轰炸，全重庆市的道路和建筑，毁者毁，新者新，几乎全改其面目。”[②] 在这一时期，兴起了大量用篾竹黄泥建筑的“国难房”。在《茅屋风光》里，张恨水介绍道：“（大轰炸）将重庆的房子，炸去了十分之五六，让在重庆住鸽子笼的人，都纷纷地抢下了乡。”[③] 大量市民离开城市中的“鸽子笼”到乡下去住“国难房”，而城市中有房的房东往往会趁机抬高房价，大发国难财，增加了普通民众的住房压力。在大轰炸和房价暴涨的背景下，大量市民逃亡乡下，城市之中一片萧条，随处可见废墟瓦砾。

2. 卫生条件之落后。重庆作为战时全国的政治、经济、文化、军事、舆论中心，代表着中国的国际形象，但其卫生状况却糟糕到令人难以置信。陈克文在日记中写道：“湫隘曲折，阴湿污秽，臭气熏天，男女老幼，瑟缩其间，毫无人色。这些都是地道的重庆街道。这样的市民生活，

---

① 《论重庆市政》，《大公报》1942 年 12 月 14 日第 2 版。

② 杨世才：《重庆指南》，北新书局 1941 年版，第 27 页。

③ 张恨水：《茅屋风光》，《张恨水散文全集·写作生涯回忆》，时代文艺出版社 2015 年版，第 64 页。

真是和粪堆里的蛆无异。”[①] 对于重庆的卫生条件，张恨水并未直接言说，而是通过写作《五十万元能捕鼠若干》[②] 这样的散文来形象地反映。他写道：“市民捕得老鼠一头，可以向警局领奖金铜元一枚。”彼时两百铜元等于一元，五十万元可捕多少鼠？这显然指出了重庆鼠患之严重，又从一个侧面揭示出重庆当时的卫生条件之差。

3. 基建设施之落后。1945 年 7 月《大公报》刊发的社评文章《市政感言》指出：“这样一个一百多万人口的都市，身为国际观瞻所系的战时首都，水不灵，灯不亮，路不平，终年闹着偷电抢水的风潮。”[③] 这一时期大量人口涌入重庆，原有的基础设施只能满足四十余万人的需求量。因为日军对重庆的持续轰炸，这些基础设施又遭到严重破坏，远远无法满足近百万人口的正常需求。所以在战时，重庆经常停水停电。在《机器水供应站》中，张恨水这样写道：“凡街头水管，偶有破漏，管旁水坑，方圆不盈尺，而附近居民，则提壶携勺，如蝇趋蚁附，争取一掬之水。虽间或泥土掺杂，清流变色，而取之者不顾。”[④] 交通方面，公共交通更是供不应求。有钱人出行更多的是滑竿、黄包车等劳动密集型交通，普通市民出行则只能靠步行。“重庆市是山城，无处不爬坡。马路也是在高低不平的山梁上建筑起来的。文艺人没有人能坐得起车轿……城里的汽车，挤得窗户里冒出人来。下乡的汽车，甚至等一天，买不着那张汽车票。”[⑤] 张恨水在重庆八年时间，经常扛着平价米从市区步行到南温泉。这样的经历对张恨水来说是难以忘怀的，客观上也反映了战时重庆交通设施的落后。

4. 底层市民之疾苦。张恨水在散文中大量书写了战时经济生活下百

---

① 陈方正编：《陈克文日记（1937—1952）》（上），社会科学文献出版社 2014 年版，第 296 页。

② 张恨水：《五十万元能捕鼠若干》，《张恨水散文全集·上下古今谈》，时代文艺出版社 2015 年版，第 175 页。

③ 《市政感言》，《大公报》1945 年 7 月 21 日第 2 版。

④ 曾智中、尤德彦编：《张恨水说重庆》，四川文艺出版社 2007 年版，第 9 页。

⑤ 张恨水：《斗米千字运动》，《张恨水散文全集·写作生涯回忆》，时代文艺出版社 2015 年版，第 68 页。

姓穷苦、民不聊生的社会现状。在《穷人有谁管》中他写道：“人变了路倒，可以得到公益款上几角钱的埋葬费。穷而不死，这几角钱是永远想不着的。”① 反映了在战时经济状态下，穷人毫无社会地位可言，曝尸街头屡见不鲜的现象。至于这公益款，并不是有钱人出于人道主义的同情所捐赠，而是因为他们害怕穷人死后传播疾病，威胁到自己的健康。在《洋楼外之露尸》② 一文中，他揭露了“朱门酒肉臭，路有冻死骨”的社会现状：沙坪坝到化龙桥之间一排排的花园洋楼里溢出了歌舞灯光，而这些洋楼外有着直挺挺的尸体。洋楼内外短短十几米的距离却有着截然不同的阶级、不同的命运、不同的遭遇，冷暖的冲突、生死的碰撞给人以极大的心灵震撼。这类散文的书写绝非张恨水杜撰或进行了艺术夸张，因为据时人记载：“渝市郊内郊外，乞丐很多，往往追随行人，甚至半里。一里的跟着讨索，纠缠不休……本地人好像见惯了，无动于中，置之不理，所以最后的结果是路尸。这种路尸，在当地也没有好行其德者，出为收殓。”③

（二）战时经济的直接书写

经济秩序的崩溃，不仅反映在吃穿住行上，还直接作用在物价、资本、货币等经济因素的疯狂变动上。这混乱的经济秩序，在张恨水散文中有着直接呈现。

1. 反映物价上涨的社会现状。《闪击涨价》④ 中，张恨水以希特勒的闪电战比喻商业的闪电涨价，而这种闪击涨价的本质甚于“抢钱”。他在《凑巧》⑤ 中借典故讥讽物价上涨速度过快的社会现实。在其笔下，生活

---

① 张恨水：《穷人有谁管》，《张恨水散文全集·最后关头》，时代文艺出版社 2015 年版，第 158 页。

② 曾智中、尤德彦编：《张恨水说重庆》，四川文艺出版社 2007 年版，第 19—20 页。

③ 吴济生：《新都见闻录》，光明书局 1940 年版，第 126 页。

④ 张恨水：《闪击涨价》，《张恨水散文全集·上下古今谈》，时代文艺出版社 2015 年版，第 115—116 页。

⑤ 张恨水：《凑巧》，《张恨水散文全集·上下古今谈》，时代文艺出版社 2015 年版，第 141—142 页。

日用品的物价竟然可以在三两天内翻一番，文人们连正常的生活用品都难以开支，无比艰苦。《夜生活》[①] 是讽刺物价暴涨的黑色幽默。张恨水调侃喜欢过夜生活的人，说到了重庆他们就可以把这个习惯扭转过来，因为重庆物资匮乏、物价上涨，一只鱼烛的价格就等于一斤菜油，本就贫困的文人墨客应付生活尚且艰难，哪还有钱去挑灯夜战?！而在《猪肝价》[②] 中，张恨水提到他初到重庆时肉价二角一斤，五年时间里肉价便暴涨到三四十元一斤。物价上涨速度之快，严重影响了普通市民的正常生活。

2. 分析物价上涨的原因。《物价与工资》[③] 是这方面的代表。他说，物价上涨导致工资上涨，于是就有人把物价上涨的原因归结为工资上涨。然而工资上涨指数远远不及物价上涨指数，所以工资上涨并不是物价上涨的根本原因。在《谁刺激了市面》[④] 这篇散文中，张恨水又提出了重庆物价上涨的另一个原因，就是资本家没有将资金投入到再生产环节，而是大量用于刺激性消费。在《比洪水猛兽狠十分》[⑤] 一文中，张恨水又暗示了物价飞涨与官商勾结密切相关。他指出，政府当局对物价问题视而不见，商人的游资如洪水猛兽、瘟疫病毒般冲击着脆弱的经济秩序。而在《新货涌到》[⑥]《投机商人不过如此》[⑦] 等文章中，张恨水揭露投机商人实际上是由部分“政治商人”扶植操盘，从而讽刺官商勾结沆瀣一气

① 张恨水：《夜生活》，《张恨水散文全集·写作生涯回忆》，时代文艺出版社 2015 年版，第 69—70 页。

② 张恨水：《猪肝价》，《张恨水散文全集·山窗小品》，时代文艺出版社 2015 年版，第 63 页。

③ 张恨水：《物价与工资》，《张恨水散文全集·最后关头》，时代文艺出版社 2015 年版，第 282 页。

④ 张恨水：《谁刺激了市面》，《张恨水散文全集·最后关头》，时代文艺出版社 2015 年版，第 283 页。

⑤ 张恨水：《比洪水猛兽狠十分》，《张恨水散文全集·上下古今谈》，时代文艺出版社 2015 年版，第 37—38 页。

⑥ 张恨水：《新货涌到》，《张恨水散文全集·上下古今谈》，时代文艺出版社 2015 年版，第 63—64 页。

⑦ 张恨水：《投机商人不过如此》，《张恨水散文全集·上下古今谈》，时代文艺出版社 2015 年版，第 82—83 页。

的政治经济生态。他认为，所谓的稳定市场、平抑物价不过是老子管理儿子，左手修理右手，物价无法从根本上得到平定。

3. 呼吁当局稳定物价。在《速平物价，市政当局其有意乎?》[①] 中，张恨水指出物价上涨并不完全是因为战争状态下货物的供应量减少，还和商人囤货居奇投机倒把有大关系，希望有关部门设立平价机关，整顿投机商人调控物价。他在《找找封神榜上无名的》[②] 一文中发出了心中对于调控物价的呐喊，提出希望找一个管理物价、文价的神明来祭拜的奇谈，讽刺了社会当局不作为的官僚主义行为。在《不要再姑息了》[③] 一文中，张恨水以报人身份站在国家民族的立场上为普通劳苦大众发声，请求当局打击囤货投机的商人和操纵市场的半商人，喊出了祈愿当局平抑物价之“国人皆曰可杀，然后杀之”的最强音。

4. 经济秩序败坏下的商人。张恨水在《经商狂》[④] 一文中阐述了大后方经济繁荣下的社会病态。抗日图存的背景下，社会中却弥漫着经商之风，商人只顾发国难财，为了盈利六亲不认，置国家民族大义于不顾。他在《人心太坏》[⑤]《望上帝保佑一些人》[⑥] 等文章中，揭露部分商人为了利益发国难财，利用游资囤积居奇、操纵物价，导致社会经济秩序严重败坏的社会现实。在《平价要从改善人心做起》[⑦] 中，张恨水将物价波动归结于人心太坏，而人心太坏的根源在于商人对于利益的追求。要想

① 张恨水：《速平物价，市政当局其有意乎?》，《张恨水散文全集·最后关头》，时代文艺出版社 2015 年版，第 117 页。

② 张恨水：《找找封神榜上无名的》，《张恨水散文全集·上下古今谈》，时代文艺出版社 2015 年版，第 235—236 页。

③ 张恨水：《不要再姑息了》，《张恨水散文全集·上下古今谈》，时代文艺出版社 2015 年版，第 53—54 页。

④ 张恨水：《经商狂》，《张恨水散文全集·最后关头》，时代文艺出版社 2015 年版，第 357—358 页。

⑤ 张恨水：《人心太坏》，《张恨水散文全集·上下古今谈》，时代文艺出版社 2015 年版，第 95—96 页。

⑥ 张恨水：《望上帝保佑一些人》，《张恨水散文全集·上下古今谈》，时代文艺出版社 2015 年版，第 96 页。

⑦ 张恨水：《平价要从改善人心做起》，《张恨水散文全集·上下古今谈》，时代文艺出版社 2015 年版，第 113—114 页。

平抑物价，只有从思想上改变人心，制定严格的市场规则。

二 张恨水大量书写经济现象的缘由

由上文对张恨水散文中经济书写状况的简要分析，我们就可发现其书写的全面和深入。但其实前面所引证的例子，不过是张恨水书写经济的散文的冰山一角。笔者曾对《张恨水散文全集》[①]《张恨水说重庆》[②]以及《张恨水年谱》[③]进行统计，结果发现，张恨水在渝时期发表了散文836篇，其中与经济书写相关的文章约有110篇。而在抗战全面爆发前，张恨水总极力避免在文章中与政治经济问题扯上关系，创办副刊《明珠》时曾发表的《约法三章》[④]就是证明。显然，正是抗战爆发所衍生的系列问题，使得作为职业报人和职业作家的张恨水态度发生了巨大转变。

（一）巨大的生存压力

来重庆之前，张恨水有着丰厚的稿酬，过着舒适的生活。他在北平有一座带七八个院落的豪宅，平日里专心写作，闲暇时和三五好友听戏、看电影、下茶馆，生活闲适富足。在北华美专时，学校还单独为他划一座院落给他做写作室，房子是前清权贵裕禄的府邸。张恨水特别喜欢菊花，也喜欢以菊会友，在《黄花梦旧庐》中这样书写道："我常常招待朋友，在菊花丛中，喝一壶清茶谈天……你别以为我奢侈，一笔所耗于菊者，不超过二百元也。"[⑤]张恨水在北平会友，一顿饭下来便接近两百元，尚且不以为奢侈。而彼时在北平一个十来间屋舍的三合院每月的租金只是二三十元。由此可见张恨水在北平生活之富足。

---

① 谢家顺编：《张恨水散文全集》，时代文艺出版社2015年版。

② 曾智中、尤德彦：《张恨水说重庆》，四川文艺出版社2007年版。

③ 谢家顺：《张恨水年谱》，安徽文艺出版社2014年版。

④ 所谓的"三章"，是指"绝对不谈大问题""绝对不批评大人物""不研究高深的学问"。"绝对不谈大问题"这一点，指的是政治和社会上的大事。张恨水：《约法三章》，《张恨水散文全集·明珠》，时代文艺出版社2015年版，第11—12页。

⑤ 张恨水：《黄花梦旧庐》，《张恨水散文全集·北京人随笔》，时代文艺出版社2015年版，第180页。

1938年，张恨水来到重庆后，开始了艰苦的抗战生活，物质生活质量一落千丈，时常为经济问题发愁。张恨水称自己在重庆期间是乞文求生，他们一大家子住在南温泉边漏雨的三间“国难房”里，他时常一个人背着几十斤重的平价米步行往返于城区和南温泉之间。经济问题严重影响和制约着张恨水散文创作的自由度。在《斗米千字运动》中，张恨水也坦言：“假如那时能办到千字斗米，或许我可以多写出几部小说来。”①

经济问题首先体现在吃饭穿衣上。张恨水作为职业报人，纯粹的文艺工作者，其主要收入是稿费、版权以及报社的薪水，而创作是所有来源的根本基石。张恨水到重庆后，其妻儿子侄相继投奔，一大家子的开销几乎全靠张恨水一个人维持。在当时货币贬值、物价飞腾而造成的巨大生存压力下，张恨水只有大量创作才能获得足够养家糊口的资本。在经济状况艰难的时候，张恨水曾同时创作七部小说，在创作小说的过程中还不时发表散文、杂文、评论等，其难度几乎不下于同时打很多份工。张恨水的写作环境也是极其艰难的。在《榨出来的油》中，他描述了两个场景：日机连续轰炸重庆八天八夜，他只能睡在天然洞子外的竹林下；天下暴雨，他居住的茅舍漏雨如注，他躲向屋里小方桌写字，又被蚊虫叮咬得两腿奇痒起疱。“可是在这两个故事过去之后，我立刻就得写。不写怎么活下去？我自己对自己的稿子，笑着下了一个批评，就是榨出来的油。”② 在如此艰难的创作环境下，为了一大家人的生活，张恨水像是上了发条的机器一样毫不停歇地创作着。

（二）跌宕起伏的文学热潮

据司马长风统计，抗战期间全国有文人作家377人，住在重庆的就有

① 张恨水：《斗米千字运动》，《张恨水散文全集·写作生涯回忆》，时代文艺出版社2015年版，第69页。

② 张恨水：《榨出来的油》，《张恨水散文全集·写作生涯回忆》，时代文艺出版社2015年版，第74页。

121 人，当时“四川地区——战时首都重庆，作家之多为各地之冠”[①]。诸多文学大家汇聚一堂，自觉参与到以民族主义和民主斗争为主题的现实中来，产生了一波波跌宕起伏的文学创作热潮，形成了迅速反映时代面影的散文次文体——报告文学，承袭鲁迅风格、揭露社会利弊而富有战斗精神的杂文，将个人遭遇和时代背景相结合的小品文等。

报告文学大多集中描写前方将士的浴血奋战和敌人的凶残横暴，除报告正面战场的战况外，报告文学创作还以宏阔的视野关注着更为辽阔的时代风云。[②] 张恨水作为“中华全国文艺界抗敌协会”的理事之一，一直活跃于文坛。在抗战初期，张恨水书写了大量报告正面战场的报告文学，如《肥猪拱门之乐》《假如中国不抗战》《你说中国人行不行》《这一关》《七七七》《戴安澜师卡之死》《我虽皖人我敬薛岳》《余程万不朽之夜》《拼子》《再谈拼子》《衡阳与斯大林格勒》《老兵的话》，等等。除了报告正面战场的报告文学以外，张恨水对重庆乃至中国的现状也保持着极大的关注。在张恨水书写的与经济相关的散文中，很大一部分客观真实地反映了社会底层人民的生活状况。从某种角度来说，这类散文也称得上报告文学，如《比洪水猛兽狠十分》《新货涌到》《速平物价，市政当局其有意乎?》《不要再姑息了》《猪肝价》《穷人有谁管》等。此外张恨水还有《美用一年我用二百年》《远处的大票子问题》等文章，是以报人身份放眼国内国际视野，关注国内外经济状况，报告国内外经济问题、经济形势等。

在杂文和小品文方面，张恨水书写了大量揭露时弊，揭露战时重庆经济秩序败坏、官商勾结等现象的文章。他在《穷人有谁管》《洋楼外之露尸》《银楼正兴旺者》《闪击涨价》《假如我管灯草》等文章中，将经济问题中腐朽的部分赤裸裸地揭开。因为张恨水文章内容的犀利，对政

① 司马长风：《中国新文学史》（下），昭明出版社 1978 年版，第 24 页。

② 朱栋霖、朱晓进、吴义勤主编：《中国现代文学史》（上），高等教育出版社 2014 年版，第 285 页。

治经济毫不客气的批评揭露，他还险些因此入狱。[①] 在战时重庆经济秩序逐渐失控的社会现状和一波波跌宕起伏的文学创作热潮下，张恨水散文中的经济书写，可以说是他引领创作热潮并契合时代创作主题精神的产物。

（三）报人身份的责任担当

截至抗战爆发时，张恨水从事报刊行业已有二十多年，是职业报人、记者。来重庆以前张恨水就自己独立办报纸，1938 年来渝后，便一直在《新民报》工作。《新民报》以“宣传政策，传播知识，移风易俗，丰富生活”为编辑方针，着眼于“飞入寻常百姓家”。在内容上，力求可亲性、可近性、可信性、可读性。《新民报》的办报出发点要求张恨水的散文书写必须具备亲近性、真实性。所以书写和报道热点事件，关注社会焦点，自然成为张恨水在报刊编辑书写工作中的着重点。而经济秩序的严重混乱关乎着近百万人的生产生活，物价暴涨的社会背景下，底层市民食不果腹、衣不蔽体、屋不防风的社会现状自然也就呈现在张恨水书写的文章中。

在书写战时经济的散文中，张恨水不仅客观书写了战时重庆经济生活下市民的生活现状，还分析了经济秩序败坏的原因，并试图寻找解决办法。如在《速平物价，市政当局其有意乎?》中，他呼吁当局出面稳定物价；在《新货涌到》中，他揭露官商勾结导致物价絮乱的黑暗现实；在《机器水供应站》中，他质疑政府当局的市政建设；在《洋楼外之露尸》中，他反映底层市民艰难穷困的生活惨状。类似的文章数不胜数，展示出张恨水作为报人的责任与担当。

（四）婉约的政治批判意识

在张恨水的散文中，暗含了大量的政治批判意识。在国民党日趋严

① 张恨水：《〈八十一梦〉》，《张恨水散文全集·写作生涯回忆》，时代文艺出版社 2015 年版，第 61 页。

苛的文化政策之下，张恨水在行文时采用了隐晦、婉约的表达策略。在《写作生涯回忆·上下古今谈》中他说："我曾说过，上至宇宙之大，下至苍蝇之微，我都愿意说一说。其实，这里所谓大小也者，我全是逃避现实的说法。在重庆新闻检查的时候，稍微有正确性的文字，除了'登不出来'，而写作的本人，安全是可虑的。我实在没有那以卵碰石的勇气，不过我谈了谈宇宙与苍蝇，这就无所谓。我利用了我生平读历史的所得，利用了我一点普通科学常识，社会上每有一个问题发生，我就在历史上找一件相近的事谈，或者找一件大自然的事物来比拟。例如说孔公馆，我们就可以谈谈贾似道的半闲堂，说夫人之流，我们可以谈杨贵妃，说到大贪污，我们可以说和珅，提到了重庆政治的污浊，我们可以说雾，提到狗坐飞机，我们可以说淮南王鸡犬升天。这样谈法，读者可以作个会心的微笑。但我并没有触犯到当前的人物。"①

张恨水曾险些因为言论问题入狱，所以后来他毫无避讳地批判当局、批判现实的文章很少出现，如《八十一梦》般通过"梦境"寄托针砭时弊、感时忧国的现实关切，运用委婉的艺术手法映射社会现实的文章则比较多。在无法直接批判政治问题时，张恨水常借经济问题来映射政治问题。如在《穷人有谁管》里描述的重庆很多穷人饿死街头都没有人管的社会现实，就既是经济问题也是政治问题。在《钱滚子何足道》一文中，他反映了经济上"刮铜"使得贫富差距加大，普通民众生活负担加重的事实，而其根本原因则在政治上当局的纵容。

三　张恨水散文中经济书写的特点及意义

张恨水是职业报人，出于对自身和报社的安全问题考虑，在散文书写过程中对于经济问题的敏感部分，常用曲折、隐晦、委婉的表述方式，所以这类文章在具有极强的现实性的同时，还具有极高的文学性。由于长期在报社工作，张恨水能够轻易把握读者的喜好，写出普通市民喜闻

① 张恨水：《〈上下古今谈〉》，《张恨水散文全集·写作生涯回忆》，时代文艺出版社 2015 年版，第 65 页。

乐见的作品。而在这些作品中，他又时常融入自己对经济问题的见解，激发普通市民对经济形势的思考，从而实现了将报刊的娱乐性和教育意义相结合的目标。张恨水此期的散文写作，较为真实地记录了战时重庆经济生活的现状，为我们窥探重庆战时经济生活提供了一个丰富多彩的文学景观。

（一）文学性和现实性的结合

在报人身份的要求下，书写和反映战时重庆社会生活的变迁是张恨水的责任和义务。他的散文大多通过《新民报》副刊《上下古今谈》发表。随着抗战进入相持阶段，国民党对文人舆论加以控制，同时又出现了经济恶化、政治腐败等现象。张恨水秉持着强烈的社会责任感和同情心，将目光转向经济秩序崩塌下的社会生活，打破了副刊内容不谈政治、不涉辛辣的一贯主张，在副刊刊载的作品中大量刻绘、批判现实。又出于对自身和工作的报社安全的考虑，张恨水改变了报人散文原先直接、清晰、明了的表达方式，采取“迂回委婉”的策略，以“点到即止”的方式来书写社会事实。虽然这样书写使得其批判性程度上要稍弱于一般杂文，但由于报人散文具有舆论话语权，有宽广的辐射影响范围，因此还是可以影响到广大民众的意识，警示、建议和督促政府当局予以改正。

（二）娱乐性和教育性的结合

从语言上来看，经过多年小说创作磨炼的张恨水，是真正意义上的通俗文学大家。他采取的家常语境、通俗语言、幽默语调令读者得到茶余饭后的消遣，适合大多数读者的阅读需要。在语境、句法、叙事等方面，他也精心为读者考虑，尽量做到通俗易懂，语言活泼，叙事亲切。即使是沉重深奥的话题，他也能浅显畅达地表达。但同时，他的散文还有一定的启发性和批判性，能够激发读者对社会、对人生、对自我进行思考。所以，他在战时书写经济生活的散文，符合市民文化的立场，能满足市民的思想和情感需求，也能给读者比较高的心理期待。通过报纸刊登出来后，广受市民群众欢迎，可谓具有极强的娱乐性和教育意义。

（三）战时重庆经济形象的构建

张恨水 1938 年 1 月到重庆，1945 年 11 月离开重庆，几乎见证了重庆完整的陪都时期。他以普通市民的眼光，将重庆经济秩序崩塌后“朱门酒肉臭，路有冻死骨”的社会反差呈现出来；以当事人的角度将经济混乱、货币贬值、物价暴涨下，重庆普通市民的艰苦生活展现出来；以观察者的视角将大轰炸下普通百姓虽生活艰难，但仍具有着顽强的生存意志，仍具有乐观的抗战精神书写出来；站在批判者的层面，评价重庆的市政建设，如自来水供应、建筑物的火灾隐患、邮务管理急待调整等。在张恨水散文里的战时重庆经济书写，是他对客观世界和自我体验的真实记录，真实客观地反映了战时重庆的经济面貌，为考察战时重庆经济生活提供了大量真实可靠的史料。

结　语

张恨水散文中的经济书写，深刻地反映了战时重庆经济秩序的混乱和普通民众的艰难生活，体现了张恨水报人身份的责任担当和“位卑未敢忘忧国”的文人情怀。研究张恨水散文中的经济书写，有助于我们了解战时文人的生活状况和战时文艺潮流，也有助于丰富和完善大后方抗战文学研究。

区域文化与现当代文学研究

主持人：刘川鄂

主持人语：

重庆师范大学是中国区域文学研究重镇，作为中国当代文学研究会区域文学委员会的一员，我多次参与相关的学术研讨，收益良多。我同时也是中国文学地理学会的副会长，这个学会学科构成综合性强，尤以中国古代文学研究者居多。尽管古代中国区域变化比较多，但农耕文明为主的生活方式还是产生了相对鲜明、相对稳定的地方文化特征，因此地理文学、文化的关系更加清晰。全球化信息化城市化的当代，区域地域和文学的风格特征关系更加复杂，更加模糊。区域文学也好，文学地理学也好，在全球化时代如何认识本土文化，二者如何融合？值得两个学会的学者和对相关话题有兴趣者积极探讨。

这组4篇文章，表面上各不相干。古远清先生从文学地理学看“粤港澳大湾区文学”，让我们对这个新兴概念有了一个清晰的理解。文章中言及的1907年“戒烟小说”这个命名，很新鲜又很有时代气息。关于粤港澳大湾区文学在某种程度上来说也是移民文学的提法，是考辨当代文学地理因素的变迁和复杂化的一个很好的样本。吕东亮探讨徐怀中50年代的西藏书写及其所受到的批评，一下把我们的视野由最南边拉到了最西边。题材的边缘性，风格的异域性，却如作者所言，至今仍然闪耀着西部区域文学的魅力。向吉发博士关于沈从文第一次远行从湘西到北京的原因探讨，关涉地域与身份的关系，地域变迁与身份认同的难度，也是一个饶有兴趣的话题，可以与很多20世纪作家和中国人的经历相印证，熟悉的话题也写出了新意。王昌忠梳理“地域诗学”概念，对相关概念的关联性、公约性的辨析，清晰细致有说服力。这组文章是从2019年8月10—12日，由中国文学地理学会、三峡大学、湖北大学、广州大学、江西省社会科学院联合主办，三峡大学文学与传媒学院承办的中国文学地理学会第九届年会暨第四届硕博论坛参会论文中遴选的。选题新而实，论说充分，是中国文学地理学和区域文学研究的新成果。

从文学地理学看“粤港澳大湾区文学”

古远清*

内容提要：“粤港澳大湾区文学”有着丰厚的历史积淀，它是当年活跃在“省港澳”三地作家所创作的作品的一种传承，尤其是“粤港派”媒体及随之而来的“粤港派”作家的转型。“粤港澳大湾区文学”是一种文学地理学的地域文化概念，同时也是跨区域、跨文化的概念。所谓跨地域，是指跨广东之内与跨港澳之外；跨文化，是指讲究社会主义主旋律的广东文化，与没有主旋律的港澳文化“混合”。“粤港澳大湾区文学”，在某种意义上来说也是一种移民文学。

关键词：文学地理学；粤港澳大湾区文学 ；粤语文学

“粤港澳大湾区文学”这新品种不是从天而降，而是建立在现实基础上。“粤港澳大湾区文学”本有着丰厚的历史积淀，它是当年活跃在“省港澳”三地作家所创作的作品的一种传承，是“粤港派”媒体及随之而来的“粤港派”作家的转型。

从20世纪初开始，“省港澳”作为一个关键词在官方文件和日常生活中经常使用。省港澳地区是指广东、香港和澳门。需要明确的是，这

---

* ［作者简介］古远清（1941— ），男，陕西师范大学人文社会科学高等研究院教授，从事中国现当代文学、台港文学研究。

个“省”不限于广州，是特指整个广东省。据有关学者考证，最先使用“省港澳”一词系 19 世纪 60 年代在香港开设的“省港澳轮船公司”。这家英资企业，总部在香港，除了运货载客外，也推出旅游套餐，轮船所经的路线把三个地方连在一起推介。“省港澳”是地域上的界定，后来在文化上也具有连为一体的意义。那时港澳远未成为“特区”，市民从广州到香港、澳门，或港澳市民到广州，都来往自由，进进出出有如走亲家一样。报纸、杂志及文艺作品尤其是小说，也在粤港澳三地流通，作家队伍同样来自三个区域。远的不说，仅 20 世纪 50—60 年代《澳门日报》的作者群，就有广州的秦牧、紫风、李门、赵仲邑，后来还有金敬迈的作品出现。

“粤港澳大湾区文学”是一种地域文化概念，同时也是跨区域、跨文化的概念。所谓跨地域，是指跨广东之内与跨港澳之外；跨文化，是指讲究社会主义主旋律的广东文化，与没有主旋律的港澳文化“混合”。别小看港澳文化高度自由化，不讲究政治先行，但也十分讲究和追求真善美，如 1907 年，出现了一种由广州、香港、佛山等三地代销的《广东戒烟新小说》杂志。小说曰“新”，主要是指内容的新及文学体裁之新。有谁听说过“戒烟小说”这个名词？可广东人大胆地创造了。只不过这“烟”不是香烟，而是鸦片烟，可见当年广东毒品泛滥，鸦片烟鬼甚多。为了不让中国沦为“莺粟国”（当时把“罂粟”写“莺粟”，是为了更好地显示鸦片的诱惑力和麻醉力），“戒烟”舆论先行，其中又新小说先行。有道是，历史常有惊人的相似之处。当年粤港两地某些村镇，均和当今电视连续剧《破冰行动》描写的塔寨村那样，变成了“芙蓉之城”。林则徐在广东虎门大量销毁鸦片，虽蔚为壮观——《广东戒烟新小说》杂志每期还有推销“戒烟丸”广告，但并没有从根本上铲除毒品对人们的毒害。在语言运用上，《广东戒烟新小说》杂志是文言俗语参用，其俗语之中，“官话”与粤语参用。文体分为戒烟小说、政治小说、侦探小说。

关于文艺作品尤其是小说的教化作用，梁启超在主办《新小说》时就开宗明义地讲：“欲新一国之民，不可不先新一国之小说。故欲新道德，必新小说；欲新宗教，必新小说。欲新政治，必新小说；欲新风俗，必新小说；欲新学艺，必新小说；乃至欲新人心，欲新人格，必新小说。何以故？小说有不可思议之力支配人道故。①”《广东戒烟新小说》，正是梁启超“支配人道”这一文学主张的实践。其杂志广告有云：本报宗旨专在借小说家言，以发起国民政治思想，激励其爱国精神，一切淫猥鄙野之言，有伤德育者在所必摈。该杂志刊登的《回头岸》小说，以“日痾夜痾，食烟人已经系瘦嘅咯，再痾吓添，越发唔成个人样喇”的恐怖描写警示吸毒者，希望他们尽快“戒烟”。

当1949年五星红旗飘扬在天安门时，以司马文森为首的左派文人纷纷北归参加新中国建设，而右翼文人不断南下香港“避难”。据香港作家协会主席黄仲鸣的研究，20世纪70年代以前的香港报纸分“粤港派”和“中原派”两种。所谓“粤港派”，是由广州人或香港人创办，或在广州出刊后移到香港出版，或广州报纸到港澳发行，或香港作者为诞生在广东的媒体供稿。这些报纸刊登的消息和文章，从标题到内容都离不开粤语，其中有的是国语加粤语，有的是纯粹用粤语写成。“粤港派”报刊培养了一支粤港两栖的作家队伍，先后有著名的作家杜埃、黄宁婴、黄谷柳、黄药眠、欧外鸥、黄秋耘、李育中、陈残云等人。这些作家均是“粤港澳大湾区文学”的先驱。“中原派”报纸是北方人所办。这里讲的“北方”，泛指广东以外的地区。这类报纸发表的文章，用纯粹的北方话即标准的国语写成。消息和文章的重点是国家大事，而不像“粤港派”报纸以报道粤港两地的新闻为主。

“粤港派”报纸在50年代有《成报》《红绿日报》《新生晚报》和后期的《明报》。不用粤方言的《大公报》《香港商报》《晶报》，则皆属左翼媒体。这两种报纸也并非是井水不犯河水。毕竟在香港而不是在“北方”办报，故“中原派”也就是外省人办的报纸，特殊情况下也会适当使用粤方言，而本土派或外来派也向两种不同的报纸投稿，因而无论是

① 梁启超：《论小说与群治之关系》，《新小说》第1号，1902年10月15日。

“粤港派”或“中原派”，均是你中有我，我中有你。其中值得注意的是《明报》的转向，正如张圭阳在《金庸与报业》中所言：“《明报》诞生之后，选取了‘粤港报纸’的方向，在标题遣词、社论、宣传稿等，都大量引用广东方言。在新闻题材上大量选用香港本地新闻，在副刊上除了金庸的武侠小说挂帅外，还有许多广府式的奇情艳情小说。”

香港众多报纸使用粤语这一现象，让人联想到 40 年代在粤港两地出现的方言文学运动。方言文学的提倡，系受到香港作家杰克（黄天石）作品畅销的刺激。杰克的小说深受读者欢迎，以至于不少市民拿到茶楼一天看一段，看了又想等下一段。1947 年 10 月，《正报》点燃了方言文学的讨论。比较重要的讨论文章有华嘉的《写乜嘢好呢》《点样正写得好?》《方言文艺创作实践的几个问题》，司马文森的《谈方言小说》、静闻的《方言文学试论》、严肃之的《取消“方言文艺”的称谓》、茅盾的《杂谈方言文学》。

后来成立了方言文学研究会，钟敬文为会长，华嘉为秘书，理论研究组有黄绳、林林，创作组有黄谷柳、黄宁婴、芦荻、陈残云、丹木、黄雨，资料组有符公望、薛汕，编辑组有楼棲，方言文学由此显得更加正规化了。在前期，许多人埋头收集资料作研究，群众性的工作有所忽视，但从事方言文艺创作的作家，还在努力创作，在报纸副刊及杂志常有新作者发表新的作品。到 1948 年年初，群众性的活动更加活跃，在这个基础上编写了《方言文学》第一辑，并发表了《方言文学运动的纲领》，及时总结了两年来的理论与创作活动，同时把方言写作的范围扩大：不局限于龙舟、木鱼、说书等民间形式，而且出现了用方言写理论、杂文、小说以至电影脚本的新情况。值得大力肯定的是，各报纸和杂志不歧视方言文艺，经常发表方言作品，著名的《华商报》副刊“茶亭”，还出过“方言文学”专辑。另外，还以方言文学研究会的名义在《大公报》主编了一个方言文学双周刊，有力地推动了方言文艺运动的开展。至于理论探讨，也不是空对空，而是注重于创作实践的探讨，比过去深入了许多。

和方言文学类似的另一概念是“粤语文学”。日本学者吉川雅之这样为“粤语文学”作出界说：“意指采用口语一致的措辞和语法——即‘口语入文’文体——写出的一些文学作品，包括小说、随笔、报纸专栏、剧本、对话录等所有文学体裁。”外国人居然关心“粤语文学”，这不容易，但他下的定义显得不精确，如“口语”是专指广府话还是包括客家话、潮州话乃至海南话？如果是指前者，到底使用了多少广府话才能称之为“粤语文学”？黄仲鸣在《粤语文学资料初探（1900—1970）》中认为：“不应单从一篇文章所用的粤语成分有多少来决定，而是从语法、语句、语境，甚至作品风格来定夺。不同的作者，便有不同的粤语分量。”① 按这个标准，“粤语文学”的文体可分八种：

1. 纯粤语
2. 粤语 + 白话文
3. 粤语 + 文言
4. 粤语 + 白话文 + 文言（即三及第）
5. 粤语 + 外来语
6. 粤语 + 文言 + 外来语
7. 粤语 + 白话文 + 外来语
8. 粤语 + 白话文 + 外来语 + 文言

黄仲鸣这种分类，乍看起来烦琐，其实道出了“粤语文学”的丰富性和复杂性。需要说明的是，这里讲的“粤语文学”尤其是“粤语小说”，并非香港作家的专利，广州或澳门某些通晓广东话的作者也曾采用这种语言进行创作。

夹杂方言的做法也就是“粤语文学”，出现时间为 20 世纪初期到 60 年代。仅以内地广东为例，笔者 50 年代后期在广东梅县高级中学求学时，就曾看到“梅县文化馆”编印的《文艺宣传资料》，其山歌用客家话夹杂白话文写成，60 年代在梅州地区还出现了以客语为主的“山歌剧”。

① 黄仲鸣：《粤语文学资料初探（1900—1970）》，《现代中文文学学报》2008 年第 1 期。

以上说的是“粤港澳大湾区文学”的昨天，下面再说今天和明天。

以今天来说，“粤港澳大湾区文学”是一种文化大概念，同时是一种“潜政治”概念。这种“潜政治”，体现在“粤港澳大湾区文学”是新时代出现的中国当代文学的一个新品种，可有少数人不承认香港文学是中国文学的一个分支，也有人很不情愿接受“中国香港作家”的称谓。其实，无论是香港或是澳门，都是中国领土，“粤港澳大湾区文学”是中国文学而不是英国或葡萄牙文学的一部分，这是不容置疑的。

“粤港澳大湾区文学”，在某种意义上来说也是一种移民文学。在新世纪，“省港”两栖的作家有曾敏之、汉闻、黄灿然等人，“省港澳”三栖的作家则有黄维樑。内地作家不断有人移向香港和澳门，便有“南来作家”之说；而广东作家则有许多是从内地各省移居过去。远的不说，单说广东作家协会主席蒋述卓、副主席杨克和熊育群等，都不是广东人。“文化大革命”前广东文学的领军人物欧阳山，则是湖北人，故“粤港澳大湾区文学”像本人大力鼓吹的“粤派批评”一样不是同乡会，它具有广博的胸怀吸纳从全国乃至世界各地来的作家所创作的文学精华。和境外文学比起来，广东文学要吸取港澳文学的长处，而港澳文学也要向内地文学尤其是广东文学取经。两者交融、互补，是“粤港澳大湾区文学”的最好出路。

从根本上来说，“粤港澳大湾区文学”是一个学术概念。既然是学术概念，首先要弄清楚“粤港澳大湾区文学”的内涵。有人认为凡是粤港澳地区作者写的作品，都是“粤港澳大湾区文学”。也有人认为，不应查户口，只要是描写粤港澳大湾区人和事的作品，都是“粤港澳大湾区文学”。这两种定义其实可以兼容，互相补充。此外，“粤港澳大湾区文学”这个概念能否成立，要看这种文学书写内容、表达方式乃至文学定位。要定位，就要研究这种文学发生的背景。这背景或曰历程，不都是陈谷子烂芝麻，必须经过辨别和修正，比如“粤语文学”能否大力推广？这不能一概而论，它在香港应该没有问题，像香港浸会大学主办的“红楼梦：华语长篇小说奖”，就有方言小说获奖，粤语诗在报刊上也常见到，如慕容羽军讽刺荧屏上出现床上戏的《南乡子·咏电视》：电视亦加盐，睇落当然好肉酸。晚饭一家同睇嘢，牙烟！点解有衫都唔穿？孩子眼儿圆，镜头映到似摆船，到底床中人做乜？该尊，电视机前要落帘。

这里的“睇”即为看，“加盐”也是广东话，如色情片亦称为咸湿片。“牙烟”为危险，“点解”即为什么，“唔穿”即不穿，“落帘”即用幕布遮盖起来。即便不加注解，也大体可以读懂。它虽是词而非新诗，但按这种思路追寻下去，也肯定可以挖掘出好的粤语新诗。可“粤语文学”如在广东寻求发展，会受到限制。如果再像 40 年代到粤地提倡方言文学，必然会画地为牢，不要说走出国门和省门，就连走出广州、潮汕或梅州，都戛戛乎其难哉。至于不是文学而是艺术的“粤剧”，另当别论。

“粤港澳大湾区”是习近平总书记亲自制定的国家经济重大发展战略，是“中国梦”之一种。由“粤港澳大湾区”而衍生的“粤港澳大湾区文学”，其前瞻性充满了罗曼蒂克的想象，它是与未来主义密切相关的概念，即“粤港澳大湾区文学”未来如何从岭南文化的传统出发，逐步发展成有独特个性，有开放性、包容性的一个新品种，人们将拭目以待。

国族视野、情爱感怀与边缘的光魅
——论徐怀中50年代的西藏书写*

吕东亮**

内容提要：徐怀中在20世纪50年代集中创作了一批书写西藏建设和西藏人民生活的作品。这些作品有着明确的国族视野和正视西藏人民现代化诉求的态度，也表达了正值青春年华的作者的情爱感怀，这些感怀具有参与社会主义社会“情感结构”生成的意义。徐怀中的题材选择和艺术风格在当时的军旅作家中都是边缘的，这种边缘性赋予他的作品一种鲜异的色彩和婉约柔美的风格，而这种鲜异又与时下消费主义语境中流行的对西藏虚拟化、神秘化的赋魅式文学书写有着本质区别。

关键词：西藏书写；国族视野；情爱感怀；情感结构；边缘叙事；神秘化

在当代文学史上，徐怀中是一个有风格、有影响力的作家。20世纪50年代，他就以长篇小说《我们播种爱情》赢得文坛关注；新时期之初，徐怀中以中篇小说《西线轶事》《阮氏丁香》开启了军事文学创作的新局

* ［基金项目］2014年国家社科基金青年项目“十七年文学批评史研究”（14CZW011）。

** ［作者简介］吕东亮（1980—　），男，文学博士，信阳师范学院文学院副教授，主要从事中国当代文学研究。

面，主持了解放军艺术学院文学系第一届作家班，培养了莫言等优秀作家；2014 年，他的纪实文学作品《底色》获得鲁迅文学奖；2019 年，他的长篇小说《牵风记》获得第十届茅盾文学奖。徐怀中的作品不多，主要以崇尚生活底色、笔法细腻清新的风格见长。徐怀中的创作阶段主要可分为 20 世纪 50 年代、新时期之初、21 世纪以来三个时期。相对来说，21 世纪以来的作品是作家的晚期创作，呈零星状态，获得注意的方式也较为特别，新时期之初的作品受到文坛和学界的关注较多，50 年代的作品得到文学史研究的关注不够。而 50 年代是徐怀中作品集中出现、艺术风格初步形成的时期，对于认识徐怀中的创作、了解 50 年代的文学场域都具有重要的意义，值得作进一步的探讨研究。在新中国成立之初的几年里，徐怀中作为西南军区政治部文工团创作人员深入西藏体验生活，创作出长篇小说《我们播种爱情》、中短篇小说《地上的长虹》《十五棵向日葵》《雪松》、电影文学剧本《无情的情人》等深入反映西藏社会生活变革发展的作品，艺术水平较高，在当时引起很大反响，有的还引起强烈争议。今天来看，徐怀中 50 年代的西藏书写仍然有着非同寻常的意义。

一 “外来者”的眼光及其消逝

徐怀中是作为一个汉族军人进入西藏的，其作品也主要是书写西藏和平解放后解放军和工作队进驻西藏后的生活，对于西藏风物的描绘自然携带了“外来者”的眼光，不过这种眼光是平等的、善意的，反映出的是汉藏一体的国族视野。这种视野内在地具有现代性。

《地上的长虹》是作者创作的第一篇小说，也是作者亲身参与异常艰辛的康藏公路修筑工程时所得。小说写的是康藏公路筑路部队的故事：神枪手杨小林是个聪明的战士，他和工程师冯捷合作，尝试着通过改线以加快工程进度，但与强调纪律的连长梁永泰产生冲突，后来在团政委余洪的教导和支持下，杨小林承认了擅自离开劳动岗位的错误，他的富有创新性的建议也得到余洪和梁永泰的支持，最终改线顺利成功。在工程改线这一主要事件中，小说还穿插叙述了杨小林和藏族姑娘白玛的朦胧恋情、余洪和看护长辛惠的爱情。整个小说的格调是明朗俊逸的，因为首长、战士和藏民的心底是那样的乐观澄澈，清除了艰巨任务所带来的灰暗氛围。青藏公路的修筑无疑是一个现代化建设工程，也象征着解放军作为外来者的力量。但这种外来者并非是西藏的一个“他者”，外来者的力量也并非藏民心中的异己性力量。藏民罗桑见到解放军战士就热情拉手，得知杨小林一行想劈山修路，一方面内心涌出强烈的期待，另一方面感到这是人力所不能达成而只可能由其所敬畏的山神完成的事情，当看到修路的进展时，藏民们又组织驮运队为部队运送物资，自发慰问筑路战士。对于藏民而言，打通与内地的联系是他们内心一直渴盼的事，对祖国及祖国的现代化的向往是强烈的，这也说明了西藏与内地的国族统一性是久存于藏民之心中的。小说所着意描写的白玛与杨小林的爱恋，也呈现了“外来者”的非他者化，尽管在杨小林的心中，白玛和汉族女孩子相比有些“无拘无束甚至带点‘野气’”，“一点也不会掩饰自己的情感”①，但这些是被作为值得欣赏的特点来描写的，而且也为杨小林所欢喜接受。长篇小说《我们播种爱情》写的是一个农业技术推广站的故事，工委书记苏易和站长陈子璜带领雷文竹、林媛、倪慧聪、朱汉才、叶海等年轻人在西藏推广新的农业技术，造福西藏人民，促进西藏的现代化建设，通过坚持不懈的努力和斗争，赢得了藏区人民的爱戴，雷文竹等青年人也收获了幸福的爱情。相对于《地上的长虹》，《我们播种爱情》涉及的生活面要宽广得多，对西藏风土人情的描绘也深入得多。与筑路部队相比，农业站的民族工作任务更重，甚至可以说农业站承担的主要是民族工作。农业站不仅要负责推广新的耕作技术和放牧方式，革新藏区人民落后的生产生活方式，还要负责团结以宗政府成员为主的西藏上层人士，并与反动分裂势力作坚决斗争。小说中，农业站以及贸易公司、学校等作为外来的新生事物，对于西藏人民生活的介入是深层次

① 徐怀中：《徐怀中代表作》，河南人民出版社 1988 年版，第 6 页。

的，然而这种介入却是温和的、舒缓的，充满了对藏区人民的爱护和尊重，绝无粗暴干预之举。工委书记苏易具有很高的民族政策水平，他纠正了陈子璜等人的急躁情绪，成功感化了格桑拉姆宗本、呷萨活佛等人士，坚持对破坏势力进行有理有利有节的斗争，有效地维护了藏区政治经济秩序的稳定，最大限度地赢得了广大藏族同胞的信任和支持。雷文竹、林媛、朱汉才、倪慧聪等年轻人怀着建设新西藏的热情兢兢业业地工作，在改良土壤、兴办小学、卫生医疗等工作中抱着平等友善的态度与藏族同胞交流协商。朱汉才、叶海为了耕作需要与藏民斯朗翁堆协商移开玛尼堆，在向斯朗翁堆推广新的耕作技术时又采取灵活方式，维护了斯朗翁堆的自尊，使其愉快地抛弃落后的观念，接受新技术。藏族姑娘秋枝为农业站的工作所吸引进而参与其中，在共同的工作中爱上了朱汉才和叶海并与叶海结为夫妇。农业站的成绩是党的民族政策指引的结果，也离不开农业站同志们的热情奉献、艰辛工作以及藏民们的拥护和支持，其中值得注意的是在建设新西藏的过程中汉族和藏族人民对社会主义新中国国族认同的强化。作者徐怀中以他婉转灵动的文笔描绘了民族政策的伟大、农业站建设者的激情、藏族人民的淳朴以及家国认同感的提升，伴随着这些而来的是叙述人“外来者”身份和眼光的渐趋消逝。

值得注意的还有小说对于西藏风景的描写，因为自然环境的特殊性，西藏的风景相对于内地来说是别具一格的，小说中关于风景描写的篇幅也比较多。这些风景描写不仅围绕着人物活动展开，而且也表达了作者对风景意义的认知。在《地上的长虹》中，小说最初的风景描写凸显了西藏自然环境的恶劣：“山坡上，四季常青的雪松也那样垂头丧气，树枝被冰雪压得向下搭拉着快要擦到地面。山庄，死沉沉地没有一点生气”①，“雪线以下，是黑糊糊的松林；雪线以上，就是寸草不生的风化石，像一堆堆烧乏的煤焦”②。到了路被修通的时候，则是另外一番风景：“雪松挺立着，向四外伸展出针叶稠密的细枝，显得那样年青，壮实。牧场上大

① 徐怀中：《徐怀中代表作》，河南人民出版社 1988 年版，第 2 页。
② 同上书，第 8 页。

群的牛羊正把头埋进嫩草，山庄的屋顶飘起炊烟”[①]，而崭新的路“好像是在地上架起的一道长虹”[②]。在长篇小说《我们播种爱情》中，关于风景的描写就更多了，在作者的笔下，西藏虽然气候无常、土地荒芜、条件艰苦，但却是一片充满希望、亟待开垦和播种的土地，这种状况正像小说开篇所描写的那样：“群山所环抱的草原，也已在渐渐地褪去葱绿而显露出暗淡的本色，宛如山洪汇集的一片浑黄的、沉寂的湖水。然而，这草原是辽阔的，一望无垠的！”[③] 在电影文学剧本《无情的情人》、短篇小说《十五棵向日葵》中，作者都描绘了藏区环境的艰苦和人民生活的困苦，展现出西藏改革建设的必要性和紧迫性。徐怀中笔下的西藏风景，都投射着人性的光芒，自然风土的恶劣也是因为人的需要不能满足而来，而雄奇壮丽的风景则是人们改造建设之后再观看的结果。也就是说，风景的产生是人的本质力量对象化的结果，是人们内在的积极力量显现的结果。这和当今文化界对西藏风土书写的主流样态是判然有别的。当下的西藏书写，往往以“生活在别处”的消费风尚为旨归，发掘西藏的异域情调并踵事增华，来满足沉溺于消费文化中的中产阶级刺激生命欲求和生存感受的需要。日本学者柄谷行人在他那本广受赞誉的著作《日本现代文学的起源》中指出：“只有在对周围外部的东西没有关心的‘内在的人’（inner man）那里，风景才能得以发现。风景乃是被无视‘外部’的人发现的。”[④] 在柄谷行人看来，客观外在的事物之所以成为风景，乃是由于内心的发现、“内面的颠倒”[⑤] 以及相应生成的认识装置。这其实并不难理解，所谓熟悉的地方没有风景，也是指内心的自我感知进而投注到事物上才得以生成风景。徐怀中笔下的西藏风景投射了其作为青年亟待建功立业的内心愿望，原初的自然环境由于新的主体力量的

① 徐怀中：《徐怀中代表作》，河南人民出版社1988年版，第76页。

② 同上书，第78页。

③ 徐怀中：《我们播种爱情》，人民文学出版社1960年版，第1页。

④ ［日］柄谷行人：《日本现代文学的起源》，赵京华译，生活·读书·新知三联书店2003年版，第15页。

⑤ 同上书，第30页。

进入而成了新的风景。今天看来，徐怀中西藏书写中呈现的主体的内心或“内面”，虽然一开始属于“外来者”，但与藏区人民的主体诉求并不矛盾，并且逐渐融合藏区人民的眼光，在普遍现代性的诉求中也葆有对藏区文化生态的尊重，如此的“内面”所生成的风景也就真实地呈现了藏区的生产力和社会关系状况。当下流行的西藏书写则无视西藏的现代化进程，固执地将西藏的欠发达状态本质化、神秘化，以满足消极主体、空虚“内面”的消费需要，无疑是和徐怀中的西藏书写大异其趣的。

二 “爱是不能忘记的”：有胆有识的情爱书写

创作这些西藏题材的小说时，徐怀中正值青春年华，处于追求爱情、展开热恋并收获美满爱情的人生状态。爱情以及正当的婚恋生活是其这一时段思考的重要课题，也是其文学书写的重要内容。在《地上的长虹》中，他写了政委余洪与看护长辛惠之间的诚挚爱恋，他们一面努力地工作，一面相互关心，“他们从来也没有打算掩饰相互接近”①。当辛惠觉得自己在工作上没有取得骄人的成绩而对和余洪结合心存忧虑时，余洪坚决否定了“事业和生活可以一刀两断”的观念，坚定地对辛惠说：“我们活着不是为一个人，而是为所有的人，可是这其中也包括我们自己。就是党，也只需要我们用自己赤诚忠心去工作，并不需要我们把属于个人的东西，就说是幸福吧，完全抛掉。”② 这是一个身为政委的人所说的铿锵有力的话语，也有力地表达了作者的爱情观念。小说还写到青年战士杨小林对来信的女学生的怀想以及与藏族姑娘白玛的朦胧恋情，相关描写可谓是小说中的亮色。在当时的文坛氛围中，徐怀中的爱情书写无疑是需要勇气的。

长篇小说《我们播种爱情》，如题目所示，主要书写的是藏区一个农业站的年轻人的情感生活，写他们融入事业之中的爱情追求，也写了一些人在爱情问题上的迷失。雷文竹与倪慧聪、叶海与藏族姑娘秋枝都在

① 徐怀中：《徐怀中代表作》，河南人民出版社 1988 年版，第 44 页。
② 同上书，第 70 页。

共同事业的奋斗中相互支持、相知相爱并经受考验，最后收获了纯洁高尚的爱情。原本与倪慧聪有着一段恋情的兽医苗康见异思迁，与林媛频繁接触并争取到了林媛的爱意，但最终因为对爱情的不忠、对错误的不思悔改以及对艰苦工作的畏惧遭到了倪慧聪的鄙视和林媛的谴责，悻悻离开了农业站，离开了这一光荣的集体。面对情感的困境和内心的纠结，青年人也表现了正确的态度。朱长才面对秋枝姑娘的爱恋以及同时嫁给叶海和他的愿望，主动选择了回避，成全了叶海和秋枝；林媛爱憎分明，当知悉苗康的真面目后坚决予以拒斥；倪慧聪在来到农业站之后面对苗康的情感背叛，虽然伤心但没有因此萌发去志，因为她来到农业站主要是为了建设新西藏而并非单单为了爱情追随苗康。她和许多献身西藏的建设者一样，将自己的爱情升华为对于西藏这块壮丽高原处女地的爱情。小说中，作者对建基于共同事业的爱情充满了赞美，对不正当的爱欲行为进行了批判，也展现了事业对于爱情的意义和爱情在事业中的作用，这样的爱情书写既具有正当性，又呈现了爱情之美。

小说中，作者还写了年纪较大的农业站站长陈子璜和妻子李月湘夫妻感情的提升，陈子璜改掉了传统的大男子主义作风，对妻子变得尊重爱护了，李月湘也因参与工作而获得了价值感、尊严感，夫妻的感情就在新的层面上得到了巩固。除了爱情之外，作者还写了党工委书记苏易和林媛的父女情，苏易对林媛既严格要求，又不吝于表达自己对女儿的宠爱："这位忙人当中最忙的工委书记，常常专意来看望自己的女儿呢。"①这样的书写无疑是在重申作者自己在《地上的长虹》中所强调的情感观念，即为党忠诚地工作并不意味着牺牲个人的幸福，个人的幸福在高尚的事业中获得并将促进事业的发展。这样的情感观念其实是作者对社会主义情感生活建构的一种意见表达，也反映了作者希望爱情等情感生活的正当性获得主流意识形态尊重的诉求。在新中国成立初期，社会主义人生观、价值观以及相应的"情感结构"正处于形成时期。如果

① 徐怀中：《我们播种爱情》，人民文学出版社1960年版，第13页。

我们参考雷蒙·威廉斯提出“情感结构”这个术语时所特有的文化关怀，将“情感结构”理解为“变动不居的社会经验（social experiences in solution）”，进而发掘潜藏在“情感结构”之中的那些“活生生的、紧张不安的、尚未成形、尚未露面的‘感受中的思想’‘思想中的情感’”，关注那些“正在被体验和感受的、与正规的或系统的信仰之间存在着不确定关系的意义与价值”①，就会发现徐怀中在这些作品中的情爱书写事实上是在积极地、大胆地参与社会主义新中国新的“情感结构”的生成，尽管这种参与不能不是“紧张不安的”。新中国成立之初，战争时期所崇尚的革命功利主义观念依然在社会意识形态领域处于强势，占主导地位的人生观、价值观强调的是个人服从集体、小我服从大我，这种服从常常被强调到绝对的、无条件的程度，也就不可避免地带来了对个人利益的损害、对个人幸福的牺牲，而且这种损害和牺牲有时甚至是随意性的、无意义的。相应地，这个时期的“情感结构”中私人情感的空间就受到严重挤压，情爱的正当性也就无法顺利地生发出来。在这样的背景下，我们审视徐怀中作品中的爱情表达，会多一份对于历史的深切体味，也会对徐怀中的别具幽怀多一份敬重。

在徐怀中十七年时期的作品中，爱情几乎是一个固定的书写主题。除了《地上的长虹》《我们播种爱情》之外，《无情的情人》《十五棵向日葵》以及书写云南边疆少数民族生活的《卖酒女》《阿哥老田》等，都表达了对于爱情的感怀和思索。考诸十七年时期的文学史，可以说徐怀中是唯一一个专写爱情的作家。徐怀中长期处身军旅，对于政治氛围是敏感的，即便如此，他还是执着地书写爱情，表达自己对于社会主义情感生活建构的认识，无疑是需要胆识的。就此而言，徐怀中无疑是一个有追求因而也有风格的作家。

---

① Raymond Williams, Marxism and Literature, New York: Oxford University Press Inc, 1977, p. 131。转引自张德明《从岛国到帝国：近现代英国旅行文学研究》，北京大学出版社2014年版，第157页。

三 边缘叙事的光魅

新中国成立初期，徐怀中关于西藏的书写在文坛上是处于边缘地位的，居于主流地位的是关于抗美援朝斗争的书写。徐怀中在接受采访时曾回忆说，“当时很多写东西的人都在朝鲜。大部分军队作家都跑朝鲜去了”，自己虽很想去，“但一直没能去朝鲜”[①]。长篇小说《我们播种爱情》发表后，文学前辈叶圣陶先生在评论中也说“这篇小说写的是一个很重要的可是还很少有人写的题目”[②]。在这些作品中，关于藏族人民生活的正面描写不是主要的，可以说是处于边缘地位，在整个文坛可谓是边缘中的边缘。但面对边缘情境，徐怀中并没有轻易为之，将其作为附庸来描写，也没有以外在的汉族主体的眼光来观照藏族人民的生活，而是自觉地祛除先入为主的偏见，如实地呈现其本来面貌和内在诉求。

在长篇小说《我们播种爱情》的开篇，农业站站长陈子璜在推广农业技术时遇到挫折即心生烦躁，抱怨说“西藏人生性就懒惰”[③]，这样的议论受到工委书记苏易的严肃批评，也反映了作者认识藏族人民、书写藏族生活的态度。在随后的书写中，作者虽然叙述了一些藏族同胞在面对新生事物时略显慌乱保守，但最终还是展现了他们对现代化生产技术、对生活幸福的渴求。对于处于现代化新西藏建设之外的藏民生存状态，比如虔诚地从事宗教活动的活佛，一路磕着“等身头”朝拜的藏民等，也都抱着客观和尊重的态度进行了描写。应该说，这样的书写是正视西藏现实的书写，迥异于当下那些将西藏的落后状态本质化、赋魅化来满足异域情调消费需要的叙述。今天时尚文化语境中的西藏书写，大多致力于挖掘西藏的奇风异俗和神秘莫测的人性传奇，尽管表面上将西藏视为净土，把西藏神话化为世外桃源般存在的“香格里拉”，赞颂那些忠于

---

① 徐怀中、董夏青青：《我的未来是回到文学创作的出发地》，《解放军艺术学院学报》2015 年第 2 期。

② 叶圣陶：《读〈我们播种爱情〉》，《光明日报》1960 年 2 月 6 日第 6 版，后作为《我们播种爱情》1960 年新版本的序言。

③ 徐怀中：《我们播种爱情》，人民文学出版社 1960 年版，第 6 页。

信仰、不畏艰难、不慕财利的藏民，事实上却在严重地遮蔽西藏的现实，曲解藏族人民的真实生活。

值得注意的是，徐怀中这一时期的创作对于藏族统治阶层内部仇恨纷争的叙述。在《我们播种爱情》中，四处卖唱的“女鬼”契梅姬娜是隆热土司弟弟的女儿，在土司之间的残杀中作为家族的唯一幸存者逃亡流浪并矢志不渝地从事复仇活动，为此她不择手段，最终可悲地被毒杀。这一故事情节曾经独立出来，被徐怀中改写为短篇小说《松耳石》和电影文学剧本《无情的情人》[①]，而《无情的情人》的影响最大，引起的批评也最多。在《无情的情人》中，被仇恨所裹挟的土司的女儿由契梅姬娜变成娜梅琴措，娜梅琴措同样被反动势力利用而无法与投奔光明的多吉桑结成幸福的伴侣，最后在仇恨中葬送自己。相对于《我们播种爱情》，《无情的情人》的情节更丰富一些，多吉桑和娜梅琴措的爱恋与罗密欧和朱丽叶较为相似，美好浪漫的爱情在阶级仇、宗族恨中受到扭曲和败坏，成为令人叹惋的悲剧。《无情的情人》在《电影创作》1959 年第 11 期发表后，很快产生了反响。赞扬者有之，有的称赞其“文字洗练、构思新颖、情节曲折、语言有力”，“独特之处在于作者大胆地以浪漫而现实、复杂而明朗的艺术手法，刻画和处理了剧本中主要人物多吉桑和娜梅琴措的性格”[②]；有的肯定其“是电影文学中一朵鲜异之花”，“在语言上和构思上都是那样的洗练和独特，能紧紧扣住读者的心弦”，“尤其是在人物性格的塑造上，剧本更可以说是别开生面、独具风格”，“对娜梅琴措的处理，不是平庸无奇，而是非常有‘奇’，但这种‘奇’是具有生活真实的奇，绝不是作者故弄玄虚或者是有意的安排”，“充分揭示了阶级社会里阶级斗争的复杂性和尖锐性”[③]。尽管《无情的情人》在当时的文坛看起来有些“鲜异”，情节富有传奇性，但并没有人为地制

① 《松耳石》发表在《边疆文艺》1957 年第 1 期，《无情的情人》的最初创作时间据作者说是在 1957 年，这两篇作品的创作时间和《我们播种爱情》大致是相同的。

② 刘定中：《谈谈多吉桑和娜梅琴措》，《电影创作》1960 年第 2 期。

③ 高富堂：《电影文学中一朵鲜异之花》，刘金镛等编《徐怀中研究文集》，解放军文艺出版社 1983 年版，第 191—193 页。

造情节，批评者认为作品歪曲生活，其实是不足以服人的，批评者指责的小说的“自然主义”倾向以及没有爱憎分明地塑造多吉桑和娜梅琴措，正说明了徐怀中对于藏族风土人情原色调的尊重。这一点在那个时代结束之后才可能得到确认。1981 年，藏族女青年央初撰文肯定《无情的情人》时就特别强调“作者紧紧抓住民族生活的多样性、复杂性，按民族生活的多边形刻画出了民族人物的复杂性格”[①]，这是很能说明问题的。

徐怀中最初在部队文化部门担任编剧工作，因为反感演出审查而改写小说，在撰写小说时也就自然不可能遵循公式主义的套路，而是力求写出新意来。而少数民族生活题材恰好能为具有西藏生活经验的徐怀中提供一个相对宽广的场域。在十七年，由于强调平等和尊重的民族政策，文坛对于反映少数民族生活的作品要求比较宽松一些，一些较为敏感的主题比如爱情在这些作品里得以表现的机会就多一些、程度也要强一些，当时风靡全国的闻捷的诗歌《吐鲁番情歌》以及电影《阿诗玛》《五朵金花》《刘三姐》等都因为大胆直率地表达爱情而受到人们的喜爱，成为人们内心爱情抒发的出口。徐怀中的西藏书写自然处于这种语境中。他在回顾《我们播种爱情》时曾说：“那时候‘主题先行论’还没有发明出来，我用不着带什么题目，只是带着对边疆斗争生活的向往，带着对西藏高原的壮丽景色和风土人情的浓厚兴趣去的……当时尚未领教过‘五子登科’的味道，不知道害怕，信笔写来，并无拘束。”[②] 如前所述，《无情的情人》中的核心情节也在那个时期写成，尽管作者规避了 1957 年的文学气候，于 1959 年发表出来，但内容本身并没有发生多少改变。也就是说，徐怀中这一时期的西藏书写，在相当大的程度上是自由的，这也给作品中对西藏风土人情的如实描述提供了重要的前提。因为书写的自由，徐怀中得以放开笔墨，呈现藏区奇异的风光和藏族人民带有民族生活特征的民族性格、民族情感，寄寓自己对复杂人性样态和情感传

---

① 央初:《复杂多面的民族人物性格——谈〈无情的情人〉中多吉桑和娜梅琴措的形象塑造》,《西藏文艺》1981 年第 5 期。

② 徐怀中:《我们播种爱情 · 后记》，中国青年出版社 1979 年版，第 375 页。

奇的思考，也给新中国成立之初的文坛带来一抹鲜异的色彩。当然，这种自由的书写也面临着限度，尽管这种限度相对于汉族书写来说要宽松一些，但仍然存在着难以逾越的拘囿。《无情的情人》所遭遇到的“人性论”批判就说明了这一点，在这些批判中，人物形象的阶级性仍然是不容模糊、不容淡化的特征，相应地对于人物的爱憎也不容许有模棱两可的表现。这种限度和批判反过来也说明，十七年文学的“一体化”是强有力的，对于藏族及其他少数民族的书写也有效地被纳入社会主义共和国文学版图之中。

对边缘叙事的喜爱契合徐怀中的文学心性。徐怀中心仪著名作家孙犁，在创作上多有师法，其文学风格也和孙犁相似。他创作于这一时期的反映云南民族生活的短篇小说《卖酒女》就有孙犁《荷花淀》等作品的风致，含蓄蕴藉，富有诗画的意境。孙犁被视为革命文学中的“多余人”，他的作品善于捕捉战争年代的女性等边缘人物，多有柔美婉曲的抒情风味。徐怀中在当时的军旅作家群体中也自甘边缘，并在边缘书写中抒发自己内心的无限深情。他发表于1956年的小说《十五棵向日葵》则打捞了长征中红军过雪山草地时因为伤病被遗落在藏区的女红军周月荣的故事。周月荣在藏区被马步芳军队抓走，拼命反抗敌人的凌辱，后为善良的藏族人蔡旺泽登所救并与他结为夫妻，改名为扎玛伊珍在藏区生活，并怀着坚定的信念在十五年里种下十五棵向日葵作为期盼。她在新中国成立后热情地指导藏民发展生产，默默地为党工作，还不时地为自己能力有限、被称为“老红军”而羞愧。小说写了周月荣的不幸命运以及艰难困苦中崇高的人生境界，写了周月荣和陈再之间矢志不渝的革命情谊，也颂扬了苦难中善良的汉族人和藏族人的相濡以沫、团结互助。这是一篇值得重视的小说，作者别有会心地选择了这一不为人注意却具有深意的题材，在其中贯注了自己的深情。作者的笔墨是婉转幽曲的，恰到好处地书写了丰富深沉的历史意蕴以及其中悲欣交集的情感纠结。这也是边缘叙事的魅力。

新时期之后，徐怀中在创作谈和文学演讲中多次倡导“不要洗去人物的本色"[①]"不必一定对英雄人物作'净化处理'"[②]，其50年代的西藏书写也是如此，不愿屈从公式主义、教条主义的要求，坚持本色化的书写和大胆的表达，既写出了真实的西藏和藏族人民生活情状，也展现了青春的诗意和远方的魅力。因此今天重读徐怀中50年代创作的这些作品，仍然感到其并不过时，依旧焕发着情感和艺术的光芒。徐怀中20世纪50年代的西藏书写是值得重视和尊敬的。

---

① 徐怀中：《请不要洗去人物的本色》，《小说选刊》1980年第1期。

② 徐怀中：《在战争这块画布上》，《解放军报》1980年4月29日第3版，此文系关于中篇小说《西线轶事》的创作谈。

“地域诗歌”概念的诗学内涵

王昌忠*

内容提要：“地域中的诗歌”“地域内容的诗歌”“地域风格的诗歌”是使用“地域诗歌”概念时常见的三个意义范畴。“地域中的诗歌”即“诗歌的地理分布”，主要用于描述、辨识划定范围内（如一个国家）不同地理区域的诗歌状况，具有的是诗歌叙述价值。“地域内容的诗歌”指的是用地域性的语言、形式、文化符号呈现诗人主体的地域体验、经验并表达诗人主体由此而生的地域情感的诗歌。“地域风格的诗歌”是从地域美学视角下对诗歌所作的价值属性认定，指的是具有地域化审美质地的诗歌。在这三个意义范畴中，“地域中的诗歌”的诗学内涵要弱于“地域内容的诗歌”和“地域风格的诗歌”。

关键词：“地域诗歌”；“地域中的诗歌”；“地域内容的诗歌”；“地域风格的诗歌”

概念的有效性、合法性在于它具备命名功能。通过命名，概念将它所标识、指称的对象存在从其他对象存在中区隔、独立出来。

---

* ［作者简介］王昌忠（1970— ），男，文学博士，重庆师范大学文学院教授，重庆市抗战文史研究基地骨干成员，抗战大后方文化与文学研究协同创新团队骨干成员，主要从事新诗理论、文艺美学研究。

就此而言，被命名的对象存在的本质性特征即构成了概念包蕴的内涵意义。因而，对一个概念的内涵意义的灌注与攫取，都必须着眼于它所命名的对象存在的本质性特征。“地域诗歌”是随着“地域文学”概念的出现而不时出现在诗学话语现场的诗学概念。对于“地域文学”的概念，学界已在试图加以界定、释义了。如周磊认为：“狭义的地域文学的概念主要是基于自然地理环境因素和政治、经济、文化等人文因素，而于先秦时期在中华大地上所形成的彼此区分的、体现相对独特风格的文学区域。”[①] 作为一个诗学术语，“地域诗歌”概念也理应有着明确的内涵指涉和外延覆盖。然而，学界并不是在同一诗学维度使用“地域诗歌”概念的；也就是说，“地域诗歌”的概念尚未获得通识性、可公度性的内涵意义。“地域诗歌”概念主要是在这样三种意义范畴加以使用的，一是“地域中的诗歌”，二是“地域内容的诗歌”，三是“地域风格的诗歌”。“地域中的诗歌”即“诗歌的地理分布”，主要用于描述、辨识划定范围内（如一个国家）不同地理区域的诗歌状况，具有的是宏观叙述诗歌现象的价值。“地域内容的诗歌”指的是用地域性的语言、形式、文化符号呈现诗人主体的地域体验、经验并表达诗人主体由此而生的地域情感的诗歌，它反映的是具体诗歌文本“可读”的地域内容因子。“地域风格的诗歌”是从地域美学视角下对诗歌所做的价值属性认定，指的是具有地域化审美质地的诗歌，它指示的是微观诗歌话语“可品”的地域审美要素。

一　“地域中的诗歌”

任何诗人都是生活在特定地理区域中的，因而从发生学上看，任何诗歌都是特定地理区域的产物，都有特定的地理区域背景。地域或者地理区域，既可以指有着行政级别的行政区域，如省、市（地）、县等，也

① 周磊：《文学地理学关键词：地域与区域》，《当代文坛》2018 年第 5 期。

可以指按地理方位划定的自然区域，如东北、西北、西南、华中、华南，等等。当“地域诗歌”等同于“地域中的诗歌”时，其直观意义就是描述、辨识划定范围内（如一个国家）不同地理区域的诗歌存在状况，即在各个区域分别有哪些诗人、诗歌群落、诗歌刊物、重要诗歌文本，等等。这就如同可以用地域经济、文化、植被、矿藏等来进行经济地理、文化地理、植被地理、矿藏地理等的地理形态的划分、区隔一样，同样可以用地域诗歌来进行诗歌地理形态的划分、区隔。因此，将“地域诗歌”理解为“地域中的诗歌”，也就是把“地域诗歌”的概念等同于张清华所谓的“诗歌地理”① 概念。

客观地说，由于仅仅起着呈现各个地理区域的诗歌事实的作用，这样等同于“地域中的诗歌”的“地域诗歌”概念的诗学内涵并不丰富，相应地，其诗学价值也不明显。然而，为什么会有“地域诗歌”这一指认呢，这样指认的意图何在、意义何在呢？总体来说，将“地域诗歌”阐释为“地域中的诗歌”，具有的是积极的诗歌叙述价值；置于中国20世纪末期到21世纪以来的诗歌生态中，“地域诗歌”概念则具有缓和、平息诗歌话语权力之争的权宜、功利作用。已成定势的诗歌叙述，基本都是以“史”的脉络即时间延伸的顺序为线索展开的，这就是通常所说的“诗歌史”叙述。采取史的策略叙述诗歌，自是有其合理性、可取性。一方面，操作上方便、易行，只需列出时间表，把每个时间段里的诗歌事实陈列出来即可；另一方面，叙述效果上清晰、明白，不仅可以直接展示各个时间段的诗歌事实，而且还能较为清晰地勾勒出诗歌变化的轨迹、播报出选定年代幅度中的诗歌总体情状。

但是，按照时间序列对诗歌进行史的叙述的负面效应也显而易见。首先，诗歌史叙述所秉持的“历史总体性”立场和实践，掩盖和遮蔽了不能纳入总体性视野的其他诗歌对象。一般来说，面对一个个的时间断

① 张清华在发表于《文艺研究》2010年第10期的论文《当代诗歌中的地方美学与地域意识形态——从文化地理视角的观察》中，就提出了“中国当代的诗歌地理”命题；张清华2015年在东方出版社出版的重要论著就是以《中国当代民间诗歌地理》命名的。

面，诗歌史家总是选择那些主流性、主导性的诗歌话语，将其作为这一个个时间断面上的代表进行叙述、展示。这样，那些非主流、非主导的诗歌事实就被排除在了叙述之外。还必须看到，所谓的主流、主导作为话语霸权的产物往往并不客观，对其的指定往往会由于外力的强制或者内在的偏见而具有或多或少的主观性，这使得被诗歌史叙述的诗歌的代表性有所失真、削弱。其次，诗歌史叙述的“变动”立场和实践，忽视、遗漏了未曾变动的恒常、静态诗歌事实。按照时间变动的次序展开诗歌史叙述，对于诗歌史家来说，不管是有意识而为还是无意识使然，对应于时间的变动，也要求着诗歌本身的变动。直白地说，诗歌史家总是选择这一时间断面上那些相对于其他（至少是上一个）时间断面发生了变化的诗歌加以叙述，没有发生变化的、在别的时间断面上已经叙述了的就被剥夺了再次叙述的资格。这样，就算影响再大、成就再高的诗歌，由于它在这一时间断面上未得到叙述而“不存在”了。最后，诗歌史叙述的“进化”立场和实践，拒绝和抵制着没有进步或者“退步”的诗歌事实。时间的链条是由不断出现的新的时间段衔接而成的，时间是新的，出现在新的时间上的事物也当是新的，这种观念成为“进化论”“进步论”思想的逻辑前提。进化论、进步论是涵纳着价值评判的观念意识。“在过去的很多年中，我们一直是在‘时间’的范畴中来讨论新文学和现代诗歌，时间使现代文学和诗歌的历史具有某种价值和方向……人们谈论文学，包括诗歌的基本观念仍然习惯于使用时间维度所派生的价值标准”[①]，张清华要表明的是，在诗歌史叙述中，相对于此前发生了进化、出现了进步的诗歌，受到了关注和推举，因而理所当然地要着重叙述，而不曾进化、没有变动的诗歌则会排除在叙述之外。对进化、进步的判定，是比对主流、主导的判定更易受外力影响的主观判定、更具有权力话语的特质，因而进化论、进步论立场支配、宰制的诗歌史叙述的真实性、客观性的可信度更需要质疑。

---

① 张清华：《序》，张清华主编《中国当代民间诗歌地理》上卷，东方出版社 2015 年版，第 2 页。

“语言是存在的家园”这一论断在这里也是可以套用的。被叙述遗弃，无异于不存在；而所有存在物，都渴望其存在被发现到、被意识到，也就是都需要满足“存在感”。诗歌作为一种精神现象，被叙述是表明其存在的主要渠道。更重要的是，只有被叙述了的诗歌及其话语主体才拥有了话语权力以及相关的话语权利；而不被叙述的就丧失了话语权力和相关的话语权利。比如，被定性成了“胡风分子”的曾卓、绿原、牛汉等胡风派诗人，在十七年和“文化大革命”时期创作的诗歌在当时没有也不能发表而只能以“地下诗歌”的形式存在，便表明他们当时被剥夺了公开写作的权力和权利。诗歌总是在争取着被叙述的机会，诗歌界也由此不时会爆发出诗歌事实被叙述与不被叙述的争执。说到底，诗歌的被叙述与不被叙述之争，其实是话语权力与话语权利的争夺。20 世纪 90 年代以后，由于意识形态的管制越来越松动，相当程度上挣脱了外部钳制的诗歌写作的民主特征、自由取向有了显著加强。一方面，诗歌写作本身“出现了一些新的变化和多元共存的现象”“打破了原先诗坛的大一统局面”①，从而“使中国的诗歌更为丰富”；另一方面，各种诗歌群落、诗歌潮流都要求被叙述以宣示其存在，甚至由此爆发了声势浩大的争斗、论争，这无疑是这种民主特征、自由取向的表现。21 世纪初以“盘峰论战”为主战场的“知识分子写作”与“民间写作”之争，便可以视为在这样的背景下出现的不同诗歌要求被叙述的争论，以及由此带来的诗歌话语权力与话语权利的争夺。

既然传统的诗歌史叙述模式无法将所有诗歌纳入叙述视野，同时避免不了“变动”“进步”的叙述立场造成的叙述弊端，因而也就平息不了诗歌群落、阵营的争论和争夺，那么是不是可以尝试改变、转换诗歌叙述模式呢？正是基于此考虑，张清华等学者提出并践行了“地域诗歌”“诗歌地理”的诗歌叙述策略。这里的“地域诗歌”即“地域中的诗歌”，“诗歌地理”即“诗歌的地理分布”。对于中国大陆新时期以来

---

① 孙琴安：《前言》，《中国诗歌三十年——当今诗人群落》，上海社会科学院出版社 2013 年版，第 3 页。

的诗歌写作，张清华等舍弃了历时性的诗歌史叙述方式而采取空间化的叙述策略。也就是说，对于新时期以来的诗歌写作，张清华等学者没有将其分成一段一段依时序逐一描述，而是切割为一块一块共时性地依次展示。具体操作上，他们以流布在全国各个地域的诗歌刊物（主要是民刊）为依据，对全国不同地理区域的诗歌群落、代表性诗人及其诗作进行着等量齐观的描述、阐释和适可而止的评析。展开他们关于新时期以来诗歌书写的叙述，看到的是新时期以来各个地理区域的诗歌状况以及由这些地域诗歌组合而成的新时期诗歌的总体状貌。在这其中，虽然各个地域的诗歌事实也有着发生、发展以及衰落、消亡或者重生的过程，但是既看不到新时期诗歌总体性的顺应时间的变化、流动而变化、流动的轨迹，也看不到新时期诗歌整体性因果相生的“进步”秩序、“进化”流程，还看不出新时期诗歌的主导形态、主流范式。张清华等的新时期诗歌叙述，绘制的不是新时期诗歌的年历，而是新时期诗歌的地图，新时期以来出现了的诗歌样态都在这块地图上有着自己的占位。它们之间不分先来后到，也不分伯仲叔季，只是原模原样地存在于各自的地域版图。

二 “地域内容的诗歌”

任何关于诗歌的诗学概念，即以“诗歌”为核心词加上其他修饰词组合而成的诗学概念，其诗学内涵都只应立足于诗歌的本质性状。也就是说，这样的诗学概念的根底、本体在于诗歌的本质性状，概念中的修饰性、限定性成分只是体现达成、落实诗歌本质的途径、方式。这样的诗学概念的内涵所指，就是所命名的诗歌事实的内在本质规定性以及达成、落实这一本质规定性的独有方式、途径。诗歌的本质，关乎的是诗歌何以成为诗歌这一根本问题。诗歌的本质究竟何在呢？事实上迄今并无公论。然而，并无公论并不等于诗歌没有本质或者说不需要本质。没有本质的话，诗歌就无以确立自身了，也就没有存在的必要了。与任何艺术种类一样，诗歌也是一种审美意识形态形式，其本质从彼此独立又相互关联的思想内容、艺术形式、审美品格三方面体现出来。地域诗歌的本质，自然也要经由这三个维度来体现。只是既然附加了“地域”，就说明地域诗歌中的这三个维度都与地域密不可分。“地域内容的诗歌”是对话语内容上具备地域特性的诗歌的命名。所谓话语内容具备地域特性的诗歌，即经由诗歌的题材范畴、思想主题、情感意识及传达它们的话语方式的地域特性实现、达成诗歌本质的诗歌。因之，“地域内容的诗歌”，即经由地域书写达成诗歌内容本质的诗歌。

诗歌在内容上的本质是什么呢，或者说，诗歌本质性的内容是什么呢？尽管从表现方式上看，诗歌可以分为抒情诗、叙事诗、哲理诗等，但这并不表明通过抒情、叙事、说理等手段达成的情、事、理等都是诗歌的本质性内容。“诗者，志之所之也。在心为志，发言为诗，情动于中而形于言。”① 不容置疑，“诗言志”“诗缘情”等命题尽管古老，却道出了诗歌本质性、根本性的价值属性。在话语形态上，诗歌的本质只能是表情达意；在文本内容上，诗歌的本质只能是情、意。由于情、意不是凭空而生的，而是客体对象、外在事实作用于人的精神心灵的感应，因而诗歌写作既可以只把感应出的情感、意绪抒发出来，也可以将情感、意绪和引起、触发情感、意绪的客体对象、外在事实同时加以展显，甚至只主要把客体对象、外在事实敞亮出来而将引发的情感、意绪暗含、隐藏在其中。因此，就有了所谓的抒情诗、叙事诗、哲理诗之分。叙事诗、哲理诗，表面地看的确是在叙事、在说理，但其本位还是在抒情，也就是在抒发、传达由“事”生发的情、由“理”引动的情，只是这情渗透、浸润或者内隐、含纳在事、理之中了。在内容上，地域性的诗歌的本质自然同样归于抒情，既然勾连上了地域，那就是抒发地域因素作用于诗人主体的精神心灵生成、引发的情感、意绪，或者说是诗人置身特定地域情境中产生、形成的情感、意绪。“言为心声”“情动于中”，是诗歌表情达意的基

① 《毛诗序》，郭绍虞主编《中国历代文论选》第2册，上海古籍出版社2001年版，第63页。

本要求。它表明诗人通过诗歌写作抒发的必须是诗人自身、个人的“小我”“个我”的真情实感而不是“大我”“群我”的虚假之情、空洞之情。从表情达意上看，忠实于诗歌本质的地域性诗歌，必须是抒发、言传诗人主体在特定地理空间中对地域事实的真情实感。这真情实感从何而来、如何生成呢？这就要求诗人深入地域空间与地域要素亲密接触、充分交融，通过真切体验和实际经验获取感情、引发情绪。地理版图上的地域要素，既包括地域空间具体而微的人、事、景、物等，也包括抽象宏观的风情、习俗、伦理、文化等。地域性诗歌文本的内容要义即是抒发、传达诗人主体经由地域经验和地域体验生发、引动的情感、意绪。最常见也最深入人心的地域内容的诗歌当是“本地性诗歌”“本乡本土诗歌”，原因在于诗人主体对本地、本乡的经验和体验最到位、准确，因而才最能生成实意绪、真感情。当然，对地域内容的诗歌来说，并非只能采用抒情的方式直接、明白地将这实意绪、真情感抒泄、释放出来，而是还可以运用叙事的方式将诗人主体经验的地域要素、体验的地域因子以及经验过程、体验状态叙述、描绘出来，并将经验和体验过程中产生的情感、意绪抹拂其上或浸润其里。有时，为了彰显地域性（色彩、特征），地域性诗歌文本中的叙述（地域经验、地域体验）、描摹（地域事实）的成分还有着较大容量、占据着较大比重。在公刘、顾工、白桦、周良沛等在20世纪五六十年代写就的西南边疆诗歌中，诗人主体一方面以抒情的方式直接对西南边疆步入社会主义后展现的新气象、新面貌加以直接讴歌、赞美，但更多的是“将自然景色和民族风情作为所要凸现的观念和感情的背景（或投影）”① 进行描述、叙写。

对文学艺术来说，这样的内容要求这样的形式，这样的形式顺应这样的内容，内容和形式有着内在的一致性、对应性。地域性诗歌的地域性内容，即地域性的客体存在、诗人主体的地域经验、地域体验，当然

① 洪子诚、刘登翰：《中国当代新诗史》，北京大学出版社2005年版，第68页。

更主要的是诗人主体由地域经验、地域体验获得的地域情感，都需要地域性的表意策略、修辞技艺去落实。从内容与形式的一致性来看，地域性诗歌地域性的表意策略、修辞技艺本身就是地域性诗歌的地域性内容，自身也是地域性诗歌地域性的体现。地域性诗歌的地域性表意策略、修辞技艺至少体现在以下方面：第一，语言运用的地域性。这既指语象单位的地域性，也就是诗歌中的实词（名词、动词等）以及由此组成的词组、短句、段落所指代的物象、景象、事象都是地域（本地）的实体性存在；也指诗歌中运用地域性的方言、口语、俚语和地域性的句式、语气等。第二，移用、借鉴地域性的文化艺术的文体形式、致思结构。这些文化艺术包括民歌、小调、民间故事、神话传说等。利用地域文艺形式搭建、构筑诗歌"造型"，是现代地域性诗歌体现地域色彩、特征的基本而重要的外在形式表征。第三，化约、吸纳地域性的文化符号、原型意象。地域不是纯粹的自然存在而是文化性存在，根本上要以文化确立自身。地域文化是在久远的历史进程中，关联于地域所处地理位置的自然环境、地域形态发生的重大事件、亮相的重要人物积淀、演化、沿袭而成的。风俗习惯、生活方式、信仰宗教、图腾崇拜、集体心理（意识与无意识）等，都是地域文化的体现。久而久之，地域文化会具象化为隐喻、象征性的文化符号、原型意象。现代地域性诗歌恰适嵌入具有文化所指意义的文化符号、原型意象，不失为强化地域性特征的积极举措。综合地域性的内容与对应的地域性的形式（表意策略），可以对"地域内容的诗歌"的内涵做出如是指认：用包括地域性的语言、形式、文化符号在内的艺术手段呈现诗人主体的地域体验、经验并表达诗人主体由此而生的地域情感。显然，它反映的是具体的地域诗歌文本"可读"的地域因子，也就是可以理性认知、解读的外显、实存地域因子。

三 "地域风格的诗歌"

一方面，思想、情感、事件等内容要素于包括诗歌在内的文学艺术必不可少，它实现的是文学艺术的认识论功能。另一方面，文学艺术毕竟是文学艺术，基本价值功能还在于给人以美的愉悦、美的享受，因而艺术性、审美性对其来说不仅必不可少，而且更具本位性、自足性。对文艺作品的审美性、艺术性，自是可以从不同角度评判、界说，审美范畴无疑是其中较为重要的一个角度。通常所说的审美范畴有着较为开阔的包罗面，诸如崇高、悲壮、刚健、豪迈、激越、清丽、恬淡、秀美、空灵、超脱、静谧、雅致、飘逸以及苍凉、凄哀、凝重、沉郁、深刻等。文艺作品是创作主体精神和心智劳作的成果，因而文艺作品的艺术性、审美性也只能是文艺主体酿造、经营的结果。“涵养情性，发于气，形于言，此诗之本源也”[①]，很大程度上的确可以认为，文艺作品的审美品性对应于、成就于文艺创作主体的“审美品性”。这正是“文如其人”一说的缘由。创作主体的审美品性也就是文艺创作主体的人格风骨、襟怀情愫、气质心性、境界品位等，即中国古代文论所说的“气格”。气格如何形成呢？除了精神血脉的先天遗传，气格更多地形成于后天的文化熏陶、外在经历和内在体验、自我有意识的修炼。无论是先天遗传还是后天养成，气格都影响、决定于创作主体生息、存活的环境，而地域环境无疑是最为根本、最为基础的关键、核心环境。创作主体受其生息、存活的地域环境的直接和间接作用、影响而获具的气质个性、精神涵养即创作主体的地域化气格心性。当创作主体将这种地域化气格心性投注到文艺作品之中，便造就了文艺作品的地域化审美品质，使得文艺作品纳入相应的审美范畴。

所谓“地域风格的诗歌”，是从美学品格上对诗歌所作的价值属性认定，更进一步，是从地域美学视角下对诗歌所作的价值属性认定，指的是具有地域化审美质地的诗歌。“地域风格的诗歌”侧重指示的是微观诗歌话语“可品”的地域性审美品质要素。正如“地域诗歌”的极力倡导者、长期坚执“地域诗歌”办刊立场的知名民刊《独立》的主编发星所

---

① （元）范德机：《木天禁语·气象》，（清）何文焕辑《历代诗话》，中华书局2005年版，第751页。

指，诗学意义上的"地域"不是"阐述某地单一民族文化的一个限制'地域'，而是写作者以及办刊者们背靠的根系之地"①。地域化的审美精神内化于诗人主体的心灵世界，造就诗人主体地域化的气格心性；诗人主体这种地域化的气格心性成就诗歌地域化的审美质地。诗歌的地域化审美品质的体现形式有其复杂性、丰富性和多样性、具体性，有的现象化、外在化一些因而可以直接把握，有的隐蔽化、内在化一些因而需要深度透视。既然诗歌的地域化审美品质是诗人主体的地域化气格心性投射、灌注的结果，那么对诗歌地域化美学品质的把握或者对地域风格诗歌的指认，都必须立足诗人主体的地域化气格心性。地域风格的诗歌，既可以书写地域（本地）事实，也可以不以地域（本地）事实为题材内容；而且，地域风格的诗歌，既可以由诗人主体在场于地域（本地）时写就，也可以是诗人主体缺席于、游离出地域（本地）时写就。总之，地域风格的诗歌只与诗人主体的地域化气格心性相关，而与诗歌是否书写地域、是否在地域现场写作不存有必然关系。

一地域有一地域的地形地貌、气候物产、风光景致，也有一地域的生活习性、民风民情、行事方式，更有一地域的风神气韵，它们内化于人，就形成了该地域群体性与个体性的精神心理、观念意识和性格情操、品质意志等，也就是该地域的文化精神。将地域文化精神置于美学视角下观照，则成为具有"美的特质"的"美的对象"。如此说来，书写地域事实的诗歌，无论是自然的还是文化的，都具备了成为地域化的诗歌的条件。然而，并非地域题材的诗歌就必然地属于地域风格的诗歌。如果仅仅堆砌了地域的风光景物、罗列了地域的奇风异俗，而没有展现出地域的文化品格、精神气貌，没有展示出生息在该地域的人的关乎生活态度、价值立场、生命姿态的群体和个体形象，这样的诗歌自然就不能称为地域风格的诗歌。原因在于，这样的诗歌，在审美品质、艺术取向上与形形色色地域化的审美范畴并不能达到一致、形成契合。只有当诗人

① 发星：《写给2006年的"四川民间现代诗歌大爆炸"》，张清华主编《中国当代民间诗歌地理》（下卷），东方出版社2015年版，第782页。

主体深入领会并真切占有了地域文化精神和美学精神，以地域事实为载体、中介把这种地域文化精神和美学精神挥洒、张扬出来的诗歌，才称得上是地域风格的诗歌。在这样的诗歌中，读者既体察到地域的文化品性、肌理，也感悟到地域化的美学风范、要素。比如，在西北边陲，自然景观是博大、开阔但又荒凉、险恶的，人是艰辛、困苦但坚韧、倔强的，民风是纯朴、豁达、豪爽、刚直的……这一切酿就了西北边陲苍茫、沉郁、刚健、凝重的文化精神、审美精神，因而，真正地域美学风格意义上的西北“边塞诗歌”就不仅要描摹西北边陲的风光景致，更要显示出苍茫、沉郁、刚健、凝重的文化气韵、审美风神。20 世纪 80 年代以周涛、杨牧、章德益等为代表的诗人创作的“新边塞诗”（“西部诗歌”）便喷薄出了这种西部边塞美学精神。与之相对，称得上地域美学风格的“江南诗歌”，则应该显示出与江南地域文化状貌、美学气息相一致的秀气、灵动、生机和恬淡、乐观、活泼等艺术特性。与“新边塞诗”同期出现于浙江一带的“南方生活流”诗歌，如柯平、伊甸的江南地域诗歌，所馥郁的就是这种江南地域审美风采。

以地域事实为题材内容，固然是书写地域风格诗歌的主要渠道，或者说是使诗歌获得地域化美学特质的材料基础；然而，不以地域事实为书写对象，同样可以写成美学意义上地域风格诗歌，或者说同样可以在诗歌中经营出地域化的美学特质。美学意义上的地域风格的诗歌，指的是具备特定地域的文化精神、审美气韵的诗歌。诗歌总是诗人主体精神、心智劳作的结晶，诗歌的美学色彩不只是诗人主体外在加工、处理得来的，内在来看更是诗人主体精神人格、品性情趣的投射、凝聚，也就是诗人主体“美学精神”的投射、凝聚。生息于特定的地域，该地域的文化精神和美学精神必然会内化进诗人主体的心灵宇宙，使其化合为相应的地域化的文化人格和审美人格。对于诗人主体来说，文化人格、审美人格即是其内在生命的重要构成，是其内在精神机制、心理构件，是其应对和处理、观察和认知、感受和体验世界、自然、社会与生命、生存、生活的立场、态度，观念、思维，方法、视角。因而，对于一个地域文化人格、审美人格定型、成熟的诗人来说，不仅在地域题材的诗歌写作中会水到渠成地输入其地域文化人格、审美人格，从而使其地域题材的诗歌成为审美意义上的地域风格诗歌，或者使其地域题材的诗歌富含地域化的美学因子；而且，即便在书写其他非地域题材的诗歌时，也由于诗人主体秉持这地域文化人格和美学人格面对、体验、感悟并处理、对待、运作客体对象，而在诗歌中注入了地域文化精神和美学精神，使其成为美学意义上的地域风格的诗歌，或者使其诗歌摄入地域化的美学因子。扫描既有诗歌，由不同地域文化背景的诗人主体写成的题材相同的诗歌呈现出不同的美学色泽、风神气韵的诗歌文本，可谓比比皆是。有必要指出一种特殊情况。那就是有着特定地域文化人格和地域审美精神的诗人所写的非本地（外地）题材的诗歌。这样的诗歌，内容是外地（所写地）的，也具有一定程度的外地（所写地）文化气息，所表达的思想情感也可能是外地（所写地）作用于诗人主体精神心灵产生的情感；不过，深度地看，诗歌的文化精神、审美精神却不是外地（所写地）的而是固化进诗人血脉之中的生息地（本地）的文化精神、审美精神。这样的诗歌写作，其实是诗人主体用自身固有的本地文化精神、审美精神在体悟、感知、观照、评判并反映、呈现外地。在周涛、杨牧、章德益之后，沈苇被视为西部诗歌的典型代表。然而，由于他出生于江南（浙江湖州）并生活在江南很长时间，其西部诗歌具有明显西部美学色彩的同时，也抹不掉南方审美"经验上的切身性"①，如敏感、细腻、平易、事物和情感的细节等。

就诗人占位而言，只要某一地域的文化精神、审美品格内化为了诗人主体的审美气质、精神人格，无论他是站在该地域之中（本地），还是处于该地域之外，都是能够写成富含该地域美学风范的诗歌的。除了置身本地书写本地元素并抒发相关情感、置身本地书写非本地性的存在并抒发相关情感、置身本地书写外地事实并抒发相关情感之

① 耿占春：《瞬间在持续——读沈苇诗札记》，《诗探索》2000年第1—2辑。

外，诗人主体还可以置身外地通过书写孕育、滋养其地域文化人格、精神人格的地域（即本地）的存在并抒发相关情感写成地域风格的诗歌。在最后一种诗歌形态中，诗人主体借助地域经验通过回忆、怀想（本地）在回忆重组中描摹本地事实、抒发本地情感，并以此张扬其本地文化人格、美学心性，喷薄诗歌的地域（本地）审美风采、文化精神。许多思乡题材诗歌便是这类诗歌样态。“新乡土诗”发端于20世纪80年代后期的湖南，最初由江堤、陈惠芳和彭国梁等提倡并践行，其后一直坚劲地延续着。作为“两栖人”的新乡土诗人身居城市、心在乡间，通过“对劳动者与大自然的化合状态中呈现出的健康、朴素的美德的追取”和“对朴素、清贫、真诚、健康的美德的回溯”[①]，捍卫着乡土诗固有的地域美学风范。

诗学概念的内涵应该着力指向诗歌文本内部，对诗歌的品质特性进行揭示、阐发，而不是主要针对诗歌的外围状况，如背景、分布等。撇开了诗歌本体的“地域诗歌”概念只能是丧失了诗学价值的空心化概念；与此同时，既然赋之以“地域”，则说明“地域诗歌”概念的内涵又要紧扣地域的地理特征、文化品格，“地域诗歌”诗学层面的内涵所指与地域的地理特征、文化品格结合捆绑、共生互动。将“地域诗歌”概念等同于“地域中的诗歌”或“诗歌地理”，主要意图是表明诗歌所处的地理位置，主要作用在于为叙述诗歌提供新的模式和策略。这样的话，“地域诗歌”作为一个诗学概念，其诗学内涵就显得较为肤浅和空洞了（当然，张清华等学者在用“地域诗歌”“诗歌地理”等概念描述新时期以来的诗歌地理分布时，也对具体地域的诗歌群落的艺术特质有着说明，但作这种说明时往往又游离出地域、地理了）。因而，就既有的“地域诗歌”概念的使用情况来看，将“地域诗歌”概念理解、指认为“地域内容的诗歌”和“地域风格的诗歌”，其诗学内涵显然要丰盈、充实一些，诗学价值、功用也要重要一些，自然，其作为诗学概念的合理性、必要性也突

① 燎原：《世纪末的由原守望者——论江堤·陈惠芳的新乡土诗》，江堤等主编《新乡诗报作品选》（1987—1998），湖南文艺出版社1998年版，第331页。

出一些。同时，“地域诗歌”概念在三个不同范畴中的意义所指固然有着外在的明显不同，但另一方面，从有效性上看，三个范畴中的意义所指又有着或者说又要求着深层次的关联性、通约性。

从湘西到北京：沈从文第一次远行的原因探析

向吉发*

内容提要：关于沈从文离开湘西去往北京的原因，沈从文的自述中存在多重间隙，这些间隙又隐藏着一个共同指向——身份诉求，沈从文去往北京正是在身份诉求下的具体行为。需要指出的是沈从文的身份诉求存在从传统文化身份向“新青年”文化身份的动态转向，身份求证中也存在失落、焦虑等曲折的情感经历。

关键词：沈从文；《从文自传》；身份焦虑

关于从湘西远行到北京的原因，沈从文曾多次解释，由是，这个微小的问题看似有了确切明晰的答案，但稍加留意便可发现沈从文每次回答都各有侧重，答案之间也互有冲突，同时也可发现其主观意图的干涉和介入。学界之于这个问题，常是根据需要而选择不同的解释，将问题本身有意无意地忽略或搁置。本文即从沈从文的叙述间隙入手，以《从文自传》所记录的事件为基点，探讨沈从文从湘西到北京的心理动机和内在原因。

---

* 向吉发（1994— ），男，上海交通大学人文学院博士研究生，主要从事中国现当代文学研究。

一 追求抑或决裂：文本叙述的间隙

关于沈从文离开湘西去往北京的原因，他在《从文自传》中解释为自己经历了一场热病，好友陆弢被淹死，内心幡然醒悟："我知道见到皆太少，应知道应见到的则太多，怎么办？我想我得进一个学校。得学些我不明白的问题，得向些新地方，看到些听到些使我耳目一新的世界。"① 于是决定向一个生疏的世界走去，前往北京求学。这一来自他自传的解释可理解为"实然"与"应然"的冲突和调解，即知道太少与应知道很多的冲突，去往北京则是"实然"靠向"应然"的努力。由于自传是由果索因的意义化叙事，"自传作者叙述的不纯粹是事实，也不纯粹是经验，而是经验化的事实，即自传事实"②，莫洛亚在研究传记时也通过列举传记的"主要罪过"而指出传记具有主观性和不准确性。因此，我们有必要检视《从文自传》中的解释是否来自由果索因的叙事，是否存在沈从文自我追溯时的主体性建构。

许德金在《自传叙述学》中指出，"因为文本外只有一个'现实'，不同的自传文本讲述同一段经历时应该大体讲述同样的事实"③，当作家两个或两个以上文本在某些相关文本事实上有出入时，自传存在不可靠性。故而文本的互文性可以构成检视传记所述之事是否可靠的有效方法。由是，不妨将《从文自传》中的解释放入互文中观照。《船上岸上》讲述的是沈从文去往北京途中的事，文中沈从文将去往北京的原因解释为向另一个世界寻求知识，即"这样歌，就是载着我们年青人离开家乡向另一个世界找寻知识希望的送别挽歌"④。另一篇文本——《我怎么就写起小说来》却写道："既存心要尽一个二十世纪公民的责任，首先就得准备努力来和身边这四十八盏烟灯宣告完全决裂，重新安排生活和学

① 沈从文：《一个转机》，《从文自传》，上海第一出版社 1934 年版，第 161 页。

② 赵白生：《传记文学理论》，北京大学出版社 2003 年版，第 26 页。

③ 许德金：《自传叙事学》，《外国文学》2004 年第 3 期。

④ 沈从文：《船上岸上》，《沈从文全集》第 2 卷，北岳文艺出版社 2002 年版，第 12 页。

习……于是在一场大病之后，居然有一天，就和这一切终于从此离开，进入北京城。”[①] 此处沈从文将去北京看作与“烟灯”的决裂仪式和尽公民责任的开始。《二十年代的中国新文学》也有写道：“我是受‘五四’运动的余波影响，来到北京追求‘知识’实证‘个人理想’的。事实上，我的目标并不明确，理想倒是首先需挣扎离开那个可怕环境。因为从辛亥前夕开始，在我生长的小小山城里，看到的就总是杀人。”[②] 此处提及“五四”余波的影响，但也暗示离开湘西不是被“五四”吸引，因为当时“我”的目标并不明确，离开只是想逃离那个可怕的环境。至此，沈从文去往北京的原因出现多重解释，《从文自传》中的解释也呈现不可靠性。可以想见的是沈从文的每种解释和他即时的处境息息相关，处境不同，侧重点自然也就有所不同。故而有必要暂时抛开沈从文的自我解释，从互文重叠的事实中寻找他去往北京的线索。

姑且退而言之，即使如沈从文自述，其前往北京是受“五四”余波的影响，追求知识，或者是为了逃离“可怕的环境”，抑或因为热病袭身和好友死去的刺激，稍作思考便可发现这些解释都只是某种层面的外因。面对这些外因，我们有必要继续追问：为什么要追求新知识？新知识意味着什么？为什么逃离？又为什么要逃向北京？北京又意味着什么？生一场热病和好友死去所触及隐痛是什么，竟至于让他鼓足勇气去往陌生的北京城？

二 身份诉求：从“小兵”到“读书人”

考察诸种解释，可发现其中存在着一个共同指向——身份诉求，这可能才是沈从文去北京的内因所在。身份是指“个人在社会中的位置……即地位。狭义上指个人在团体中法定或职业的地位”，广义上“指

① 沈从文：《我怎么就写起小说来》，《沈从文全集》第12卷，北岳文艺出版社2002年版，第416页。

② 沈从文：《二十年代的中国新文学》，《沈从文全集》第12卷，北岳文艺出版社2002年版，第377—378页。

个人在他人眼中的价值和重要性”[①]。身份的不同构成人与人之间的分水岭，是人与人之间一切差别的总根源。因此，身份具有我之为我而非他者的标识意义，身份的拥有者既可以凭借身份表明自我与他者的区别，也可以在类同群体中因为身份的相似而找到社会群体归属性。同时身份的属性和获得可分两种，一种是先赋性身份，比如籍贯、年龄、性别、家世等；另一种是自致性身份，比如政治身份、社会地位、名誉称号等。先赋性身份在出生时已然确立，而自致性身份的获取则是一个动态多面的构建过程，因此“身份既可能是社会赋予，也可能是自我认定；身份既能获得，也可能改变或失去”[②]。1922 年[③]，沈从文刚到陈渠珍部作司书时，每天伏在白木做成的桌子上抄写训令，发饷的日子则由同事朋友各出一份钱买狗肉来炖，或由谁做东上街吃一碗面条，空闲时便去街上、山上、河边玩，这样的生活形态使得生命处在自在无为状态中，身份处于潜隐状态，尚且不构成问题。但需要指出的是，在《女难》中，沈从文已然体验了身份认同的焦虑，即沈从文被小女孩认成“兵”后，感到“害羞”。“我以为我是读书人，我不应当被人厌，可是我有什么方法会使不认识我的人也给我一分尊敬？我想起那册厚厚的《辞源》，想起三个人共同订的那一份《申报》，还想起《秋水轩尺牍》。”[④] 此处沈从文关于“读书人”身份的自我认同和他者认同发生冲突，并强化对“读书人”身份的诉求。还需要注意的是，沈从文写作《从文自传》是基于“乡下人”身份的体认，突出强调自己作为“顽童”和“小兵”看、玩的一面，而弱化、遮蔽其看书、练字的一面。关于后者，在其他互文本中可窥见一二，例如文本《堂兄》，文中写道：“我信他的话做去。别人在烤火时，

---

① ［英］阿兰·德波顿：《身份的焦虑》，陈广兴、南治国译，译文出版社 2009 年版，第 5 页。

② 谢子元：《中国现代作家自传研究》，博士学位论文，湖南师范大学，2016 年，第 64 页。

③ 关于沈从文到保靖的时间问题，有多种说法。本文采用吴世勇编著的《沈从文年谱》中的观点，后文亦是。

④ 沈从文：《女难》，《从文自传》，上海第一出版社 1934 年版，第 101 页。

我是在写；别人在谈话时，我还在写；别人在另一张办公桌上大打其扑克，三个 A 同一个小顺在反来反去，铜元跌落到地板上，书记官钩着腰肩去捡拾，秘书输了，口上骂出各种新鲜的野话，另一张桌上的我，还是在写呀!”① 质言之，沈从文做小兵时，有别于其他粗野的兵士，已然生成对“读书人”身份的诉求和具有“读书人”身份的影子，只是这时的身份问题处于可接受范围内。

沈从文从川东回到保靖，留在陈渠珍身边作书记，且负责整理书籍，这使得沈从文有机会接触很多古籍，期间他看过《西清古鉴》《薛氏彝器钟鼎款识》《四库提要》《唐人诗选》《昭明文选》等，还接触了许多旧画、铜器、古瓷，并且学习作五七言古诗。“全由于应用，我同时就学会了许多知识。又由于习染，我成天翻来翻去，把那些旧书大部分也慢慢的看懂了。”② 这为沈从文由浅层的“看”转入深层的“思”提供了条件，也促使沈从文“读书人”身份的生成和巩固，进而与原来既有的去各处玩、各处看的小兵身份发生决裂。对此他在自传中写道：“到了这时我性格也似乎稍变了些，我表面生活的变更还不如内部精神生活变动的剧烈，但在行为方面我已经同一些老同事稍稍疏远了。”③ 由这种文化身份转变所带来的精神层面的转变，沈从文还只是朦胧地、模糊地感觉到变的发生，至于变向何处，并不能把握和确定，所以他只是感到“异常寂寞”，“我需要几个朋友，那些老朋友却不能同我谈话。我要得是个听我陈述一分酝酿在心中十分混乱的感情，我要得是启发，是疏解，熟人中可没这种人”④。聂仁德回到保靖，使他找到了精神共振的对象，于是他常过河听聂仁德谈“宋元哲学”“大乘”“因明”“进化论”。从沈从文这时所接触到的文化资源和所处的文化环境来看，沈从文此时的文化身份倾向于传统文化。对此，他在《我怎么就写起小说来》中也坦言：“因

---

① 沈从文：《堂兄》，《沈从文全集》第 2 卷，北岳文艺出版社 2002 年版，第 352 页。

② 沈从文：《学历史的地方》，《从文自传》，上海第一出版社 1934 年版，第 150 页。

③ 同上书，第 151 页。

④ 同上书，第 152 页。

为记起‘诗言志’的古义，用来表现我这些青春期在成熟中，在觉醒中，对旧社会，对身边一切不妥协的朦胧反抗意识，就是做诗。”[①]“因为自己写诗，再去读古诗时，也就深入了一些。和青春生命结合，曹植、左思、魏征、杜甫、白居易等人对世事有抱负有感慨的诗歌，比起描写景物叙述男女问题的作品，于是觉得有斤两有劲头得多。这些诗歌和林译小说一样，正在坚强我、武装我，充实增加我的力量，准备来和环境中一切作一回完全决裂。”[②] 可见，在沈从文生命开始躁动，从小兵转向“读书人”时，所汲取的文化营养来自传统文学，产生反抗意识时遵照的也是传统文人以诗言志的做法。也就是说沈从文此时正在形成的文化身份倾向于传统文人“达则兼济天下、穷则独善其身”的精神人格，而不是“五四”中的“新青年”。

三 焦虑与寻求：从湘西到北京

一旦既有的方式被打破，原来的身份受到冲击，身份问题就会凸显出来。对此，乔治·拉伦在《意识形态和文化身份》中指出：“身份要成为问题，需要有个动荡和危机的时期，既有的方式受到威胁。这种动荡和危机的产生源于其他文化的形成，或与其他文化有关时，更加如此。”[③]

陈渠珍主政湘西后提出“保境安民”的口号，大力整军、兴伍、发展教育、兴办实业、推行十县乡自治，对湘西发展产生重大影响。这使得不同于“子曰诗云”的“新文化”如洪流猛兽般涌入湘西，同时也生产出新的价值标准，即能积极接纳、参与、融入这股新潮流，则意味着进步，反之则代表落伍。这无疑将会使沈从文汲取传统文化而形成的文化身份受到冲击。

1923 年 3 月，沈从文调入报馆与来自长沙的印刷工人赵奎伍住在一

① 沈从文：《我怎么就写起小说来》，《沈从文全集》第 12 卷，北岳文艺出版社 2002 年版，第 411 页。

② 同上书，第 413 页。

③ ［英］乔治·拉伦：《意识形态和文化身份》，戴从容译，上海教育出版社 2005 年版，第 194—195 页。

起。“他买了好些新书新杂志，削了几块白木板子，用钉子钉到墙上去，把这些古怪东西放在上面。我从司令部搬来的字帖同诗集，我却把他们放到方桌上。”① 新书新杂志和字帖诗集在一定程度上象征着二人新旧文化身份。沈从文问赵奎伍打赤膊人像的书是什么，《超人》是什么，赵奎伍回到：“哎，伢俐，怎么个么朽？个诗人……也不知道么？”② 得到“朽”的评价后的沈从文的心理反应是“有点害羞”，并说“我实在什么也不知道”。“什么也不知道”是沈从文对自己不了解新文学的事实的体认，“害羞”是沈从文为自己落伍于时代潮流而羞愧的心理情绪。二人文化身份交锋的第一个回合中，沈从文完败。

所以此后不久，沈从文便向“新书投了降，不再看花间集不再写字，却欢喜看新潮改造了”③。可是他在《我怎么就写起小说来》中写道：“我原本看过许多新旧小说，随同五四初期文学运动而产生的白话小说，文字多不文不白，文艺水平既不怎么高，故事又多矫揉造作，并不能如唐代传奇明清章回吸引人。特别是写到下层社会的人事，和我经验见闻对照，不免如隔靴搔痒。从我生活接触中所遇到的人和事情，保留在我印象中，以及身边种种可笑可怕腐败透顶的情形，切割任何一部分下来，都比当时报刊上所载的新文学作品生动深刻得多。”④ 既然“五四”初期的文学作品技艺粗糙，矫揉造作，远不及沈从文眼前的生活精彩，并且沈从文当时对新文学的认知是“其一落脚用也字同焉字，其一落脚却用呀字同啊字，其一写一件事情越说得少越好，其写一件事越说得多越好”。⑤ 那他为什么要急于向新书“投降”？笔者以为，“投降”寓示着身份的选择。《花间集》、明清小说代表的是传统文化身份，在“打倒孔家店”的“五四”话语中，传统文化身份与保守、落后、封建属于连同关

① 沈从文：《一个转机》，《从文自传》，上海第一出版社 1934 年版，第 156 页。

② 同上书，第 157 页。

③ 同上书，第 158 页。

④ 沈从文：《我怎么就写起小说来》，《沈从文全集》第 12 卷，北岳文艺出版社 2002 年版，第 414—415 页。

⑤ 沈从文：《一个转机》，《从文自传》，上海第一出版社 1934 年版，第 157 页。

系，所以传统文化身份失去了存在的合理性和合法性，而《新潮》《创造》则象征着进步、前进、潮流，选择《新潮》《创造》意味着成为“新青年”，这一点，虽然沈从文的认识不会这般明晰，但从陈渠珍的系列新政中，应该可以感受到这股潮流趋势，所以他弃旧取新，以自我否定的形式换取进步。如阿德勒所言：“当目标被具体化之后……它都会找出方法来表现他赋予生活的意义和他争取优越感的最终理想。”① 所以沈从文在“投降”以后，看到报纸上捐款兴学的消息时，毫不犹豫地把十天的薪饷全部寄给读工团，以此进一步获得新文化身份的认证和取得社会群体归属性。正因如此，沈从文“作过这件事情时，心中却有说不出的秘密愉快”②。

印刷工头带给沈从文的身份失落和焦虑尚且可以被沈从文解释为“得风气之先”，尚且可以通过“我”与旧书断交并投向新文学的怀抱得到止痛。而由童年玩伴构成的比照群体所带来的失落和焦虑则是赤裸裸的、难以排解的，是死结性的。对此，沈从文写道：“学生中有些同我上小学时节在一堆过日子的，把我请到他们宿舍去，看看他们那样过日子，我便有点难受，我能聊以自解的只一件事，就是我在为国家服务，却已把服务所得，作了一次捐资兴学的伟大事业。”③ 眼看这些出身和资质不如自己的童年玩伴们进入新学校，成为潮流的跟随者和参与者，而自己却还在抄写和校对训令，两相对比，心里难免产生落差，有点难受。更让沈从文紧张和焦虑的是，目前的境况和司书的身份限制其接触新的事物，这样自己只会更加落伍，更别说奋起直追了，这不是“为国家服务”能自解的，这是一个死结。所以沈从文得另辟蹊径，寻找机会摆脱这种落伍。这即构成沈从文离开湘西的内在动机。恰巧沈从文此时热病袭身和看见好友死去，及其姐夫田真逸和表弟黄村生在北京以及叔远同往北

① ［奥］阿尔弗雷德·阿德勒：《自卑与超越》，黄光国译，作家出版社 1988 年版，第 54 页。

② 沈从文：《一个转机》，《从文自传》，上海第一出版社 1934 年版，第 159 页。

③ 同上书，第 160 页。

京等偶然因素和外在条件，使得这位现代文学史上的巨匠的命运发生转折。这想必也是沈从文数年后常感叹人生的偶然与必然的原因之一了。

余　论

北京是新文学的中心地，是新文化身份最权威的命名者。但这场沈从文的身份寻求之旅并不平顺，相反，到达北京后他经历了更为疼痛的身份焦虑，经历了更为漫长、更为曲折的身份寻求。其后，沈从文以“乡下人”自我命名，由此确立起内蕴更为丰满的身份。

区域文化与抗战文艺研究

主持人：杨华丽

主持人语：

本刊自创办以来的特色栏目中，“区域文化与抗战文学”是尤为重要的一个。该栏目所刊载的诸多文章，既体现出了区域文化研究的特色，又呈现出了对抗战文学研究的重视，因而在推进区域文化视角下的抗战文学研究方面，作出了诸多值得肯定的努力。然而在近年来的研究体系设计中，我们渐渐强烈感觉到需要进一步整合资源，适时地将抗战文学研究扩大至抗战文艺研究这个更宽广的学术空间。本组稿件，既关乎抗战文学，也关乎抗战艺术，可谓是这种研究思路的初步体现。首先值得重视的是王金玲、刘卫国对碧野小说《肥沃的土地》的重评。该文认为，碧野在抗战时期创作的小说《肥沃的土地》，本着重从自然人性论角度书写河南乡村社会，并未完全按照阶级论的规范进行写作，但茅盾在评论这部小说时，有意忽视了其丰富的自然人性论内容，而拔高了其薄弱的阶级性内容。茅盾之所以如此处理，一方面是因为对时代规范下的人性论的理解，另一方面则是因为茅盾派与胡风派的理论主张之争。茅盾的拔高在当时保护了碧野，却也使得该小说在80年代以来的研究中被多数人忽视。这种回归历史语境的细致考辨，廓清了《肥沃的土地》的批评史中一些长期被忽略的问题，对重审碧野的这篇小说、重评碧野在小说创作上的探索及其成就，具有重要认知价值。沈金鱼、凌孟华的文章，重点考察了抗战时期陈敬容诗文创作中的重庆书写问题，认为这种重庆书写具体体现在迷惘与希望交织的“雾山城”“焦渴”与“满溢”充斥的两江水、和乐与苦难下燃起的抗战信念这三个方面。不仅如此，这种重庆书写对于陈敬容而言还具有风格转变的标志性意义，主要表现在地方色彩的意象选择、刚柔并济的创作风格、坚持抗战的碧血丹心这三个向度上。王劲松的《近代东北文化与沦陷时期新现实主义文学》一文，详细梳理了近代东北文化由多元化转向复杂化的历史过程，并在此背景下，以蓝苓、但娣、朱媞等的创作为例，探讨了东北沦陷时期出现的新现实主义文学的美学特征，丰富了学界对东北沦陷时期文学特质的认识。王艺陶的《曹禺在重庆的戏剧抗战》，从人物塑造、情节设置以及观演关系入手，深入解读了曹禺抗战期间创作的《黑字二十八》《正在想》《蜕变》与他的抗战理念之间的关联，从而一方面呈现了曹禺这几部创作的内生性问题，另一方面回答了作家曹禺如何以戏剧来进行抗战的问题。廖海杰的《战时生活之雾》结合战时恶性通货膨胀的历史情境重读文本，发现宋之的的《雾重庆》是平衡于市民趣味和抗战文化之间的剧作，而其“雾”意义含混，可谓是恶性通货膨胀时代生存体验的隐喻。另一方面，该剧作的批判性体现出苛刻的抗战道德，给予了评论者从“个人堕落”滑动到“社会堕落”进行阐释的可能，从而为政治黑暗的“雾重庆”符号之凝成创造了条件。李晶的《抗战时期重庆音乐创作特征研究》，对大批音乐家在战时首都重庆的音乐创作进行了宏观呈现，对其作品表达抗战精神的多样性以及体现出来的民族性与时代性，进行了细致分析，从而客观论析了战时重庆音乐创作的独特品质。总体而言，本组文章是研究抗战文艺的有益探索，相信今后能在诸多学人的支持下日益深化、细化。

被忽视的与被拔高的

——重评碧野小说《肥沃的土地》*

王金玲　刘卫国**

内容提要：革命作家碧野在抗战时期创作了小说《肥沃的土地》，小说着重从自然人性论角度书写河南乡村社会，并未完全按照阶级论的规范进行写作，但茅盾在评论这部小说时，忽视了其丰富的自然人性论内容，而拔高了其薄弱的阶级性内容。茅盾的批评保护了碧野，使碧野在胡风派的攻击中全身而退，还为碧野带来了一定的声誉。80年代以来，阶级论规范逐渐失势，碧野的这部作品也随之淡出人们的视野。不过，碧野的超前探索，终究不会被历史埋没。

关键词：碧野；《肥沃的土地》；自然人性论；阶级论规范

在现代文学史上，碧野不像“鲁郭茅巴老曹”那样大名鼎鼎，但他孜孜不倦地创作，在文学上进行了多方面探索，其中有些探索还是非常有价值的。比如他1942年创作的小说《肥沃的土地》，就是一部很有特

* ［基金项目］2019年度教育部哲学社会科学研究重大课题攻关项目课题“中国现代文学批评史料编年整理与研究”（19JZD037）。

** ［作者简介］王金玲（1991—　），女，文学博士，宁波大学人文与传播学院讲师，研究方向为中国现代文学。刘卫国（1970—　），男，中山大学中文系教授，博士生导师，研究方向为中国现代文学。

色的作品。碧野逝世后，有一副挽联写道：“肥沃土地，耕耘七十岁月，收获丰硕人生花与果，斯人远去！天山景物，哺育万千学子，铸造璀璨艺术美和真，精神长存！”① 其中就特别提到这部作品，将其视为碧野的代表作之一。

本文认为，《肥沃的土地》是一部从自然人性论②角度书写中国乡村社会的著作，但面世之后，其丰富的自然人性内容遭到批评界的忽视，其薄弱的阶级性内容却被批评界拔高。“文化大革命”结束之后，人们对阶级论批评较为反感，大都想当然地认为碧野这部得到阶级论批评褒扬的小说不值一提，因此，这部小说被遗忘和埋没。本文试图重评这部作品，重新揭示其文学价值和历史意义。

一

《肥沃的土地》③ 展示了抗战之前河南贾鲁河畔农村的生活，简而言之，是讲述了“一个男人和三个女人”之间的故事。破箩筐是小说中的主要人物，年轻健壮，因其父亲挑着两个破箩筐把他养大而得名“破箩筐”；小桂花，家贫，是一个由守寡的母亲养大的女孩子；水獭媳妇，丈夫经常外出，偶尔会得到破箩筐的帮助；花猪，是地主王天顺的第二个老婆，好打扮而又行为不检，被人叫作“花猪”。破箩筐喜欢小桂花，但因为他家贫，小桂花听从母亲的安排，嫁给了拥有二十多亩地的夹尾巴狗，破箩筐对她痴心不改，虽然小桂花已经出嫁，两个人仍然纠缠不清；由于水獭常年在水上漂泊，很少在家，又加上老癞（一个富农）的造谣生事，破箩筐与水獭媳妇之间的流言蜚语从未中断；花猪因为丈夫年老体衰，被破箩筐健壮的身体吸引，想尽办法引诱破箩筐。故事就围绕着

---

① 2008 年 5 月 30 日，碧野去世，追悼仪式在武昌举行，这是王先霈写的挽联。

② “自然人性论”是以人的自然属性为基础，“自然属性”主要指人的自然欲望和生理机能，从哲学角度讲，就是人与自身动物性的关系，自利自爱和趋乐避苦是自然人性论的重要观念。详见葛晨虹《人性论》，中国青年出版社 2001 年版，第 6、29 页。

③ 碧野：《肥沃的土地》，《碧野文集》第 1 卷，长江文艺出版社 1993 年版。本文所引皆出自此版本。

破箩筐和这三个女性展开。在黄老五的帮助下，破箩筐和小桂花成全了好事，小桂花因此而怀孕。几乎同时，老癫造谣说破箩筐与水獭媳妇有染，传得满村皆知。花猪唆使王大户要用武力保护村子，其实是方便自己在破箩筐守夜时诱惑他。三个女人还因为破箩筐的关系产生了一些口角之争。故事以水獭长期失踪后归来找破箩筐算账而败给破箩筐结束。

碧野在这部小说中详细描写了人的身体与人的情欲，展示了破箩筐与三个女性之间的身体吸引。先看破箩筐和小桂花之间，文章第一章开篇便写道：“破箩筐的心被这融融的春光迷醉了，浑身觉得懒洋洋，觉得酥困。他默默地走在小桂花的身边，尽情地张大鼻孔嗅着小桂花身上发散出来的健康少女的肉香，这肉香好像从酒坊里发出来的轻淡的酵母香，也像熟苹果的鲜红的皮屑里发出来的温香。牛儿的铃声告诉他大野是这样的辽阔而寂静，小桂花的成熟的丰实的屁股是这样的诱惑了他。”从自然万物写到人，自然界的味道和人的味道交融在一起，打开视觉和嗅觉，生机勃勃的原野上升腾起人的情欲。再看破箩筐和花猪之间：“破箩筐的脊背、肩膀和手臂，在阳光下反射出健康的赤鲜鲜的光，和小牛犊身上光润的颜色几乎分辨不出来，而且筋肉是显得那样的突现有力。这使得她眼睛发出一种迷惑而又惶恐的光，她的嘴唇贪馋地微微张了开来，她的心是这样强烈地跳动起来。”花猪是王天顺的第二个老婆，年轻而富有生机，对王天顺又老又干枯的身体早已厌倦，被破箩筐健壮的身体深深地吸引；破箩筐同样被花猪的身体吸引，当花猪给破箩筐擦拭伤疤时，文中这样写道：“破箩筐握着她的手肘，当他触到她光滑的手肘的时候，浑身都哆嗦起来。他的鼻孔不可抑制地翕动着，贪婪地嗅着吸着她身上含有汗味的肉香。她也深深地为他的带咸酸气味的健康的身体所触动了心，她幸福地微笑着，哪怕这幸福是短促的，但是她也感觉到这第一次沉醉于结实的小伙子之前的欣喜。”作者调动了人的触觉和嗅觉来写人的情欲。破箩筐对水獭媳妇，也有很强烈的身体欲望：“爬在柳树上的破箩筐忍不住往树根下偷看了几眼。水獭他媳妇的大乳子，从她的胸脯上高高地突了出来。破箩筐感觉到有一种不可见的力量在袭击着他，他忍不住干咳了一声。”小说中，充满着这种由身体引发的欲望，弥漫着浓浓的情欲，这可以说是人的“自然本性”的呈现。

《肥沃的土地》中，人物性格比较复杂，很少“扁平人物”①，更多的是“圆形人物”，小说中几乎找不到一个单一性格的人物。破箩筐对小桂花又爱又恨，他之前爱小桂花，但小桂花出嫁以后，破箩筐背后对她有很多辱骂之词，如“小桂花那臭丫头真没良心，转了一个身就投到夹尾巴狗的怀里去罗。她嫁都嫁人了，还想她干啥！她已经是一个烂杏子了呀，肉里面已经长了虫”，但相见时又萌生情愫，克制不住对小桂花的爱。破箩筐在行为举止上也不是一个“无可挑剔”的人，他会帮助像水獭媳妇这样贫弱的人，但也会凭着自己有“蛮力”，吃人家凉粉不给钱。小桂花虽然相对单纯，出嫁后与丈夫关系还算比较好，但又与破箩筐旧情复燃，怀孕后，因为不知道是谁的孩子，整天忧心忡忡，陷入恐惧之中。黄老五是一个一贫如洗的人，靠给老癞做长工为生，性格有趣，会给孩子们讲故事，但也经常偷东西，还怂恿破箩筐去诱惑小桂花。花猪当了王天顺的老婆之后，虽然物质条件充裕，但身体欲望得不到满足，先是引诱皮猴，再是诱惑破箩筐。王天顺虽是大户地主，但也不能呼风唤雨，他畏惧妻子花猪。老癞是个富农，性格吝啬，爱造谣生事，挑拨是非，但他勤劳节俭，通过自己的劳动积累财富。这些人物都是复杂的存在，不是单面的扁平人物。

《肥沃的土地》还展示了河南农村中复杂的人情伦理。小说中的老癞是一个令人讨厌的富农，但当他犯“羊痫疯”时，“从晒麦场上慢慢滚到池塘边沿”时，“黄老五连忙跳了上去，拦住不让老癞掉到池塘里”，因为“大家都知道羊痫疯是下不得水的，一下水就只有死！于是大家你一手我一脚地把老癞从池塘边拖回到晒麦场上来”，这就像是孟子所说的“恻隐之心”，看到别人有危险伸出援助之手，是人性的自然反应，也是

---

① “十七世纪时，扁平人物称为‘性格’人物，而现在有时被称作类型人物或漫画人物。他们最单纯的形式，就是按照一个简单的意念或特性而被创造出来。”详见［英］爱·摩·福斯特《小说面面观》，苏炳文译，花城出版社 1984 年版，第 59 页。

经常生活在一起而产生的邻里之情。又如小桂花嫁给夹尾巴狗，小桂花虽然不愿意，但也能体谅母亲，“俺娘用年轻守寡的眼泪把俺养大的，又用她那年老的手把俺牵给了夹尾巴狗，唉，俺有啥话说的呢！现在，事情虽说定了局，但是俺的心呵，还是……”她嫁给夹尾巴狗，这是基于生活经验的权衡利益之后的选择，也是基于亲情的考量。所以，她能和夹尾巴狗和睦地生活，但还是不能忘情于破箩筐，在欲望与伦理之间纠结。小说也描写了人性自私的一面，如老癞到处造谣，中伤破箩筐；小桂花的母亲不顾女儿自身的感情把她嫁给夹尾巴狗，等等。虽然乡村有生存的残酷与人性的自私，但作者把这些放置于乡土人情中来展现，写出了乡村伦理的复杂性。

此外，这部小说的语言也别具特色，碧野使用了河南地区的方言土语，如“中”“不中用”“俺”“搭腔”“扯舌根”“约莫”等词。小说里的人物命名，通常是以绰号为主，如“破箩筐”“皮猴”“花猪”“老癞”“鸡蛋壳”“王大户”等，或以其他有农村特色的称呼来命名，如“小桃子”“小桂花”“黄老五”“水獭媳妇”等。碧野选用这些词语，使小说更“贴近”农民的生活，散发出浓郁的乡土气息。

总之，《肥沃的土地》通过对人的身体欲望的描写，对人的多元性格的刻画，对乡村复杂的人情伦理的书写，勾勒出一幅驳杂的乡村世界图景。

二

1944 年 3 月，《肥沃的土地》由桂林三户图书社初版，引起了批评界的注意，1945 年 5 月 4 日，茅盾在《文哨》第 1 卷第 1 期上发表《读书杂记》，对这篇小说及其他一些作品进行了评论。

在评论《肥沃的土地》时，茅盾运用阶级分析的方法，对小说中的人物进行了阶级划分，“村中之阶层：地主王大户，富农老颠，自耕农夹尾巴狗，佃农贫农如破箩筐家，从农村被挤出去出卖劳力的如水獭，短工如黄老五”，并一一分析他们的形象特征。

对于地主王大户，茅盾的评价侧重其“剥削”，其实在小说中王大户出现的次数很少，小说也没有明确写出他剥削农民的情况，茅盾的例证是王大户强迫要破箩筐家的牛奶，不过破箩筐家是王大户的佃户，每天给王大户半桶牛奶，似乎也在情理之中，并不能体现出王大户的“无耻与血腥”。王大户并不因为是一个地主就为所欲为，相反，很多事情他都要听命于自己的老婆花猪，如他没有孩子想娶个小妾，却因害怕花猪而未能实行。这样一个惧内的柔弱地主，似乎不是一个完全“恶”的形象。

老癞是小说中的一个富农，茅盾对他的评价是：“他可以说是地主们在形成时的典型：鄙吝，诈取，（谋取破箩筐家的小牛），剥削黄老五，（因为是丰年，又因为有吮尽一切血汗的王大户把持在上，所以老颠剥削的对象暂时还只有黄老五），偷盗（偷破箩筐爷的碗），专喜破坏别人（造谣说箩筐与水獭媳妇有私），——鄙吝，狡诈，无耻，集其大成。”茅盾对老癞的评价加了很多括号，我们认为，是因为这些在文中不易发现或者不明显，所以才特意加上括号进行解释，但这些解释有点牵强。比如，老癞确实想要破箩筐家的小牛，但这是建立在他的日常生活经验之上，“他认为牛娃子将来能耕地，当破箩筐他爸的牛娃子养下地来的时候，这个虎头的老庄稼汉是在场亲眼看见的，一养下来，那牛娃子的胸脯就来得格外宽大，而且四条腿是那样的长，从蹄子到脑袋，比一个八岁的男娃子还要高些。当时他就认定那只牛娃子长大了准能在一个秋天里犁上顷把地”，牛是农村中的主要生产工具，庄稼人出于本能，对牲口特别爱惜，老癞看到一头如此健壮的小牛之后，想用其他物品交换小牛，这被茅盾评价为“诈取”，显然有点言过其实；至于老癞和黄老五的关系，也并不是所谓的“剥削”，黄老五只是临时帮助老癞家干活，并没有人身依附关系，黄老五本身也一无所有，何来“剥削”？况且，黄老五并不是“无辜”与“清白”的，文中多次写到黄老五纵容别人偷老癞的庄稼，他自己也偷老癞的庄稼。此外，老癞非常能干，勤俭节约，靠自己的劳动与节省积累了一些家产，并不是靠剥削发家，当地农民对他也不是恨之入骨，当他发羊癫疯遇险时，大家还帮助他脱离险境。

对于地主和富农，茅盾着重发掘其“反面”品质，而对于贫下中农，茅盾则着重发掘其“正面”品质。如茅盾说，“破箩筐是敢于反抗传统的，例子之一是打雁而食之”，在贾鲁河地区，庄稼人认为大雁是一种仙鸟，不敢去伤害它们，破箩筐的“打雁而食”，是因为他饥饿，想饱餐一顿，这是为了满足最起码的生理需求，并不是茅盾所说的“反抗意识”。茅盾还说，“女子中，小桂花和水獭媳妇也写得好，血管内潜伏着反抗性，两人都可爱”，小桂花出嫁之前，她和破箩筐之间是有感情的，但她听从母亲的安排，嫁给夹尾巴狗，没有反抗。相反，她对婚后的生活还相当满足，当她被破箩筐引诱怀孕之后，惶恐不安、担惊受怕，没有采取任何反抗措施，并没有表现出茅盾所说的“反抗性”。至于水獭媳妇，她孩子多，靠丈夫在外挣取的微薄收入勉强度日，在丈夫失踪后，她断绝了经济来源，就靠做零活和卖奶给王大户来维持生活，小说中看不到她的反抗言行，她和花猪之间相互斗嘴，但这更像是两个女人之间的争风吃醋，也不是所谓的“反抗”。

茅盾的评论与作品内容之间存在着裂隙，茅盾拔高了作品的阶级性内容。茅盾分析人物的性格时，总是先强调其阶级身份，然后按照阶级身份赋予人物不同的性格特点和道德特征。对于地主和富农，主要是夸大其“恶”的一面，虽然王大户在小说中很少出场，但仍然说他“无耻而血腥”；老癞并没有干什么天理难容的坏事，却被说成“鄙吝，狡诈，无耻，集其大成”；对于贫下中农，茅盾则主要发掘其“好”的一面。这种阶级分析，一方面忽视了小说着意表现的人性的丰富性与复杂性，另一方面又对小说中比比皆是的身体与情欲描写视而不见。

不过，茅盾的这篇评论有些地方还是很准确的，他注意到小说中的语言描写和风景描写，“书中人物的对话都是活的语言，善于运用民间的活字汇，故如闻其声”，“风景描写能从农民眼中去看，不是知识分子眼中所见的风景；不是诗意的，而是充满了泥土香的，联系着农业生产的，饱和着农民的血汗的”[①]，这些称赞大体符合作品的实际。

三

茅盾在评论《肥沃的土地》时，为什么要拔高作品的“阶级性”内容，忽视作品中的自然人性论内容呢？要回答这个问题，就要追溯到当时的文学规范。

1928 年，革命文学运动兴起，经过不断的论争和持续的努力，到 20 世纪 40 年代初期，革命文学对于写什么以及如何写，已经初步建立起一套规范。

在这套规范中，对人性的规定是一个重要内容。革命文学兴起时，文坛围绕着“阶级性”与“人性”，曾展开一场论战，论战双方是梁实秋和鲁迅。梁实秋认为：“伟大的文学乃是基于固定的普遍的人性，从人心深处流出来的情思才是好的文学，文学难得的是忠实，——忠于人性；至于与当时的时代潮流发生怎样的关系，是受时代的影响，还是影响到时代，是与革命理论相合，还是为传统思想所拘束，满不相干，对于文学的价值不发生关系。因为人性是测量文学的唯一的标准。”[②] 梁实秋还极力抹平人性之间的阶级差异，强调人性的共同性：“文学的国土是最宽泛的，在根本上和在理论上没有国界，更没有阶级的界限。一个资本家和一个劳动者，他们的不同的地方是有的，遗传不同、教育不同、经济的环境不同，因之生活状态也不同，但是他们还有同的地方。他们的人性并没有两样，他们都感到生老病死的无常，他们都有爱的要求，他们都有怜悯与恐怖的情绪，他们都有伦常的观念，他们都企求身心的愉快。文学就是表现这最基本的人性的艺术。”[③] 鲁迅则认为人性受到阶级性的限制：“文学不藉人，也无以表示‘性’，一用人，而且还在阶级社会里，即断不能免掉所属的阶级性，无需加以‘束缚’，实乃出于必然。自然，

① 茅盾：《读书录：读书杂记》，《文哨》第 1 卷第 1 期，1945 年 5 月 4 日。
② 梁实秋：《文学与革命》，《新月》第 1 卷第 4 期，1928 年 6 月 10 日。
③ 梁实秋：《文学是有阶级性的吗?》，《新月》第 2 卷第 6—7 期，1929 年 9 月 10 日。

‘喜怒哀乐，人之情也’，然而穷人决无开交易所折本的懊恼，煤油大王那会知道北京捡煤渣老婆子身受的酸辛，饥区的灾民，大约总不去种兰花，像阔人的老太爷一样，贾府上的焦大，也不爱林妹妹的。”① 一句话，人性有阶级的分化，不同阶级的人没有相同的人性。

鲁迅与梁实秋的论战并未完全分出胜负，在20世纪30年代，人们对人性和阶级性仍有着不同的理解，仍有作家从共同人性论、自然人性论角度进行写作，但阶级论、阶级性也在革命作家的文学观念和创作实践中不断壮大。到了1942年，人性与阶级性的论战有了权威结论。毛泽东在延安文艺座谈会上发表讲话时指出，艺术是从属于阶级的，没有超阶级性的艺术，“在现在世界上，一切文化或文艺都是属于一定的阶级，一定的党，即一定的政治路线的。为艺术的艺术，超阶级超党的艺术，与政治并行或互相独立的艺术，实际上是不存在的。在有阶级有党的社会里，艺术既然服从阶级，服从党，当然就要服从阶级与党的政治要求，服从一定革命时期的革命任务，离开了这个，就离开了群众的根本的需要”②。至于人性，毛泽东指出：“有没有人性这种东西？当然有的。但是只有具体的人性，在阶级社会里就是带着阶级性的人性，而没有什么超阶级的抽象的人性。我们主张无产阶级的人性，而资产阶级小资产阶级则主张资产阶级小资产阶级的人性，不过他们口头上不这样说，却说成为唯一的人性……因此在他们眼中，无产阶级的人性就不合于人性。现在延安有些人们所主张的作为文艺理论基础的所谓‘人性论’，就是这样讲，这是完全错误的。”③ 毛泽东一锤定音，强调“人性”的阶级属性，认为在阶级社会中没有超阶级的抽象人性。鉴于毛泽东在中国共产党内的领袖地位，这一论断自然也就成为革命文学规范对人性与阶级性的权威规定。

既然没有超阶级的人性，那么，作家在写人性时，当然就要表现人

---

① 鲁迅：《“硬译”与“文学的阶级性”》，《萌芽月刊》第1卷第3期，1930年3月1日。

② 毛泽东：《在延安文艺座谈会上的讲话》，《解放日报》1943年10月19日第4版。

③ 同上。

物的阶级性。如何表现阶级性呢？首先是要抓住各个阶级的本质特点。1925年12月，毛泽东在《中国社会各阶级的分析》一文中，把中国社会分为不同的阶级：地主阶级和买办阶级、中产阶级、小资产阶级、半无产阶级、无产阶级，并对各个阶级的本质特点进行了界定，如“在经济落后的半殖民地的中国，地主阶级和买办阶级完全是国际资产阶级的附庸，其生存和发展，是附属于帝国主义的。这些阶级代表中国最落后的和最反动的生产关系，阻碍中国生产力的发展”①，“工业无产阶级人数虽不多，却是中国新的生产力的代表者，是近代中国最进步的阶级，做了革命运动的领导力量”②。

而要把人物的阶级本质转化为文学形象，还需要借助典型化理论。周扬在20世纪30年代提出了“典型化”的一整套设计，“典型的创造是由某一社会群里面抽出最性格的特征，习惯，趣味，欲望，行动，语言等，将这些抽出来的体现在一个人物身上，使这个人物并不丧失独有的性格”③，也就是说，每一个典型人物都要体现出他那一社会群的特征、习惯、趣味、欲望、行动、语言。周扬还认为，作者必须用“丰富的想像力把实际上已经存在或正在萌芽的某一社会群共同的性格，综合，夸大，给予最具体真实的表现”④，这种综合和夸大，实质上就有可能容许一些作家把某一社会群的共性片面夸大到极端。例如无产阶级不会有什么不可改变的根本缺陷，只可能是完美的英雄。资产阶级万变不离其宗，只能是坏人。如周扬曾说：“在资产者世界里，实质上简直可以说只有一种‘性格’，一种‘典型’。因为私有财产，个人幸福的利害支配了人们的一切思想和感情，而使他们的个人性消失，把他们铸成了一个模型。巴尔扎克在《人间喜剧》里描写了几十个不同的典型人物，都贯彻着利欲这一个感情，这一个情热，这一个思想。”⑤ 1942年，毛泽东在延安文

① 毛泽东：《毛泽东选集》第1卷，人民出版社1991年版，第3—4页。
② 同上书，第8页。
③ 周扬：《现实主义试论》，《文学》第6卷第1期，1936年1月1日。
④ 同上。
⑤ 周扬：《典型与个性》，《文学》第6卷第4期，1936年4月1日。

艺座谈会上发表讲话时，也沿袭并强调了“典型化”手法：“文艺就把这种日常的现象组织起立，集中起来，典型化，造成文学作品或艺术作品。”①

“阶级本质性”与“典型化”结合在一起，就成为革命文学中塑造人物形象的规范，“相当长的一段时间，许多理论家用阶级身份填充典型人物的‘共性’。‘共性’与‘阶级性’的关系成为众说纷纭的争论话题。无论理论家持哪一种观点，一个前提是确定无疑的：典型人物的共性包含的是社会历史内容，而不是某种抽象的永恒的人性”②，人物塑造要遵循“典型化”原则，当“阶级性”成为人物最主要的“典型”特征时，丰富的人性自然就被忽视了。

1943年10月19日，毛泽东《在延安文艺座谈会上的讲话》正式发表，这标志着阶级论文学规范的初步建立。之后，中国共产党又派人到国统区传播、宣讲“讲话”精神。阶级论文学规范建立之后，不少作家自然要依据规范进行创作，相应的批评家也要依据规范进行批评。符合规范的创作，被批评界大力提倡；不符合规范的，则遭到批判。

四

碧野是左翼作家（1935年参加北方左联），自然要遵循阶级论文学规范的指引。在《肥沃的土地》中，碧野运用河南方言书写农村，暗合了阶级论文学规范中的大众化要求。但碧野并不完全熟悉阶级论文学规范，他没有到过延安，没有受过正规的阶级教育，没有参加延安的思想整风运动，没有认真学习“讲话”精神，对阶级论文学规范中有关人性与阶级性的规定相对陌生。碧野的文学观念又相对开放，阅读范围比较庞杂，如他所言：“我读了旧俄众多的古典文学作品，普希金、托尔斯泰、屠格涅夫、果戈理等作家是我所喜爱的，十月革命前后的高尔基、肖洛霍夫、

① 毛泽东：《在延安文艺座谈会上的讲话》，《解放日报》1943年10月19日第2版。

② 南帆：《典型的谱系》，《福建论坛》（人文社会科学版）2005年第11期。

法捷耶夫、富曼诺夫等作家的作品鼓舞和加强了我的战斗意志。”① 碧野这里所列的影响自己的外国作家名单，既有高尔基、肖洛霍夫、法捷耶夫、富曼诺夫等革命作家，也有普希金、托尔斯泰、屠格涅夫、果戈理等非革命作家，这也使得碧野的文学观念比较驳杂，并不完全符合阶级论文学规范的纯洁化要求。由于并不完全熟悉阶级论文学规范，碧野在《肥沃的土地》中着重书写人的“自然本性”，未依据“典型化”手法刻画人物的“阶级性”，人物是按照日常生活中的人来写的，是复杂的性格与各种欲望的综合体，是原汁原味的本性人物，并不是阶级论文学规范所倡导的经过“综合”与“夸大”的“典型”人物。

碧野与阶级论文学规范之间的距离，作为文学巨匠和批评大师的茅盾不可能毫无察觉。

一方面，茅盾非常熟悉自然人性论。茅盾在20世纪20年代初，曾不遗余力地提倡自然主义。自然主义注重从生理的角度观察人、表现人，提倡“客观描写”和“实地观察”的创作方法，但自然主义中的描写“大部分都没有节制，缺乏平衡”②，尤其是涉及人的自然本能的时候，自然主义把人的动物性的一面表现得淋漓尽致，容易导致自然人性论倾向。《肥沃的土地》中大量的关于身体欲望的描写，茅盾不可能视而不见。

另一方面，茅盾作为革命文学阵营中的一员，自然知道阶级论文学规范对自然主义和自然人性论非常排斥。周扬在1940年就曾公开批评过自然主义：“自然主义，纠缠于事实之琐屑的表面的描摹，而不去从事于现实的本质之深刻掘入，把人不当作社会的而当作生物的来处理，它不但不是现实主义的更进一步，而正是从现实主义的偏歪与后退。”③ 毛泽东《在延安文艺座谈会上的讲话》对人性论的批判更是严厉。作为革命文学阵营中的一员大将，茅盾承担着引导革命作家遵循阶级论文学规范

① 碧野：《碧野文集》第4卷，长江文艺出版社1993年版，第103—104页。

② ［法］左拉：《论小说》，朱雯等编选《文学中的自然主义》，上海文艺出版社1992年版，第223页。

③ 周扬：《关于“五四”文学革命的二三零感》，《中国文化》第1卷第3期，1940年5月25日。

创作文学作品的职责，他对阶级论文学规范的禁忌自然心知肚明，应该不难觉察《肥沃的土地》与阶级论文学规范之间存在的差距。

但是茅盾与碧野有着近乎师生的关系。茅盾抗战期间创办《文艺阵地》时，着力发现与培养新人，碧野、姚雪垠等人正是茅盾发现与培养出来的新人。茅盾相继发表了碧野的《滹沱河夜战》《北方的原野》，并撰写评论，隆重将碧野推上文坛。碧野在回忆时，也对茅盾充满感激之情："《北方的原野》经茅盾大师在《文艺阵地》上写了书评而引起广大读者的注意，是我的成名作。"① 1943 年，当碧野在重庆初次见到茅盾时，他紧紧地握住茅盾的手："这只手，曾经给我热情地写过信，就是这只手，扶持我正步走上文学创作道路的！"② 碧野对茅盾充满感激与崇敬之情，以师礼待之。茅盾自然不忍狠下心来批判碧野，而有必要为碧野保驾护航。如何保驾护航？首先是要符合阶级论文学规范中的政治正确性，所以茅盾从阶级论视野出发，无中生有，拔高了《肥沃的土地》的阶级性，又化有为无，忽视了《肥沃的土地》中充斥的自然人性论。或许茅盾还以为，自己这种手法，实际上是在提醒碧野努力的方向——要写出人物的阶级性和典型性，碧野如果是利根人，应该一点就透。

还需要指出的是，茅盾的这种批评手法，也不是完全利他，也有为自己而战的成分，这里又牵涉革命文学阵营中胡风派和茅盾派的矛盾与冲突。

在革命文学阵营中，20 世纪 30 年代曾出现鲁迅与周扬的矛盾以及胡风与茅盾的矛盾。随着鲁迅逝世和周扬去延安，胡风与茅盾的矛盾就日益凸显出来。胡风与茅盾两人不仅在人事上有冲突③，在文学观念上也针锋相对。茅盾曾提倡自然主义，推崇客观、冷静的创作手法，而胡风注重主观体验和战斗精神，非常不喜欢茅盾的自然主义创作风格，胡风曾

---

① 碧野：《碧野文集》第 4 卷，长江文艺出版社 1993 年版，第 213 页。

② 碧野：《忆雁冰师》，《新文学史料》1981 年第 3 期。

③ 韩晗梳理胡风与茅盾的关系，认为两人主要有"四次交恶"。详见韩晗《胡风、茅盾的四次交恶》，《书屋》2010 年第 10 期。

明确表示："茅盾的自然主义倾向和鲁迅的社会主义现实主义的战斗的实践道路并不是同一性质的。"① 抗战时期，胡风与茅盾分别创办刊物，并培养自己的队伍，双方之间不乏明争暗斗。1944 年 4 月，胡风发表《文艺工作者底发展及其努力方向》②，认为各种反现实主义的倾向"现在正达到了繁盛时期"，应该"发动在明确的斗争形式上的文艺批判"。胡风给自己旗下的一些青年作家和批评家写信，鼓动他们对碧野、姚雪垠、严文井、沙汀等作家展开批判，针对的正是茅盾，因为这些作家的作品都曾得到茅盾的好评。而茅盾对胡风派的文学观点也不以为然，茅盾认为，胡风"对广大进步作家精神状态的估价是偏激的，不公正的，结论也是错误的；他如此强调作家的个人意志的作用，强调发扬'主观战斗精神'，也并非通向现实主义之道；而且他所反复谈论的作家要'自我斗争'，却不见体现在他自己的身上"③。

1944 年 7 月 24 日，胡风派批评家石怀池在《新华日报》发文评论碧野的《风砂之恋》，认为这部小说的人物塑造不成功，人物性格有很多疏忽，结构上模仿《安娜·卡列尼娜》，布局不合理。④ 碧野发表反批评，石怀池又回怼，一时间颇为热闹。《新华日报》是中共中央在重庆的机关报，茅盾不可能不看。1945 年初，文坛上又有"对姚雪垠的长篇小说《春暖花开的时候》的公开批评"，"说这部小说是'色情文学'，'抗战红楼梦'等等，胡风他们自然是最积极的批评家"⑤，茅盾已经看出了端倪，认为胡风在针对自己。茅盾"觉得那样的批评未免失之偏颇"，于是"将我的读书笔记整理在一篇文章中发表在《文哨》上"⑥，回击胡风派的批判。在这篇文章中，茅盾先后评价了碧野的《肥沃的土地》、马宁的《动乱》、姚雪垠的《戎马恋》、碧野的《风砂之恋》、姚雪垠的《春暖花

① 胡风：《胡风回忆录》，人民文学出版社 1993 年版，第 69 页。
② 收入《胡风评论集》下册，人民文学出版社 1985 年版。
③ 茅盾：《我走过的道路》下册，人民文学出版社 1988 年版，第 361 页。
④ 石怀池：《风砂之恋》（二），《新华日报》1944 年 7 月 24 日第 4 版。
⑤ 茅盾：《我走过的道路》下册，人民文学出版社 1988 年版，第 363 页。
⑥ 同上。

开的时候》等小说。这些小说中，除了马宁的《动乱》，都是胡风派重点攻击的对象。

巧合的是，在茅盾这篇《读书杂记》发表的同年同月，胡风派大将路翎也发表文章《谈“色情文学”》[1]，批判碧野的《肥沃的土地》、姚雪垠的《戎马恋》和《春暖花开的时候》等小说。明眼人不难看出，胡风派与茅盾派已经驳火。碧野后来回忆时说：“抗战期间，胡风从《风砂之恋》抓住了把柄，骂我‘跳草裙舞’。他的文章署名‘冰菱’，骂得很重。当时，胡风有爱护青年的美名，在重庆很活跃。因此，给我的压力很大。我从未受过这样的批评。他措辞严厉。茅盾发表了评《肥沃的土地》的文章，有跟胡风唱对台戏的味道。”[2] 碧野这段回忆有史实错误，把路翎当作了胡风，但说茅盾“有跟胡风唱对台戏的味道”则观察无误。

茅盾在《读书杂记》中评论了碧野的两部小说。他批评了碧野的《风砂之恋》，“无条件地反对一部小说有色情描写，这是道学家的看法，但是，一部作品写到色情，也不能是无条件的，本书写林晶部分之太多的色情，实在是超过了衬托林晶堕落所需要的程度了”。又说小说在描写女主人公苏红“艰苦学习的过程”“极其潦草”，“全书结构颇多潦草之处，若干人物及其行动勾连不紧，且有随手拈来，就地生发之病。写景处亦有甚为累赘者。对话亦不如《肥沃的土地》那样生动”。茅盾放弃为《风砂之恋》辩护，可能是因为这部作品实在是扶不上墙，也不好借力，因为这部小说写的是知识分子这一个阶层，“色情描写”也非常显眼。茅盾重点为碧野的《肥沃的土地》辩护，这部小说事实上也确有较多的关于身体欲望的“色情描写”，但茅盾却视而不见，着重发掘这部小说的“阶级性”与“典型性”。《肥沃的土地》写农村生活，农村中的阶级分化与阶级斗争显然比《风砂之恋》所写的知识分子阵营更加明显，正好可以就此大做文章。

---

① 冰菱：《谈“色情文学”》，《希望》第1集第2期，1946年1月。

② 余宗其整理：《碧野谈自己的创作》，《中国现代文学研究丛刊》1994年第4期。冰菱是路翎的笔名，并不是胡风的笔名。

路翎对碧野的批评，是从胡风的主观战斗精神这一理论出发的，胡风的主观战斗精神理论一方面反对公式主义、教条主义，另一方面反对客观主义、自然主义。路翎把碧野的《肥沃的土地》看作是“色情加上政治的和文学的公式主义”，路翎看到了《肥沃的土地》中的色情描写，“描写破箩筐，只写了他怎样浪漫地弄到了小桂花，描写花猪，只写了她怎样的淫荡，描写水獭媳妇，那主要的本领，是写了她底‘胸脯上的酥白的肉’，‘雪原一般白而丰满的胸脯’，以及其他等等”，这一点比茅盾眼尖。但说《肥沃的土地》是“政治的和文学的公式主义”就有点冤枉碧野了，因为《肥沃的土地》与阶级论文学规范并不完全吻合，小说中的地主、富农与农民形象，都不够“典型”。

两相比较，显然茅盾的政治水准要高于路翎，路翎批评公式主义，而时代要求的是作家遵循阶级论文学规范写作，路翎也没有深挖色情描写背后的自然人性论，而茅盾对《肥沃的土地》中的色情描写视而不见，却着重拔高这部小说并不突出的阶级性，茅盾显然懂得，经过了阶级论批评的考核，作品才算审查过关。

五

事实证明，茅盾的批评策略非常成功，给《肥沃的土地》带来了护身符，此后无人再攻击这部小说。茅盾的批评也使得碧野被阶级论文学规范认可，碧野获得第一次文代会的参会资格就是明证。碧野对茅盾的这篇评论文章亦念念不忘，感恩不已。他在自传体长篇散文《人生的花与果》中，几次回忆《肥沃的土地》，每次都说“获得茅盾大师的好评”。[①] 在 1993 年长江文艺出版社出版四卷本《碧野文集》时，碧野还把这篇评论附在《肥沃的土地》之后。

应该说，在阶级论盛行的年代，茅盾的批评确实给碧野的《肥沃的土地》带来了荣誉，但当阶级论批评在 20 世纪 80 年代失势之后，人们

① 碧野：《碧野文集》第 4 卷，长江文艺出版社 1993 年版，第 269、304 页。

往往想当然地认为受到阶级论好评的小说不值一读，据查，今天的学术界对《肥沃的土地》关注度极低，学术期刊网上的研究文章寥寥无几。

今天重评碧野的这篇小说，正是为了揭示其“被忽视的”与“被拔高的”内容，恢复其本来面目。事实上，“被忽视的”自然人性论，在20世纪80年代以后在文坛卷土重来。如新写实小说，主张回归日常生活，写出人的真实的生存状态，写出人性中的七情六欲，这与《肥沃的土地》中的自然人性论书写极为相似。在某种意义上，我们或许可以说，碧野在抗战时期即进行了超前的探索，他的探索终究不会永远被历史埋没。

抗战时期陈敬容诗文的重庆书写*

沈金鱼　凌孟华**

内容提要：陈敬容主张以“自然风物和人生遭际”入诗入文，其诗文意象也因此具有明显的地域分隔及特征。抗战时期陈敬容在重庆的诗文创作之中存在着大量的重庆书写，具体体现在迷惘与希望交织的“雾山城”“焦渴”与“满溢”充斥的两江水、和乐与苦难下燃起的抗战信念三个方面。透过其文字，我们足以瞥见战时重庆之一隅，这为丰富重庆人文内涵、还原战时重庆生活面貌提供了新材料。这一书写方式促成了陈敬容诗文特色的转变，主要表现在地方色彩的意象选择、刚柔并济的创作风格、坚持抗战的碧血丹心，为陈敬容诗文研究提供了新的视角和空间。

关键词：陈敬容；抗战时期；重庆书写；地域

“一方水土养一方人”是古已有之的人与地域的关系的论述，这在文

---

* ［项目基金］2019 年重庆市抗战文史研究基地开放性课题“抗战时期陈敬容在重庆的创作研究”（19KZY05）、2019 年重庆师范大学研究生科研创新项目“抗战时期陈敬容在重庆的佚作整理与研究”（YKC19030）。

** ［作者简介］沈金鱼（1995—　），女，重庆师范大学文学院中国现当代文学专业硕士研究生，研究方向为中国现当代文学。凌孟华（1976—　），男，重庆师范大学文学院教授，重庆市抗战大后方文化与文学研究协同创新团队带头人，重庆市抗战文史研究基地负责人，硕士生导师，研究方向为中国现当代文学、抗战文学与文献。

化上则表现为明显的地域性。抗战时期，随着国民党政府一纸“迁都令”，重庆这座“雾山城”成了政治上的战时首都，而且文化重镇建设，也迎来了空前的机遇。许多文人在战争背景下，内迁到重庆，在这里完成了不少重要的创作。重庆的风土文化，就在五湖四海的文人笔下异彩纷呈。对此问题，已有尹莹的《抗战时期文学中的重庆书写——以巴金、张恨水、路翎的小说为例》（《福建论坛》2008 年第 12 期）、张武军的《重庆雾与中国抗战文学》（《西南大学学报》2009 年第 2 期）、张全之的《重庆：中国现代文学的“异乡”》（《重庆师范大学学报》2012 年第 1 期）等研究成果进行过探讨。九叶诗人陈敬容也是其中之一，她的重庆书写为重庆文化建设添上了浓墨重彩的一笔。

1934 年，陈敬容独自离开家乡乐山，开始了“北漂”之旅。在初中英语教员曹葆华（后清华大学研究生）的帮助下，陈敬容在北平安定下来，“由于经济条件不允许”，十七岁多就走上了自学的道路。“主要是经常跑图书馆，有时到大学旁听（实际是偷听），加上短期补习点外文。”[①] 在这一过程中，陈敬容一方面受到北国文化氛围的熏陶，一方面又结识了如何其芳、卞之琳等优秀诗人并深受他们的影响，加上曹葆华的鼓励和帮助，她“开始陆续发表些诗和散文”。北平为陈敬容的创作生涯提供了一个较为优质的创作环境和较高的起点。1936 年陈敬容正式与曹葆华同居，但“七七事变”的炮声震碎了清幽寂静的日子，二人不得不离开北平，回到成都。回川路上，陈敬容目睹了“像羔羊似的”在战乱中流离失所的人们，也亲历了日军的残暴行为。抵蓉以后，陈敬容便加入了中国全国文艺界抗敌协会。旅途中的经历，带给她精神上的震撼和创伤，激发起她战斗的欲望，也加重了其创作中沉郁而又激昂的情感基调。如何将极具地域特色的重庆风土人文融入诗文，并传达出关于个人、时代和社会的情思，正是陈敬容作为诗人面临的考验，也是本文试图破译的问题。

---

① 陈敬容：《试谈自己》，《创作》1984 年第 2 期。

一　重庆书写再现战时陪都风貌

陈敬容的诗文，不仅取材于重庆的自然地理特征，也注目于重庆的人文，展现了战时陪都的风貌：一是寄情于“雾山城”“两江水”等自然风物，二是融情于战时人文的社会风貌。二者的结合，才得以使战时陪都风貌较为全面地再现出来。此时国家面临战事，陈敬容与曹葆华分手，两方面的折磨促使陈敬容离开成都，来到重庆。虽停留的时间不长，但重庆也治愈了她与初恋分手的苦痛，重又遇见了沙蕾并在重庆完成了第一次起飞——追随沙蕾到兰州定居。而兰州，映入眼帘的却是“黄土飞扬”的路，“一边是连亘的黄色的土墙，一边是奔流不息的黄色的河水”，这座荒凉的城市，到处都是“畜类的沉默”，这“沉默是如此深深地抓住了”[①] 陈敬容，兰州的荒凉之景带给她的是“永永地沉默——/永永地/安息于绝望的沙尘”[②]。她一沉默便是四年。这对陈敬容自己而言，就是“在荒凉的西北高原做了一场荒凉的梦”。终于，在1945年的春天，陈敬容踏上了寻求自由的新的旅程，重又回到了前一个起点——重庆。

少小离家、身世浮萍的陈敬容将自己的生命体验融入自然与社会环境中，并将个人的忧思倾诉于周遭事物，抖落在字里行间。袁可嘉认为“她的诗是人生遭际和情感发展的纪年，细心的读者会从中看到她的传记”[③]，而陈敬容也曾坦言：“自然风物和人生遭际所引起的种种感受，也往往发而为诗为文”[④]。诚然，陈敬容的诗文充斥着各类各样的自然风物与社会景象，而正是这些事物“拨动了诗人的心弦，使得诗人的思想感情翻腾起来，才可能引发出形象和意境，通过细密的思维活动加以整理，逐渐形成诗的语言”[⑤]。假使将思维所包裹的外衣震落下来，那么诗中完

---

① 陈敬容：《畜类的沉默》，陈敬容《陈敬容诗文集》，复旦大学出版社2008年版，第577页。以下《陈敬容诗文集》皆出自此版本，不再标出版信息。

② 陈敬容：《安息》，《陈敬容诗文集》，第32页。

③ 蓝棣之：《论四十年代的现代诗派》，《中国现代文学研究丛刊》1983年第1期。

④ 陈敬容：《试谈自己》，《创作》1984年第2期。

⑤ 陈敬容：《创作激情的秘密》，《花溪》1983年第4期。

美的意境便会支离破碎，留下的只是平常生活中的一些残缺的意象，而只要我们捡拾这些意象，加以重新黏合，就能展现另一个世界。重庆作为陈敬容涅槃重生的地方，带给了陈敬容心灵的安慰，也深深地影响着陈敬容以后的创作。她的诗文随处可见重庆的缩影，部分再现了战时重庆的自然风物和社会面貌，也展现了其独特的创作风格。

（一）迷惘与希望交织的“雾山城”

“雾山城”几乎成了重庆的一张明信片，许多客居过重庆的文人，都在他们的笔下勾勒过一幅烟雨朦胧的山城风景画。张恨水《山窗小品》中有“雾之美”的喟叹，端木蕻良《新都花絮》中有“冷的热闷”的感受，茅盾有《雾重庆的生活》，臧克家也总结重庆的生活是《少见太阳多见雾》，诸如此类，不胜枚举。陈敬容这位敏感而又具有诗才的女子当然不会忽略山城之“迷蒙”。在1940年春天，第一次与重庆结缘的时候，陈敬容漫步在重庆的“夜街”，“市声消隐了，雾霭自远远的山头弥漫过来。街灯像守望者底半睡的眼睛，在梦与醒之间，向午夜的市街投着搜索的瞥视”。山城之“雾”构成了一种“骄矜的气氛，向人显示着春天”。陈敬容是满带着希望寄居山城，自然这种雾也带给她一定的新奇，连同年轻人对未来的迷惘和期许。“白茫茫的雾笼罩着这座山城，这里的冬天又阴暗又寒冷。”“怎么在这样的夜空下，我们总像掉了点什么东西，禁不住有点迷惘”[①]，“仿佛一切事物都和我们漠不相干，这个世界于我们多么陌生！”1945年，陈敬容再次回到重庆，发出“温婉的四月夜呵，你底叛徒重又向你归来哪，她在将自己整个地向你投掷”的感叹[②]，乐意“停留在‘雾山城’附近的乡间”[③]。这一时期陈敬容完成了一次重要转折，走出梦境后的她“又疲倦又兴奋”，创作欲望像火一样炙烤着她。在渝期间，她完成了大量作品，走过了创作生涯中非常重要的阶段。而

① 陈敬容：《后方小都市》，《笔阵》第2期，1939年3月1日。

② 陈敬容：《投掷》，《陈敬容诗文集》，第581页。

③ 同上书，第585页。

“雾山城”的书写，就是战时陪都自然风貌的重要一维，在其诗歌和散文中都有丰富的体现。

1. 陷于雾的迷惘

在兰州的四年，陈敬容作品不多，但也显露了一些信息。兰州多沙漠和荒原，首先带给陈敬容的感受是“色调的转替”[①]，“白，/橙黄，/灰晕——”[②]，这些色调背后衍生出了一大批诗歌意象：“月光”“沙漠”和“雨”等，这些意象结合在一起，带给陈敬容的是孤独、寂寞和凄迷。这是兰州给予陈敬容的特别之处。同样的，重庆也毫不吝啬地用自己的一身雾气来包裹她，陈敬容“从疲乏的肩上/卸下艰难的负荷：/屈辱，苦役、/和几个囚狱的寒冬……”[③] 重庆再次让她鼓足了勇气，抛掉“所有将成为过去的/极短暂的顷刻”[④]。回到重庆的陈敬容，便将自己投身创作的激情中，写作的诗文量大而优，并与其早期诗歌形成了一种明显的分界。“雾山城”带给陈敬容的迷惘之感就是造成这一分界和转变的原因之一。

同许多文人一样，陈敬容首先将目光锁定在“雾重庆”。“雾”本身的朦胧和隐约，映照在战时陪都的文人心里便成了一种普遍存在的愁绪，对自己何去何从的举棋不定，对美好安定的未来的向往与迷茫。“雾”是一种隔绝，模糊了视线，“山岚的轮廓溶入苍茫的夜雾中而模糊了”，同时又阻隔了对未知未来的美好想象，“一切却和我隔着一道厚厚的帘幕”，“我也迷惘得很”。[⑤] 它把清晰的美景模糊化，即使是眼前、当下存在的东西，都被加上了感觉上的遥远和不可把握的动摇，雾在这一意义上消解了人对未来坚定的意志。对于重新出发的陈敬容，雾是应景的存在。二十多岁的她，在经历两次爱情悲剧之后，再度站在了四年前的人生路口，陈敬容必须谨慎抉择，她难免“从雾网中发出/难以听清的悲叹”。1940

① 陈敬容：《秋》，《陈敬容诗文集》，第 27 页。

② 陈敬容：《入寐》，《陈敬容诗文集》，第 41 页。

③ 陈敬容：《飞鸟》，《文讯》新 6 卷第 8 期，1946 年 11 月 15 日。

④ 陈敬容：《遗留》，《陈敬容诗文集》，第 74 页。

⑤ 陈敬容：《灵点——寄茜蒙》，《陈敬容诗文集》，第 574—575 页。

年陈敬容离开重庆时，大后方的抗战动员正在如火如荼地进行；时过四年之后，抗战依然还在困扰着国家和人民，“而荒凉的深山或孤岛上，/人们的耳朵焦急地/等待着陌生的话语”①。团团迷雾包围着重庆民众，也阻隔了前线战事的消息。在国难面前，许多家庭都承受着别离，万千百姓在战争中迷失了未来生活的方向。从这种意义上来说，陈敬容的迷惘，也就不再局限于小我关于未来、情爱的选择困境，也有国民普遍存在的对战火硝烟中国家民族命运的迷茫。

2. 拨开雾的希望

张恨水在《重庆雾》中称叹雾景是“一白茫茫幻也真”②，这“幻”与“真”之间的犹疑，恰恰就是对“雾”中迷惘的警惕。雾诚然是介质，隔绝了那些清晰的事实和本质，它好似一层薄纱，弱化了色彩或景物的识别度，淡化了对未来的坚定的期许，但也并不是密不透风的灰白，它依然有一种隐隐约约的温度和微弱的色彩变化，你既无法全然地接近它，也不能完全地拒绝它。陈敬容在重庆度过了一段迷惘、未知的艰难时光，但她最终也拨开云雾见天明，原先她“有的只是一片迷茫”，而陈敬容并没有因此而放弃挣扎，反而是积蓄了力量，在浓雾中跌跌撞撞，艰难地前行，企图找到新的道路和希望。此时的雾“渗和着惋惜渗和着希望”③。

陈敬容离开。兰州逃离了束缚自己的牢笼，用极短的时间挥别过去，“如今我飘泛在生活的长河，/摇一只小船，在细雨濛濛里/我依旧高歌，/我依旧有最高音/在黑夜的阴影中颤抖”，“在孤寂里/我也望见太阳/也闻到花香”④，“在绝静的深山里/燃起一把野火，/将烟雾也照得绯红，/向微波的夜的江面，/投下扩大的/动荡的红晕”⑤。陈敬容在迷雾中找到了生的希望，一方面是这一时期陈敬容在创作上的大爆发，她不再被生活和家庭琐碎的事情所累，她拥有了个体独立而自由的新生活，她

① 陈敬容：《船舶和我们》，《陈敬容诗文集》，第110页。
② 张恨水：《重庆雾》，《海光》（上海）第14期，1946年3月6日。
③ 陈敬容：《不开花的树枝》，《陈敬容诗文集》，第86页。
④ 陈敬容：《请别为我祝福》，《陈敬容诗文集》，第115—116页。
⑤ 陈敬容：《野火》，《陈敬容诗文集》，第78页。

告别了过去，全身心地投入到写作，“在一间静静的斗室”，“急急地写下/一些灵魂与灵魂的/秘密的语言”。[①] 陈敬容走到了崭新的世界，开启了新生活。另一方面，她面临新的时代话语和社会环境，国家在战争泥潭中挣扎，饱受战乱痛苦的士兵和人们还在咬牙坚持，这也触动了陈敬容。经历七年多的抗战，祖国的面貌早已物是人非。但她的作品并不是对社会现实的种种批判，对祖国战争惨状的描写，也不是对爱国将士的高声讴歌。即使面对艰苦的战时生活场景，陈敬容透过诗人的眼睛看到的也是希望和胜利的曙光。她好似一位慈母，在诗文中透露出一种力量、爱，教会人们“向明天瞭望”。最终，“山峰，树木，房舍，都在烟雾中苏醒，大地在一度死亡后重又新生——大地永远年青”[②]。“玫瑰色的黎明”在天际泛着光，染红了迷雾，也带来了希望，“一片绿色的希望，/温柔地延伸/向边缘外的边缘”[③]。陈敬容对光明热切的向往，对未来充满期望的心态，在山城雾的遮掩下依然蠢蠢欲动，好似地壳下流动的力，随时准备喷薄而出。值得注意的是，陈敬容这“绿色的希望”不仅对于战时首都，就是对于整个大后方，都如平静水面的一圈涟漪，会慢慢地荡漾开来，辐射四方。陈敬容始终借助诗文散发着自己的热和力，也希望这份热和力辐射到正在经历不幸或者抗战的“边缘外的边缘”。国家终于在1945年8月迎来了抗战胜利的消息，这座“幽邃而庞大的森林”，“用痛苦编织成的花环最后被抛向一个最高的山头”[④]。此时雾中隐约的光明终于完全显现，希望的曙光也终于照亮了所有黑暗。

（二）“焦渴”与“满溢”充斥的两江水

陈敬容在“雾山城”中感受到的隐隐的迷惘和希望其实也隐含了一种渴求无限接近真实或新鲜事物的力量，这种力量化作内在的精神动力，

① 陈敬容：《自画像》，《陈敬容诗文集》，第85页。
② 陈敬容：《黎明》，《世界晨报》1946年4月24日第3版。
③ 陈敬容：《边缘外的边缘》，《陈敬容诗文集》，第81页。
④ 陈敬容：《希望的花环》，《陈敬容诗文集》，第635—636页。

便是对于无可预知的未来的无限渴意。而且这一渴意，永不会枯竭，即使在达成了一个又一个目标之后，依然会向下一个目标进发。就像陈敬容自己所说："我从未有意企求幸福，我要的只是一种可爱的渴意，然后，一种盈盈的满溢。没有焦急的渴意，你将何以体味那满溢的狂喜呢？我有渴；我且在不绝地寻求着渴。"① 这是一种源源不断的渴意，不是冲动，也不带有情感上的焦虑，是一种追求，也是一种生活的常态，是陈敬容解决迷惘、寻求希望的途径和方式。无论是突破迷惘生活的"焦渴"，还是寻求创作灵感的渴意，都是陈敬容在重庆苦苦寻求的且切实感受到的真实存在。那么她又是如何在重庆这片沃土获得养分呢？

渴意根植于生活，重庆不同于兰州的自然风物，是陈敬容获得渴意的源泉，"度过了廿几个春天之后，才第一次感觉到春天？"② 不得不承认，重庆确实滋养了陈敬容干涸的心田，而河溪正是陈敬容获得渴意的现实源头，她对水的热爱和书写是显而易见的。她坦诚地说过："我爱水；而水，也仿佛同我有不解之缘。"③ 来到重庆的陈敬容，将渴意寄托在"两江水"身上，对其进行了大量的书写。就目前学界对陈敬容诗文整理最完备的《陈敬容诗文集》来看，其中共收录了抗战时期陈敬容在渝创作的诗歌 44 首、散文 23 篇，而其中包含"河溪""激流""山泉""江水"等意象的诗歌共 28 首、散文 16 篇，另外还有部分并未出现明显的水流意象，而以"船只""渔火""河岸""潮浪"等意象入诗入文的作品。陈敬容对水是偏爱的，而兰州的黄沙和荒漠的景象使得陈敬容对故乡、对水流的怀念与日俱增，也由此生发出了无限的渴意。1942 年春，陈敬容在《风夜》中第一次发出"听呵，听呵，我要走！"④ 的呼声，并决意要"去，去那遥远的海洋找寻……"⑤ 此时陈敬容眼中的水，不仅仅是故乡的情感依托，更是一种对未来的憧憬、对新鲜陌生事物的焦渴。

① 陈敬容：《渴意》，《陈敬容诗文集》，第 586—587 页。
② 同上书，第 587 页。
③ 陈敬容：《试谈自己》，《创作》1984 年第 2 期。
④ 陈敬容：《风夜》，《陈敬容诗文集》，第 28 页。
⑤ 陈敬容：《给杏子》，《陈敬容诗文集》，第 30 页。

1945年回到重庆的陈敬容，“又望见河，又漫步在河的边岸了”[①]，充溢的水流自然润泽了陈敬容焦渴的心：“在水中的白石上行走，/我想起夏娃，/想起她初尝禁果，/那奇异的，新鲜的欢腾。”[②] 同时也激起了她不断寻求渴意的欲望，她自喻是“蓄满了渴意”的“不安静的河流”，是“动荡的夜江”，是“永不安息的江”。经历了三次“甬道”的陈敬容，现在“直直的挺立于甬道之外了”，看到脚下“无际的平野”，也对未来“险峻的高山和汹涌的河海”充满了渴意；沉默了四年的陈敬容，“思忆，惆怅，感伤……/全行过了，最后是沉默”，积蓄的是“迫切的创造的热情”。[③] 这渴意既属于陈敬容，又适于每个人。生活总归要向着无数的目标前行。在满是硝烟的战场上、饿殍遍野的土地上，人们的渴意是对和平、安定生活的向往。在困顿不得自由的牢笼，人们的渴意是搏击广阔蓝天的飞翔。正是持着这一份对万事万物的渴意，才激发了许多创作灵感，重新燃起了生活的希望，即使在漫长的黑夜，也能寻着点点的烛火、灯光，寻着一片广阔的光亮的平野。

当渴意一次又一次被满足，而又被下一个事物所充盈的时候，产生了一种快感，一是渴意被充盈的快感，一是生活被无数渴意填满的快感，这也就转化成了一种“满溢”。陈敬容再次巧妙地把这种充盈和满溢融入重庆的山水当中，她以“一条江，一条动荡的江，一条永不安息的江”[④]自喻，这条江蓄满了渴意，而又被渴意充盈、满溢。“我有渴意，我且又不绝地在寻求着渴；当我找到焦灼的渴意的时候，我同时也就望见盈盈的满溢了。”[⑤] 这内在蕴含了一种辩证的哲思，是陈敬容对生命的思考，也是对其生命轨迹的探寻，在战时背景下，她的辩证哲思督促着人们抓住一次又一次的反抗机会，去迎接战争的胜利，去感受生命的满溢。

① 陈敬容：《投掷》，《陈敬容诗文集》，第581页。
② 陈敬容：《遗留》，《陈敬容诗文集》，第74页。
③ 陈敬容：《流溢》，《陈敬容诗文集》，第101页。
④ 陈敬容：《动荡的夜》，《陈敬容诗文集》，第632页。
⑤ 陈敬容：《渴意》，《陈敬容诗文集》，第587页。

（三）和乐与苦难下燃起的抗战信念

无论是寄雾而生的迷惘、希望，还是依山傍水的“焦渴”与“满溢”，都是战时陪都自然风物给予陈敬容的情思，而这一切都无法逃逸出战时陪都的社会大背景。陈敬容以特有的人文关怀，关注到战时陪都人民的生活，进而又将前二者的思考融入对人民生活的体察当中，成为再现战时陪都社会风貌的重要材料。

1. 硝烟弥漫也和乐共存的战时生活

重庆成为战时许多人内迁的首选地，当然有其地理上的优越性，也有其作为战时首都的政治原因，它能给予人们一定的安全感，它存有一种不为战争所困的平常态的生活，这在陈敬容的笔下，正有所表现。但这是否有悖于战时的社会环境呢？当诗人笔下出现平常态的描写，这是否可以看成是一种可望而不可即的理想呢？

在《山村小住》中陈敬容描写同住的房东一家，夫妇都是枯瘦如柴，靠几畦菜蔬和豢养家禽度日。其唯一的儿子十来岁的样子，瘦小却很顽皮，对于学校功课的事情毫不在乎，在家时却也会“帮着妈妈砍砍柴，割割草”，有时贪于玩耍忘了回家，总免不了一顿打骂。可是很快，一家人又会嬉笑如初，似乎并没有经历过风暴。这单调、朴实的乡村生活，激起了陈敬容内心的涟漪。父母对儿子所说的极具重庆色彩的方言：“你这砍脑壳的，你这鬼宰子，你这——”，“一切恶毒的咒骂，好像儿子是母亲最大的仇人一样”①，但恰恰是这质朴的乡音和亲情打动了陈敬容，使得单调的乡村生活充满了希望。这一家人，是重庆的缩影，他们身上有着重庆人的热烈和火辣，一家人其乐融融的生活，在战乱中成为一种向往。

但这是否可以完全看成一种理想呢？那也未必。战争带给人们的必定是灾难，即使在大后方重庆，战争的痕迹也悄无声息地潜入人们的生

① 陈敬容：《山村小住》，《陈敬容诗文集》，第618页。

活。在陈敬容的笔下，日常的小人物身上都打下了战争的烙印，挥之不去却也并不全然是跃然纸上的痛苦。你看那一家骨瘦如柴的身形，不也在诉说着战争对他们生活的打压吗？不是也有友人，那消沉的双眼，看不到希望而想要结束生命么？不是也有贫弱的家庭发出“穷人真念不起书呀！”① 的悲叹？“午夜后才稍稍减退，于是又来了那样是来自地狱的叫卖‘炒米糖开——水’的悲切声音”②，这难道不是重庆战乱下人民生活的多维书写？质言之，陈敬容视角是变化的，她接收着四面八方的声音，融入诗文中，便是战时重庆社会风貌的立体图画。

2. 身居后方也坚定不移的抗战信念

在陈敬容立体的战时社会生活中，她将自己慈母般的爱和信念给予了每一位读者，这是战时状态下，一位诗人、知识分子，对社会和国家所做的力所能及的事情。她时而在“山坡小径上徘徊，尽情放开嗓音歌唱”，当发现田间的农人们停下来抬头静听时，她会“歌唱得更为嘹亮”。当友人悲观地告诉她“不打算活得太长久——再有几年就够了”的时候，她会热烈地与其论证生命的意义，告诉友人自己对生命的热爱，“下意识地抗议着死亡或别种毁灭”。陈敬容在重庆告别了柔弱女子的形象，不再困囿于个人身世的孤独和迷茫，而将个人的生命体验融入时代和国家的轨迹中，并在重庆成长，多了一份坚定、执着和顽强，生命充盈、散发着热和力。在她眼中，“鸟声，人声，近处工厂底机器声，也一齐醒来，在向你唱着欢迎的和歌了，因为你将带给它们以太阳，和太阳下万般形态的生活，万般形态的融和或斗争”③。在她的诗文中，不时显露着一些重庆的战时人文，无论何时，她都不忘发出自己的声音，等待着黎明。当胜利的消息传遍中国的土地，陈敬容眼中的重庆也笑了，我们的祖国，“在艰难的行程中”“用手按着自己的创伤，忍着疼痛引吭高歌”，这一胜利的花环，“编织了整整八年”，直到我们祖国最后的胜利，“全世界才算

① 陈敬容：《樱桃河》，《陈敬容诗文集》，第 600 页。

② 陈敬容：《山村小住》，《陈敬容诗文集》，第 620 页。

③ 陈敬容：《黎明》，《陈敬容诗文集》，第 630 页。

有了一个完整的笑容”①。

二 重庆书写促成诗文风格转变

陈敬容笔下的重庆书写，之于自己，在丰富其个体生命体验的同时，也完成了其创作风格的转变；之于重庆，则是丰富了重庆人文、地理的特色，并在战争背景下传递着一股坚定的信念。重庆对陈敬容的滋养，是给予其丰富的地方意象入诗入文，陪都独特的风土人文以及战时首都的重要地位，帮助陈敬容完成了一次蜕变。在创作风格上，陈敬容在个人的忧思中，又加入了对国家和民族的关切，不时表露出“男子气概”，形成了刚柔并济的创作风格，使其以一位“女战士”的形象站在陪都的土地上传递着坚定的抗战信念。

（一）地方色彩的意象选择

朱光潜在《诗论》中强调，诗人的情感寄托于一组又一组的意象，诗人在内心生发情感而同时又能敏感地从生活中找到一个“情感饱和的意象”，“情感与意象卒然相遇而忻合无间”②，这样就是艺术、创造和欣赏。由此可见，意象在诗文中的重要作用，能体现诗人的敏锐力和对生活的观察、体悟力。陈敬容诗歌创作生涯起于初中，十三四岁的小姑娘就已经具备一定的诗情，而后来到北平，受到了卞之琳、何其芳等优秀诗人的影响，慢慢形成了自己独具一格的诗文创作风格。其诗文中，始终透露着一种忧思，这种忧思很大程度上是陈敬容个人经历与生命体验所集合外化的情感主调。陈敬容将自己凄迷的身世融入诗歌创作中，并随着自己生命足迹的转换，更换着诗文的意象。正是由于少小离家的孤独，心中的孤寂无与谁人说，便只能与文字产生对话，倾诉自己的忧思。目力所及的生活景象，毫无疑问会成为陈敬容情感的载体，若是将诗文中所有意象整合出来，就会发现陈敬容一生的行迹。

---

① 陈敬容：《火炬》，《陈敬容诗文集》，第633—634页。

② 朱光潜：《诗论》，生活·读书·新知三联书店2012年版，第109页。

意象的选择是诗人生活经验的外化和体现，是诗人联想移情的载体。在兰州时期，其诗文的意象多是“黄叶”“黄昏”“落日”“黄沙”等。这一系列的意象是以满含愁绪和悲伤的黄色作为主色，诗人把自己的愁绪进行合理的联想，移情到自然风物，通过筛选、组合才得以构成情景交融的诗境。本是满怀着期望，带着一份重新开始的喜悦来到兰州，但映入眼帘的一片荒凉之景，将她的盲目热情和无限希冀扼杀在了摇篮里。而后她所遭遇的不幸，也得到了周遭衰败之景的映衬。在如此压抑的环境下，忍受了四年折磨的陈敬容终于决定逃出家庭的束缚，去寻找生命的自由。1945 年再次与重庆相遇，人生的迷茫和惆怅感也就无端涌上心头。可无论如何，重庆作为战时首都，有着与兰州迥异的生活气和都市感，这都使陈敬容燃起了生活的希望和奋斗的决心，这一时期其诗文的意象又多是极具重庆地方色彩的“雾”“河溪”“江水”“激流”等充满生命气息的意象。在意象的选择上，陈敬容总是能找到日常生活中与其心境相符的自然物，注入自己的情思，与之产生对话而形成一个如家庭一样和谐的整体。不得不称赞的是陈敬容辩证的思维，即使同样的意象，在她的笔下也存在断裂、跳跃和多义性。这种力量使得陈敬容的诗文意象可以重复出现和使用，但并不会影响诗文情感的丰富性。

（二）刚柔并济的创作风格

陈敬容作为一名女诗人，诗文中带着女性的温婉和柔和，她以女性的温情去体味人生，关照社会，细腻的情感自然地流露，就如涓涓细流淌过心田，给人一种婉约、清秀的美，又如晚风中的阵阵花香，沁人心脾、醉人心肠，既有黄昏时的哀婉，又顿觉一种通达和舒畅。

这种女性所特有的温婉始终是陈敬容写作的基调，在她的笔下，“流云”也带上了“情意”，“流水”奔腾欢唱，秋雨也很“温柔”，就连“乌云的颜色也很淡”。她像一个孩子一样，“戴着草帽独坐桥头/看阳光下水草的轻盈舞姿，/或是赤裸着双脚/涉行于月下的河溪”，带着一本书和一个木凳到绝静的山林，“读一会书，抬头看一看叶缝中的蓝天，一些鸟声清越地飘来”① ……细细品味陈敬容的诗文，细腻的情思无处不在。但这种柔和的美，不是一味地凄清和哀婉，也有清秀和婉约。而且置身这静谧的美景中，“仿佛置身在一切尘世的哀乐之外，以十分清晰的眼神凝视宇宙”，故而这种美时而又转换成一种成熟的哲理或是“金色的希望”。在“雾山城”中，尽管陈敬容感受到了人生的迷茫，为此自己也直言“我迷惘得很”。可谁又能想到，这迷雾本身并没有使人迷茫的力量，而归根到底都是人自己的抉择。你可以将自己的眼睛迷失在迷雾中，给自己缓冲和沉思的时间；你也可以选择在迷雾中摸索、前进，带着对迷雾背后景象的好奇心，“向广漠的草原/燃起一把野火，/照亮夜，/也照亮希望”。

正是这种孤寂之感，带给陈敬容更多沉思，给这柔和的创作风格增添了“一抹猩红”，展现出一种男子气概和思想的深度。不可否定女性所具有的“叹息”和“悲伤”，只是陈敬容不愿去迎合、扩散这一份愁，而是“一齐投入生命的熔炉/铸炼成金色的希望”②，在“思忆，惆怅，感伤……/全行过了”③，她开始化作引满风的帆，蓄满渴意的河溪，燃烧的蜡烛，在不断的燃烧里，用眼睛和心，投入创作，也“向每一个明天瞭望”④。

这些充满哲思和力量的语言，打破了陈敬容诗文中的娇弱女子气息，“常有男性急促的调子从她的诗里透出”⑤，从而呈现出“两性”共存、和谐统一的特点，这也展现了陈敬容“慰藉明澈、刚柔并济”⑥ 的创作风格。

---

① 陈敬容：《山村小住》，《陈敬容诗文集》，第 619 页。
② 陈敬容：《铸炼》，《陈敬容诗文集》，第 98 页。
③ 陈敬容：《流溢》，《陈敬容诗文集》，第 101 页。
④ 陈敬容：《向明天瞭望》，《陈敬容诗文集》，第 95 页。
⑤ 唐湜：《严肃的星辰们》，《诗创造》1948 年 6 月第 12 辑。
⑥ 袁可嘉：《慰藉明澈，刚柔并济的抒情风格》，《文学评论》1990 年第 5 期。

（三）坚持抗战的碧血丹心

个人与时代的关系就像溪水与大海，溪水唱着自己的调子，沿途也有自己的风景，只不过最终总是要慢慢注入大海，成为大海不可分割的一部分。倘若这条小溪想要逃离大海，成为孤独的个体，那么便只能越来越狭窄和卑微，化作一汪死水悄无声息地消失在大地上。所以优秀的文学作品，很难始终以个人的情思支撑到最后，它必须关注到社会的大背景，发挥其力所能及的作用，以诗人敏感、独特的视角捕捉那可贵的瞬间，使每个读者都能够从中获益。就如艾青所说："个人的痛苦与欢乐，必须融合在时代的痛苦与欢乐里；时代的痛苦与欢乐也必须糅合在个人的痛苦与欢乐中。"[①] 显然，陈敬容做到了，她也一直秉持"时代永远要求诗人严肃地思考"[②] 去创作。从兰州到重庆，变化的不仅是个人的生活状态，还有时代背景、社会环境。国家危亡的紧要关头，陈敬容很快从个人身世的感怀中跳出来，化身为一位充满希望与力量的"慈母"，在大后方都市里发出一些铿锵的声音，这对激励当时的重庆甚至全国的抗战信念是有重要的积极作用的。

重庆是战时首都，对全国的抗战局面有巨大影响，因此陪都人民对抗战的信念也会直接影响到全国抗战的热情，陈敬容内心所隐含的"两性"人格，此时又发挥了重要作用。经历了兰州四年的束缚，陈敬容在内心上已经变得沉稳了很多，没有早期在成都振臂高呼的那种姿态，也没有对抗战场面直接露骨的刻画。而是尽可能地静下心来，走进人们的内心世界，教会他们在黑暗的现实中，也要坚持守望黎明；在迷雾中，也要看到远处高山隐约可见的烛火；在绝静的深山，也要发出松涛的巨响；"在艰难的行程中你用手按着自己的创伤，忍着疼痛引吭高歌"[③]，永远带着渴意和希望，永远地追寻和飞翔。只有这样"你的翅膀日益轻

① 艾青：《诗论》，生活·读书·新知三联书店 2014 年版，第 82 页。
② 陈敬容：《学诗点滴》，《诗探索》1981 年第 2 期。
③ 陈敬容：《火炬》，《陈敬容诗文集》，第 633 页。

盈；/而你的希望/一天比一天更新”①，即使发出悲切的声音，但那也是“沉雄而有力”的呼喊，它将“掷去所有黑夜的阴影，将胜利的光辉遍染黎明的天空”。

在陈敬容的诗文中，“新鲜的焦渴”是她自身不断去追求的真理和希望，这帮助她走出了人生的困境，找到生活的方向，投入到创作中也给予她源源不断的灵感和热情。这在陈敬容看来是近似生活的真谛，她并不吝啬分享，她鼓励人们，面对抗战的苦难，也要看向黎明的曙光和美好的日子，再咬牙坚持最关键的那一会儿，胜利也就来到眼前。这种对美好生活的渴意，对抗战胜利的希望，是激励人们坚持抗战的取之不尽、用之不竭的动力。

三 结语

陈敬容被捆绑、囚禁的心灵，在重庆得以飞翔和遨游，重庆给予陈敬容的不仅是心灵上的安慰和人生方向的指引，还有温情包裹下的创作改变，她挥别过去，借助重庆的地域特色，倾诉自己的痛楚，塑造诗意的华章。陈敬容在诗坛的重要性慢慢凸显，一方面遵循九叶诗派集体的创作风格，遵循现代主义诗歌的创作传统；另一方面又没有失去个性，以其“慰藉明澈、刚柔并济”的创作风格彰显其独特，同时又弥补了部分九叶诗人之欠缺，“在一定程度上促成了该诗派的某种先天的完整性，使阴柔之情与阳刚之气的交融以诗歌流派的整体面貌呈现出来，也形成了诗派在共同艺术目标之下的多元风貌”②。由此来看，陈敬容的重庆书写，是其创作生涯中不可或缺的，也值得进一步研究的一部分。

① 陈敬容：《追寻》，《陈敬容诗文集》，第91页。

② 蒋登科：《九叶诗人论稿》，西南师范大学出版社2006年版，第30页。

近代东北文化与沦陷时期新现实主义文学*

王劲松**

内容提要：区域文学的地域性和时代性反映了特定历史时期的文化现象。中国东北地区具有多元化的文化基因。由自然气候及历史等因素，东北各民族具有耐劳苦、尚勇武雄强的文化性格。近代以来，漫长的民族迁徙中形成的漂泊自由精神、开拓冒险精神成为独特的东北地域文化基因；外来文化的入侵也使得东北地域文化具有复杂性。沦陷时期出现的新现实主义文学，承载了战争时期苦难现实中的生命意识及殖民文化，体现了近代东北文化的复杂特征。考察这一文化现象，有助于我们从文学层面深化抗战研究。

关键词：近代东北文化；沦陷时期；新现实主义文学

一 近代东北文化概述

（一）地域文化特征

任何一种文化的原生形态都有鲜明的地域特征。中国东北地处北半

* ［基金项目］2016 年度国家社会科学基金重大招标项目“抗战大后方文学史料数据库建设研究”（16ZDA191）、2015 年度国家社会科学基金项目“伪满文艺体制研究”（15XZW031）。

** ［作者简介］王劲松（1967— ），女，重庆师范大学文学院、重庆市抗战文史研究基地副研究员，抗战大后方文化与文学研究协同创新团队成员，硕士生导师，研究方向为中国现代文学与比较文学。

球寒温带，是东北亚大陆核心地带。清朝在公元1858年以前，东北辖区包括辽河、黑龙江、绥芬河、图们江等领域，远至库页岛，土地面积达百万余平方公里。气候冬长夏短，较严寒。古时有100多个民族在白山黑水间繁衍生息。因地理上多山林、湖泊，古东北土著民族的生产和生活方式与中原汉民族从事农耕生产有很大不同，多依赖于自然，以渔猎、狩猎为主。由于冬季严寒而漫长，生活、生产方式又依赖于自然，东北土著各民族具有耐劳苦、崇尚勇武雄强的文化性格。

自远古而来，这片黑土地上就孕育着多元化的文化基因。历史上，由于东北是边徼地域，一直是多民族交汇繁衍之地。在这块土地上，“今天的满、蒙古、朝鲜、锡伯、赫哲、鄂伦春、鄂温克、达翰尔等少数民族文化仍能保存各自的传承，但均在演变和发展”①。东北各民族在漫长的五千年华夏历史中频繁地迁徙，从而开拓了中国的疆域，促进了边疆与内地的交流及多民族的融合。“以新乐下层和红山文化为代表的东北原始文化，与黄河流域的仰韶文化、长江流域的河姆渡文化一样，同为中国新石器时代文化的重要发源地。高句丽文化与渤海文化具有鲜明的民族特点，是中国古代文化中的瑰丽奇葩。”②

在东北的历史长河中，流民、移民的迁徙文化是其独特的文化特色。由于气候寒冷，为了生存，一些民族南下，与之相应的是内地汉民族的官吏、商贾出于各种原因迁徙北上，一些流人也因罪发往东北。1653年，清政府颁布《辽东招民开垦条例》，鼓励关内百姓出关开垦。内地大量的劳动力迁移，使东北广阔的荒地得到开发，汉族移民还带来了中原先进的生产技术和文化传统。汉民族带来了中原文明，与东北土著民族呈现出相互交融的文化趋势。在古代民族迁徙中形成的漂泊自由精神以及闯关东的移民开拓冒险精神，都成为独特的东北地域文化基因。

---

① 佟冬主编：《中国东北史》第5卷，吉林文史出版社2006年版，第669页。

② 《前言》，佟冬主编《中国东北史》第1卷，吉林文史出版社2006年版，第9页。

（二）外来文化的渗透和入侵

古代东北各民族以渔猎为生，尚勇武。到了近代，市民文化中有俄日外来文化的渗透和影响，哈尔滨、大连、长春、沈阳、吉林、佳木斯等大城市的市民文化、商业文化、手工业文化等都有俄罗斯民族文化、大和民族文化的渗透。中国东北向来是日俄帝国主义角逐之地。华俄道胜银行、日本“横滨正金银行”、汇丰银行、花旗银行以及中东铁路、“满铁”等外国经济机构，使得近代东北的地方经济带有殖民化的资本主义经济特点。

帝国主义国家还在东北办学、传教。1858 年至 1900 年，沙皇俄国不断入侵东北。19 世纪中叶，沙俄的莫尔托赫维茨来东北传教，东正教在东北传播。“1889 年英国道格拉斯在本溪创办德育学堂和德育女学堂，1892 年英国基督教在海城设立三育学堂，1895 年德国天主教修女在营口所设天主堂附属学校……1902 年苏格兰自由教会在奉天相继创办文会书院和神书院，1906 年至 1909 年辽阳基督教会设立文德中学、育才女学校、文育小学等。”① 1907 年日本大阪《每日新闻》上一篇题为《论日本宜设大学于中国东北各省》的文章，声称“先以教育为扶植势力之源”，“不妨把满洲看成我们日本伸张特权的场所”。② 在这样的殖民侵略目的引导下，至 1910 年，日本在中国东北设立了二十余所大专、中等学校和几十所小学。③

20 世纪初，沙俄首先垄断了哈尔滨的新闻报业。中国东北地方报业始于 1903 年东清铁路机关报俄文版《哈尔滨新闻》的创刊。1906 年日本人在沈阳创办了《盛京时报》。五四新文化运动后，东北的报业发展较快。报纸受俄国十月革命和新文化运动的影响，报道内容革新。随着殖民地、半殖民地社会的深化，东北的外国人办报呈增长趋势，哈尔滨等地外文报纸多于中文报纸。“九一八”事变后，日本殖民当局在东北建立

① 佟冬主编：《中国东北史》第 5 卷，吉林文史出版社 2006 年版，第 697—698 页。

② 齐红深主编：《东北地方教育史》，辽宁大学出版社 1991 年版，第 177 页。

③ 佟冬主编：《中国东北史》第 5 卷，吉林文史出版社 2006 年版，第 698 页。

了伪满洲国，严密控制东北的文化，东北的文化宣受于日伪统治的文化机构操纵，具有高度集中和垄断的特征，称为“官制文化”。1935 年日伪当局成立了伪弘报协会，严格管理新闻、通讯和广播系统。1941 年 8 月 25 日又相继出台了《通讯社法》《新闻社法》和《记者法》，并垄断了东北的报纸发行，控制了新闻系统。1932 年 10 月 24 日颁布了《出版法》，1943 年成立了伪出版协会，严密控制图书的出版发行。1937 年 8 月 21 日，成立了“满映”，1939 年甘粕正彦出任“满映”理事长，严密控制电影业。为了控制文学艺术部门，1941 年伪弘报处颁布了《艺文指导要纲》，其宗旨是要“把世界最高的日本艺文移到满洲来”。日本殖民统治时期，法西斯殖民统治和文化侵略，使东北原生文化和新文化运动后的现代文化遭到极大破坏。

在这样的历史背景下，东北地域文化中融入了殖民化的资本主义文化，使得近代东北文化由多元性走向了复杂性。

二　沦陷时期新现实主义文学的文化特征

1868 年明治维新以来至 1911 年，日本解决了幕府末期签订的不平等条约问题，挣脱了西方殖民者的锁链，开始了资本主义体制的发展过程。然而，日本本土资源严重匮乏，导致经济严重依赖外国。20 世纪 20 年代是个多事之秋，1927 年 3 月日本国内爆发了大规模的金融危机。这次危机还未平息，1929 年世界经济危机又波及日本，使日本经济陷入绝境，其危害程度和时间远远超过其他资本主义国家。正是在这种政治经济混乱的形势下，日本对外政策发生了变化。日本国内各种右翼分子粉墨登场，为挽救国家艰难局面，各类法西斯团体纷纷打出“国家主义”“大亚细亚主义”等招牌。此时，日本对华政策为“把满洲从支那本土割离”，“作为另一种疆域区划，并使日本政治势力进入这块土地和地区”[①]。海外扩张的真实目的是掠夺资源，

① 日本外务省编：《日本外交年表及主要文书》下册，转引自张健、王金林主编《日本两次跨世纪的变革》，天津社会科学院出版社 2000 年版，第 276 页。

为本国寻找出路。

1940年9月，德、意、日三国缔结军事同盟。日本为扩大战争，在本国及中国占领区积极备战，一方面严酷打击抗日力量，另一方面加紧奴化宣传教育和殖民文化统治。全体主义是日本为扩大战争谋求各方面建设与发展中高度而严密的意识形态。这时期东北沦陷区出现的新现实主义文学，正是这种严密而高强度的意识形态框架中的产物，它同时体现了近代中国东北的文化特质。

1941年3月23日，伪弘报处制定了《艺文指导纲要》，强调了伪满洲国文艺必须符合“建国精神”，以体现“八弘一宇伟大精神的显现”。日本殖民主义者将“八弘一宇”与儒家的“天下大同”等同起来，在此基础上建构全体主义精神。殖民当局为了麻痹沦陷区民众，极力在“全体主义”中寻找中国传统文化根源。《纲要》还强调：“文艺政策之目的在于根据文艺家及文艺团体活动，创造丰富之文艺作品，并促使其广泛渗透至国民大众。”[①] 因此，《纲要》又进一步阐明了文艺精神之体现：“文艺家及文艺团体，应具有肩负国家使命之自觉，以作为建国斗士一员与炽烈之热情，奔放之创造意志，致力于满洲文艺创作，有助于文化之发展，藉以扶助建国之大业。”[②]

（一）苦难现实中的生命意识

《艺文指导纲要》在内容上要求表现“真、善、美”，反对唯物史观、阶级斗争思想和艺术至上。所谓新现实主义，即是从日常生活中取材，客观真实地描写对象，表现真实，感染读者。其特点是注重人物的心理描写，很多作品都有作者自叙传成分，因此作品的感染力很强。满洲女

① ［日］满洲国史编纂刊行会编：《满洲国史·分论》（上），东北沦陷十四年史吉林编写组译，赵连泰校译，内部发行，1990年，第111页。

② 同上。

作家蓝苓[①]和但娣[②]此时在《华文大阪每日》上发表的很多作品都表现了这一时期的文化症候。在这些作品中承载着五四新文学的传统，但已没有了个人主义的奋斗精神；作品虽未剖析现实苦难根源和阶级意识，但却体现了浓厚的地域文化和时代特征。蓝苓的散文《渔船》富含哲理。“渔夫”象征着人生航程中的强者，对于弱小生命的鱼儿的捕食，早已习惯地不动感情：“他用鱼儿的生命，来延续他自己的生命，为了自己要活，便顾不了别的——而且，习惯使着他的感觉麻痹了。”[③] 作者显示了弱肉强食的社会被污辱被损害者的悲怜。诗歌《桥畔》写景状物非常突出，用“寂寞”“落叶”“寒风”“抖颤”“冰冷的”“枯林”“呜咽”等词来衬托秋冬衰败的意境中一个贫寒老妪的形象：

桥下有条寂寞的小河，
桥畔有个扫落叶的老太婆。
十一月的寒风，
已经消失了太阳的温暖，
扫帚在她的手中抖颤。
扫呵，扫呵……
她似乎不理会时间的早晚。

---

① 蓝苓（1918—?）：原名朱堃华，笔名蓝苓、朱堃华、莉莎等。出生于河北昌黎，幼时随父母去齐齐哈尔。毕业于齐齐哈尔的黑龙江省立第一师范学校。1941 年开始文学创作，作品发表在《黑龙江日报》《黑龙江民报》《满洲新文化月报》《兴满文化月报》《满洲报》，以及日本大阪的《华文大阪每日》半月刊等报刊。主要作品有《科尔沁草原的牧者》《我别了故居》《桥畔》《在静静的榆林里》等四十多首新诗，以及《日出》《夜航》《端午节》《影戏》《渔船》等小说散文。

② 但娣（1916—?）：原名田琳，笔名但娣、罗荔、晓希、安狄、田湘、山鹰等，黑龙江汤原人。1933 年毕业于齐齐哈尔的黑龙江女子师范学校，任小学教师。1937 年考入日本奈良女子高等师范学校史地系。1942 年毕业回国，任开原女子高级中学教师。1943 年 12 月计划逃离伪满洲国未遂，遭日本宪兵逮捕入狱，判刑两年。1944 年秋出狱，以监外执行身份到新京满洲映画协会编剧科工作。1933 年开始发表作品，在齐齐哈尔《黑龙江日报》、长春《青年文化》、日本大阪《华文大阪每日》等报刊上发表《梦与古琴》《猎人》《我的歌》等新诗，《风》《售血者》《砍柴妇》《安荻和马华》《忽玛河之夜》《传尸病患者》《旷野里的故事》《戒》等小说。

③ 蓝苓：《渔船》，《华文大阪每日》第 7 卷第 2 期，1941 年 7 月 15 日。

一双归鸦在头顶上叫过，
她忽然想起冰冷的锅灶里，
还没有填过一把火；
匆忙的背起筐篓，
穿过那一排枯林，
风在抹擦着她的脚印。
小河，
缩在黄昏的怀抱里呜咽。①

散文《影戏》叙述了作者年幼时在故乡乡下与母亲一起看影戏的经过。影戏中讲述一个年轻女人，丈夫赴京赶考去了，家中婆婆经常虐待她，她每天以泪洗面。丈夫赶考回来，发现门前有男人的脚印，疑心女人不贞，女人满腹委屈无从倾诉，又不能与丈夫大声讲理。母亲对剧情泪流满面，年幼的“我”不解其意，“为什么这简单的落伍的玩意儿，竟会使母亲流泪？我默默的追索着那足以逗引母亲流泪的情节”②。最终剧情却以大团圆结尾，丈夫尽释前嫌，皆大欢喜。这篇散文通过旧时代的乡村中古老的娱乐手段——皮影戏，展现了女性在封建家庭中屈辱的现实地位和生活图景。忧伤的情节刺激了母亲的心灵，年幼的“我”也被这气氛感染。写景状物都很突出，结尾运用了蓝苓一贯喜爱的“灯”的意象：“四野黑洞洞的，只有大伯手里的纸灯笼，在闪烁着暗红的光芒，远处传来几声狗吠，谁家篱笆内的桃花，在放散着淡淡的香气。”③ 蓝苓的作品中常常出现黑暗中的“灯光”意象。暗红的灯光在黑洞洞的田野闪耀着，寄托着作者心灵中的冥想和现实中的希望。

但娣1940年留学日本，在《华文大阪每日》发表了很多诗歌、散文、小说，以雄浑凄凉的风格展现了作家眼中沦陷区的现实和客居殖民

① 蓝苓：《桥畔》，《华文大阪每日》第4卷第1期，1940年1月1日。
② 蓝苓：《影戏》，《华文大阪每日》第8卷第2期，1942年1月15日。
③ 同上。

宗主国心中的苦闷。处女作短篇小说《风》，描写一个贫苦的渔妇在听到丈夫遭遇海难的噩耗后，挣扎着顽强地产下了婴孩。但娣以暴风雨和咆哮的海浪衬托渔妇的悲苦，渔妇“在战栗的激情”中绝处逢生的顽强挣扎，象征着女作家但娣苦难的一生。小说取名《风》，意喻在狂风中跋涉求生。与此情节相类似的是萧红第一篇现实主义小说《王阿嫂的死》。《风》与《王阿嫂的死》皆表现女主人公在失去丈夫的悲痛中生产，所不同的是，王阿嫂及其婴儿皆惨死在张地主的残暴下，而《风》中的渔妇却在“战栗的激情中”生下了婴儿，绝处逢生。显然，左翼女作家萧红将女性的死难直指阶级压迫，而但娣所表达的是女性对自然命运抗争的生命意识，作者没有给渔妇的苦难找到更深刻的原因。但娣的另一篇小说《砍柴妇》同样描写了艰难求生中的祖孙三代人——婆婆、少妇和小带弟，偷偷在私家山林中砍柴，小带弟饥饿难忍，为了一对大学生情侣给的橘子而滚落山崖。砍柴妇那“枯瘦粗糙”的手象征着顽强的生命力。短篇小说《忽玛河之夜》中男主人公戴西“因一篇文章遭到放逐和被砍去双手”，最后悲惨死去。女主人公朱倪思悲愤地投入忽玛河，以死殉情。这篇小说表现戴西和朱倪思对黑暗势力的抗争和不屈的生命意识。

但娣出生于黑龙江省汤原，这里具有中俄两地的文化习俗，因此，但娣作品中的人物名称皆具有独特的中俄地域特色，像《售血者》中的伊丽耐、《忽玛河之夜》中的朱倪思、《未完结的故事》中的马拉和马尔华、《安荻和马华》中的安荻和马华等。《华文大阪每日》连载的中篇小说《安荻和马华》[①] 是但娣沦陷时期的代表作。而在此之前发表在《华文大阪每日》第 4 卷第 1 期的诗歌《未完结的故事》可以看作是《安荻和马华》的序诗。在诗中 1935 年，马拉和马尔华初识，他们伴着兴安岭的寒星和驼铃声跋涉着。1936 年，灾难的暴风雨忽然来了，马拉恳求马尔华丢下她。1937 年，他们正式结合了。1938 年，马尔华“在乳色的黎明里”“晓角响过”后，谋生去了。诗歌简要地勾勒了马拉和马尔华的生

① 《安荻和马华》连载于《华文大阪每日》第 6 卷第 1 期、第 2 期。

活，但故事没有结局，因此取名《未完结的故事》。全诗笼罩在一种哀愁、幽怨的气氛中，用“寒星”“跋涉”“忧愁”“灾难”“哭”“倦”等勾勒出一对艰难求生的伴侣。这一格调在中篇小说《安荻和马华》中进一步升华出浓厚的悲哀气氛，将人生的苦难写到了极处。马华临终前发出的绝叫：“安荻！安荻呀?”小说的末尾，当安荻听到马华的死讯后，晕倒在地，醒来后“从眼角里流出血来……”[①] 整篇作品笼罩在悲凉凄楚的氛围中，全篇使用了大量的感染气氛的形容词和副词。而安荻正是在这样的生存环境中顽强地挣扎着。文中故事背景尽管交代不清，但仍能看出“九一八”事变的痕迹：

> 凋落的九月，落着骤雨。
>
> 战争十分紧急。大炮轰响在城外。飞机从早晨就鹰样地盘旋在北兵营的上方。炸弹不时落下，轰翻了近处的田野。[②]

作者承续了五四新文学现实主义精神，再现了沦陷区人民艰难的生存图景。作者未直接表现抗争，而是以东北地域文化基因中对生命力的顽强，以及对自然生命力的歌颂，保存了沦陷区作家的爱国良知。

但娣的中篇小说《安荻和马华》收入辛实主编的“新现实主义文艺丛书”[③]中，体现了伪满洲国“暗的文学”[④] 的价值诉求。这部作品也为但娣赢得了声誉：

> 作者的题材对象从未离开大众，更进一步说，却和大众结了密

---

① 但娣：《安荻和马华》，《华文大阪每日》第6卷第2期，1941年1月15日。

② 同上。

③ 钱理群主编：《中国沦陷区文学大系·史料卷》，广西教育出版社2000年版，第1039页。

④ “暗的文学”是伪满洲国出现的现实主义文学现象，是民间同人文学团体“文丛”“文选”派作家的创作倾向。他们作品的共同特点是景象灰暗冷落，人物形象大多为下层人民，穷苦悲愁，作品情调低沉悲愤。其中较有影响的作家有梁山丁、王秋萤、吴瑛、袁犀、金音等。

> 切的关联。……作者在故事里所描述的人物中，没有一个是以安逸享乐为生活方式的人，而完全是贫苦受难，和生活直面接触的人。在这一点说，其意义的深远，也迥异寻常了。①

评论者默夫又提出了对马华的结局不满："作者给我们展开的却是马华在侧面所遭受的不幸和多难，而没有在正面写出其对生活的激烈搏斗和抗议，最终，马华更屈服了环境，悄悄投在水里自杀了。这结局实在出乎我们意料之外！"② 显然，评论者认为马华应该在艰难困苦中刚强不屈，隐忍挣扎，最终才能摆脱困境。

评论者处士则从另一个角度挖掘了这篇小说的意义：

> 我们的《安荻和马华》的作者，他不只是给我们提出了同种应该相亲，就是异种人又何常不应该亲善呢！作者替人类把郁积在胸中的情绪，给一口道出来，使我们胸中为之爽快了！我们的作者的思想在这一点上，是足以使人们钦佩的！
>
> …………
>
> 人类的互相谅解，互相亲善的最好手段，除了拿忠诚热烈的心肠来感化外，我想没有再善的方法了。王道之所以高于霸道的地方，就是在此一点吧！③

评论者将安荻和马华的异族通婚上升到了"日满亲善"的认识高度，对其中的情节进行了细读：

> 就如故事中的老人（安荻的祖父），也就是一位异族畛域很深的

① 默夫、禾葩、处士：《〈安荻和马华〉面面观》，《华文大阪每日》第6卷第4期，1941年2月15日。

② 同上。

③ 同上。

人，直到他最后的一口气时，还是对于马华和安荻摇头而死去。如果假定老人死的晚些，在这困苦艰难中，马华对于老人，加以种种的帮助和爱护，以他人类良心的至诚感动了老人，那时使他（老人）了解了人与人之间，本没有什么异族的界限，而在他将死之前，撮合了这一对不同种族的青年的好事，使他的灵魂安然含笑而去，这对于文章的色彩的加添，还是其次，发挥那伟大的思想更是很重要的关键呢！①

《安荻和马华》这部中篇小说作为伪满洲国“暗”的文学，描绘了沦陷区人民艰难的生存图景。这样一部呈现现实苦难的作品能够在日本本国的杂志上发表，并以征文的形式被选中②，有其多种因素。作者顺应了当局的创作意识，这也说明了对涉及民族问题内容的严格审查，与对表现昂扬、向上精神诉求的现实主义文学的接纳肯定，成为满洲文坛的悖论现象。毫无疑问，官方对揭露黑暗现实的文学并非持积极的支持态度，但对其承载的“昂扬向上”的生命意识却肯定其有存在的价值，这说明了战时体制下顽强的生命意识与全体主义话语中的“奋发精神”成为当局寻找支持和利用的精神向度。

（二）女性情操教育小说中的日本战时文化

1942 年，日本在太平洋战争中受挫。为了挽救不利局面，提出实行“总体战体制”。总体战体制是指后方的政治、经济、文化等各个领域“为战争的目的之完遂而作猛烈的斗争”。此时出现的女性情操教育小说，成为“总体战体制”下“枪后援”运动等“奋发昂扬向上精神”“作时代有为女性”等宗旨的典型。蓝苓的短篇小说《夜航》，叙述了筠的丈夫失业之后离家出走，筠陷入了经济和精神的双重困境中，此时房东又想

① 默夫、禾葩、处士：《〈安荻和马华〉面面观》，《华文大阪每日》第 6 卷第 4 期，1941 年 2 月 15 日。

② 1942 年，《安荻和马华》获《华文大阪每日》第一次“征募百页中篇小说入选作”。

乘人之危。在这艰难不知所措的时候，�接到了好朋友雯的来信。雯鼓励筠勇敢地活下去：

> 在这个波动的战争里，是一切国民的受难时期；但是，忍耐的担当下去吧！没有战争，和平是不会降临的。为了未来的人类的光明的日子，这一点点个人的痛苦，算得了什么呢？目前唯一的办法，你该赶紧找一个职业。
>
> 生活原是该有着斗争的意义的，它决不是一幅诗般美丽的画图呵！①

这封信“增加了筠的力量，仿佛艰难的夜航者，确信着黎明不久就会到来似的有了前进的勇气”②。作品中突出了艰难困境中女性的“昂扬向上”精神。雯的信张扬了战争背景下女性的责任和生活意义。正像这篇小说的前面，作者呼喊的那样：

> 被生活摈弃的，
> 是那些摈弃了生活的人们。
> 艰辛的夜航者呵！
> 紧握着生命之桨，
> 你该坚强的划向前面，
> 毗连着黑夜的，
> 是那白昼的边缘。③

《夜航》这篇小说建构了战时体制下女性情操和美德的话语。文中对女性崇高美德的肯定，以及对战争的主观能动的积极心态，都说明了女

① 蓝苓：《夜航》，《华文大阪每日》第9卷第9期，1942年11月1日。
② 同上。
③ 同上。

作家深受殖民文化毒害。作品体现的文化特征应有多重因素来阐释：五四新文化思想对女作家的启蒙当是首要因素；其次，东北地域文化基因中雄浑沉郁的风格使东北女性文学远离了闺怨风格，有别于北京、上海等地的女作家文学创作；再次，日本殖民文化中对“国家民族”的想象与战时体制下女性与国家的关系，使沦陷区“新女性”观得以在战争背景下重新构建。伪满洲国女性社会主体地位在战时体制下的“拔高”，使五四时期追求个人价值的“新女性”观发生变异。继蓝苓后，朱媞[①]的一系列作品也在继续塑造着“有为的妇女优秀的母亲”的典型形象。发表在《华文大阪每日》第10卷第7期的《梦与青春》当为朱媞“女性情操篇”的第一部。作品讲述了24岁的年轻姑娘沙夏曾经有过一段美好的婚姻，“后来，为了一点点爱情的猜嫉，逃出了她的家，越过了这道宽广的江水，和一个并没有爱情的男人开始了同居的日子”[②]。江水如逝去的青春，载着沙夏的忧虑和梦。沙夏每天以泪洗面，怀念着江对岸唱船歌的年轻人，青春的生命就这样一点点枯萎。作者用大量的心理描写展现了沙夏的犹疑和彷徨。终于，在一天夜里，当“油灯的光焰破裂开来，沙夏仿佛看到一团生命的火焰在她底眼前燃烧起来了。沙夏不能再思索下去，沙夏底眼前没有狰狞，也没有恐怖，有的是一片希望与绝望交织的光焰……”[③] 沙夏以“最大的勇气拒绝了她的男人的呼唤”[④]，挣脱了男人的手掌，毅然跑了出来，去追寻逝去的青春与光明。作品的末尾写道：“门外丢在一片昏黑里。”[⑤] 继《梦与青春》，朱媞在《大黑龙江的忧郁》《渡渤海》中都刻画了艰难困境中优良母亲的系列形象。《渡渤海》中那

---

① 朱媞（1922—?）：原名张杏娟，笔名朱媞、杏子等。1923年3月6日生于北京，幼年迁居吉林。毕业于吉林女子中学附属师范班。曾先后在吉林、长春、哈尔滨等地任小学教师。1941年求学期间开始文学创作。1943年发表第一篇小说《大黑龙江的忧郁》。1945年出版小说集《樱》。伪满洲国时期先后在长春《大同报》副刊、《兴亚》杂志、日本大阪《华文大阪每日》等发表作品。

② 朱媞：《梦与青春》，《华文每日》第10卷第7期，1943年4月1日。

③ 同上。

④ 同上。

⑤ 同上。

个到东北寻夫的“妈妈”一路上艰辛跋涉，遭受了男人的多次强暴，最后还被投进监狱，然而“妈妈”在东北开始了拓荒生活，晴朗的日子展现在眼前。随后，朱媞在个人小说集《樱》中收入了《梦与青春》《大黑龙江的忧郁》和《渡渤海》的续篇《樱》。这些作品都抒发了女性坚忍不拔的精神和向往、追求光明的愿望。正如作者所说：“我始终觉得女人本身的生活如果必须依赖于男人的供给，则于女人这将是一种绝大的耻辱。”①

这些作品吸收了五四新文化追求女性独立思想的个人价值，选择艰难时境中女性受难的题材，追求雄健、苍郁的美学风格，作品并没有探究女性诸般苦难与不幸的根源——阶级剥削和民族压迫，作者意在强调女性自身的弱点是女性不能前进的障碍。舍弃“小我”而宣扬“大我”，这样的精神趋向汇入了伪满洲国战时体制下为“国家民族”的想象共同体而建构的全体主义话语之中。

全体主义是日本为扩大战争在中国占领区力求在各方面的建设与发展中谋求高度而严密的意识形态，体现了资本主义近代性发展的畸形特点。以全体主义话语构筑的文化形态，不仅体现了日本的民族性格，更彰显了资本主义现代性发展的畸形特点。1940 年后，伪满洲国新现实主义文学是以“客观的态度来创作的描写文学”，并不触及阶级观念和民族斗争，符合当局“新兴独立文艺”的基本要素。

东北与日本一水相隔，日本文化对东北的影响极其深厚。沦陷之后，东北本土作家对日本文学和文化的受容，不仅是文学的影响，更是对现代化的一种反应。这种文化现象发生的同一性，源自中日两国作家对现实主义文学创作需要的一致性和现实主义文学存在环境的相似性。

自日本侵占东北后，法西斯文化统治即开始实施，其严密性和高度统一性都堪称亚洲战场日占区之首。表现现实的文学创作倾向，首先，这是文学家良知的创作本能，是一种集体无意识；其次，雄浑、沉健的

① 朱媞：《樱・序》，国民图书株式会社 1944 年版，第 2 页。

审美风格体现了东北地域文化基因；最后，最为重要的是应将作品放在历史语境中考述。应该承认，日本法西斯主义者为推动和扩大战争的需要，为巩固殖民地的统治，在意识形态构建方面必然张扬一种“昂扬向上”的精神因素，这从“二战”期间宣扬共产主义的日本左翼作家的集体转向，到从未有过社会地位的日本妇女战时体制下对战争的积极协助等各方面都能反映出日本全体民众对战争支持热情之高涨。这体现了自明治维新以后，日本国家民族主义意识形态的高度统一性。在“效忠天皇”和为大日本帝国建立“大东亚共荣圈”的狂热的政治语境中，其“昂扬向上”“勇往直前”“坚忍不拔”等以一种合法性存在成为侵略战争强大的精神驱动力。东北沦陷时期新现实主义文学现象，说明了 14 年的侵华战争中不仅仅有屠杀，奴化和殖民化是战争另一种深刻的毒害。这值得我们今天反思历史，以史为鉴！

曹禺在重庆的戏剧抗战*

王艺陶**

内容提要： 曹禺作为中国著名剧作家，抗战时期在重庆居住了八年，其间创作了三部与抗日战争相关的戏剧作品——《黑字二十八》《正在想》以及《蜕变》。作家在三部作品的情境创设中，有其内生性的时间先后顺序。本文以这三部抗战戏剧为研究对象，结合戏剧情境分析，从人物塑造、情节设置以及观演关系三个角度，期探究作家是如何以戏剧这种艺术门类为形式，进行文艺抗战、戏剧抗战的。

关键词： 戏剧抗战；抗战戏剧；曹禺抗战

曹禺作为中国伟大的戏剧作家之一，与重庆在抗战期间的戏剧演剧活动有着深厚的渊源。1985 年，他曾在纪念抗战胜利四十周年举办的"重庆雾季艺术节"开幕式上提到——周恩来用深厚的关怀，以及思想与人格的光辉，引领他走上抗战文艺的道路。在渝 8 年是曹禺风华正茂的 28 岁到 36 岁，他在此走过了青年，进入中年。在这一时期内，曹禺有 3

---

* ［项目基金］2020 年重庆市教委人文社科基地项目"重庆抗战戏剧演剧活动研究"（20JD046）。

** ［作者简介］王艺陶（1989—　），女，艺术学博士，重庆师范大学文学院讲师，重庆市抗战文史研究基地成员，抗战大后方文化与文学研究协同创新团队成员，主要从事戏剧戏曲学及戏剧美学研究。

部问世作品与抗战息息相关，包括《黑字二十八》与宋之的合作，《正在想》以及《蜕变》。按照作家作品完成的顺序来看，3 部剧作应按《黑》《蜕》《正》排列。但从作品本身反映的时代来看，则应将顺序调整为《正》《黑》《蜕》。本文从戏剧本体出发，以戏剧情节与人物形象为分析核心，探究作家是如何以戏剧这种艺术门类进行戏剧抗战的。

一 越改越良还是越改越凉——提出问题

《正在想》是曹禺创作于抗战时期的唯一一部喜剧。这部作品 1941—1942 年在重庆抗建堂演出，由中国万岁剧团（怒潮剧社更名）搬演。作家在舞台上展现了撂地演滑稽戏法的老窝瓜一家的一日生活即景，用滑稽嬉闹的形式，引发了观众对普通艺人产生闹中含悲、笑中带泪的审美情感。

老窝瓜和小甜瓜夫妻俩，带着儿子小秃子在一个三尺高的、晃晃摇摇到即将倾颓的戏棚上演出。为了拯救几乎无人问津的滑稽戏法，妻子疏通关系请了“邀人儿”的前来赏鉴，以便求得更好的演出渠道。可窝瓜弄巧成拙，“邀人儿”骂窝瓜该更名傻瓜。窝瓜不知进退，面对妻子诘难时，他只能说脑中仍有佳作能挽救家庭戏班。妻子追问好戏何在，窝瓜羞赧无奈地说：“正在想，正在想……”

从作品呈现的人物语言穿着，保甲制度盛行，话剧流行几处来看，窝瓜一家生存的年代为民国中后期。所处环境是某城撂地艺人积聚区。老窝瓜此时生活陷入困窘，他带领全家进行变革，带领家庭戏班谋求生路为了配合“话剧”的风潮。首先要改戏，不演滑稽笑闹，要注重戏剧情节。老窝瓜将地方戏《平贵回窑》重新编剧，加一新字当作题目。接着，将自家的滑稽戏法班也进行改人、改制。一家人改掉艺名，窝瓜改叫马天才，妻子甜瓜称作悲秋女士，儿子小秃子则为马一飞。从前在戏棚门口连吆喝带拽人的老盖儿，也要改变吸引观众的方式，“大变活人真正巧，非洲变来个女多娇”，“甜瓜对你笑一笑，叫你三天睡不着”这般并不斯文的老套，最要改革。接着，窝瓜突然想到话剧人物语言较多，提词员不可或缺，遂打发儿子出门去寻。

万事齐备之后，这场变革之后的成果首演将在下午进行，它牵动着老马一家人未来的命运。“邀人儿”看上这出戏后，他们将彻底扭转无人观剧的局面。全家畅想着满堂彩之后窝瓜转型为最佳编剧、导演马天才，赚得盆满钵满。小甜瓜则是最佳女演员。小秃子也在喜欢的姑娘面前发下宏愿，他将靠着高票房风光迎娶小红。

为了营造高朋满座的气氛，妻子小甜瓜开始活动，竭力邀请朋友观演。其中最有脸面的是一位李姓保长。

窝瓜改编的《平贵回窑》不仅没有京剧骨子老戏《武家坡》中深沉的前史积淀，也没有误会解除后的夫妻深情，更没有夫妻生离死别时的两难。窝瓜只将“探妻贞洁”的场面放大，撑满了整个作品。王宝钏早已不是贞洁烈女，而是琵琶另抱的杨素娟，勇武西征的薛平贵变成了蛛丝马迹地查验着妻子贞洁与否的赵老大。

赵老大在“查验”当中，还不忘加上自己的绝活“狗舌舔鼻”——“红舌头蓦然卷到鼻尖上去，又猹猹然恶狗似的一口仿佛把舌头吞咽下了肚，光头倏地缩进幕里。”①

赵老大演出了一番之后，才发现自己提前上场，他正要将计就计。台下的甜瓜让人传话，她要是再不能出场就罢演。窝瓜跟观众说：“就当我刚才没有上台，我一会儿回来。”②

加上不遵从话剧的演剧规则，他们随意打破舞台假定性也造成了许多喜剧效果。甜瓜会突然跳出角色，抑制起哄叫好的观众。窝瓜听到掌声时，跳出剧情，将掐了一半的杨素娟掼在一旁，鞠躬致谢后再跑回去继续掐住杨的脖颈。

再如，观演关系并没有陌生化的概念，台上台下打成一片，笑料频发。由于台上台下都是撂地艺人，观众都是前来捧人场的，和窝瓜一家十分熟悉。他们看到年仅 18 岁的小秃子被父亲责骂后，眼中含泪伸着脑

① 曹禺：《曹禺戏剧全集》第 4 卷，人民文学出版社 2014 年版，第 35 页。

② 同上书，第 38 页。

袋报幕。作为街坊邻里的艺人们不会把他看成报幕员，而是一个刚挨了骂的孩子，他们会嘲笑他一下，还会提醒没注意到的观众去看。提词的哈哈笑甚至不待在幕后进行提词，一会儿扶甜瓜上台，一会儿反而跑到台上拉拢观众，告知大家他有拉洋片儿的本事。真到提词的时候，也是和演员一起念台词，有时速度甚至会超过演员，引得观众大笑。当窝瓜的戏需要音乐时，艺人观众便自告奋勇，临时演奏一曲。如此，演出环境变成了观演同乐的艺人聚会。

最终，整部剧以甜瓜追打窝瓜，将舞台与观众席完全打乱，笑闹一窝。丁老师迁怒保长，发怒生气离开。待到观众离开后，一家人才意识到他们一直期待的“邀人儿”并没有来。老盖儿突然想起，有一个灰布袍的高个儿，在门缝看了一眼后，扔下一句话就走了。

可见，剧本改编问题加上各种演出事故，以及窝瓜不熟悉话剧的舞台演出规则，观演关系被完全打破，这场激进的改革沦为笑料。窝瓜没有当成马天才，小秃子娶妻的事情定不能成。甜瓜到底不是悲秋女士：演到赵老大杀死不贞妇时，由于窝瓜是个怕媳妇儿的人，数来宝艺人编出七字句，“你要是个男子种，你上前再敢踢一下”①。窝瓜踢了一脚甜瓜，甜瓜作为已经被掐死的杨素娟鱼跃而起，大怒满场追打窝瓜。这出没有结尾的新剧在叫骂声中无疾而终。

这出“话剧”在改良之后甚至不如原来的滑稽戏法。一直以来，靠着撂地卖艺的艺人们的生存空间，正是普通百姓的日常。窝瓜无法带领家庭戏班躲开时代车轮的碾压。他急着抛闪自己最熟悉的戏法，让舞台“文明”起来。

满场观众是最有可能引领窝瓜一家走出困顿的人们。最有脸面，担任行政职务的人是李保长。可惜，他不过是借机揩油的保长，他拖家带口来看免费戏。为了讨好孩子们的任课老师，请了丁老师上座观演。最有文化的丁老师嫌弃马家班是低俗的所在，抱着书包落荒而逃。唯一的

① 曹禺：《曹禺戏剧全集》第4卷，人民文学出版社2014年版，第44页。

希望“邀人儿”都不屑于来场内端坐片刻，在门缝乜斜一番后便给他们的戏判了死刑，甚至叫窝瓜是傻子。

观众在听到权威人士对底层人民的批判后，确会产生共通之感。观众和撂地艺人一样迷茫。为何从前靠着卖艺还能生存，为什么近些年几乎不可度日。为何与窝瓜一样的普通百姓企图自救，但结果却反似《茶馆》中精明的王利发掌柜一般“越改越凉”。以笑乐衬哀情的创作手法表达出民众心声。这部作品没有给任何人以方向，也没有给任何人以希望，只是让走出剧场的观众不自觉开始思索一个问题：生活的方向究竟在哪里？

二 “要是能够去跟他们干一下也好”——找到方向

曹禺与宋之的合作的《黑字二十八》，是纪念第一届戏剧节的演出剧目之一，公演时代表着整个戏剧界在渝共襄盛举。1938 年，该剧由张道潘、余上沅、曹禺、宋之的、沈西苓联合导演。这部作品与观众见面时，抗战进入了新的阶段。在军事和政治上变敌人的后方为前线。这也是剧中人江云峰忧郁又愤慨地说“要能够去跟他们干一下也好！”[①] 的原因所在。

在全民总动员共同参加抗战工作的号召之下，曹禺便以全民动员后方抗日、肃清汉奸作为这部作品的主题。最终呈现出以抓捕特务为主要行动线索，塑造了富豪乡绅、进步青年、政府官员、汉奸国贼、普通百姓、抗日将士这几类人物形象。

玛丽是富豪夏晓仓的女儿，每天周旋在各种场合，忙到不可开交。有时主持游艺会为战士募捐寒衣；有时又登上舞台扮演女性角色。她崇拜英雄，期望跟民间传说的英雄见上一面，当着他的面表达爱慕之情并献上花篮。

普通百姓在《黑字二十八》中仍然面临生存困境。战争中多少民众

① 曹禺：《曹禺戏剧全集》第 2 卷，人民文学出版社 2014 年版，第 205 页。

流离失所成为难民，杨兴福一家就是普通百姓的代表。杨的妻子在战争中失掉性命，女儿瑞姑沦为难民。就是在生活无着时被沈树仁以介绍工作为由，让他加入了汉奸队伍，最终骑虎难下。

邓疯子是隐藏在人群中，表面疯疯癫癫行事古怪，实则身担要职，暗度陈仓抓捕汉奸。只是他的行动计划在最后一幕才被观众得知。

进步青年韦明、耿杰、潘乃正等排演抗战宣传剧，在剧场中无数次遭遇危险。他们的青年热血被汉奸利用，本是好意的邀请险些让爱国将领孙将军遇险。大众积聚的地方正好成为恐怖分子的目标。

沈树仁作为汉奸国贼的代表一方面逼迫像杨兴福一般的贫苦百姓为日军卖命，另一方面自己也饱受黑字二十八的生命威胁，一步步向危险的深渊走去。

在这部剧中，在曹禺设置的恐怖情境之中，所有人的生命都受着日本恐怖组织的威胁，代号黑字二十八的日本间谍从未出场却将所有人的命运握于掌中。没有任何人能够在民族危亡中独善其身，看似没有硝烟炮火，民众的生命却危在旦夕，表面一片祥乐的剧场其实危机四伏。因而，作品结尾时，给富豪乡绅留下的启示是抗战是真刀真枪的实干，并不是变相社交，夏晓仓最终决定捐出金银，夏玛丽也不再追逐心造的偶像。给百姓留下的启示是到前线去，像战士一般参加战斗。夏迈进、瑞姑等青年都到了前线。孙将军更加坚毅冷峻，坚定地向前线开拔。

在独特的黑暗压抑情境之中，各种类型人物开始得到警示——皮之不存，毛将附焉？在这种战时独有之情境的启示下，观众和剧中人的情感开始共通，心智共同启蒙，开始思索高于生存的民族道义。即使所有人物未来行动的指向并不甚清晰，但道路逐渐在迷雾中铺展开来。

三　存心时时可死，行事步步求生——找到方法

《蜕变》这部作品在20世纪曾饱受争议：“四十年代有人就据此说作者是理想主义者……解放后，现代文学史家认为：这种贤明的官吏（按：指剧中主要人物梁专员）在当时国统区是不可能存在。六十年代，一个

著名的话剧院计划上此剧，排了两幕竟怕有‘歌颂国民党’之嫌而作罢。”① 但是，不可否认的是，在抗战时期的戏剧语境中，它是曹禺艺术水准最高的一部抗战剧作，在思想性和戏剧性上都达到了大家佳作的层次。

这部作品凝聚着曹禺对抗战中民众疾苦的钻心之痛，更有对国家孱弱炮火连天的民族义愤。在抗战时期，它最早于1940年由国立戏剧学校搬上舞台，张峻祥担任导演。史东山导演版本由中国万岁剧团搬演于1942年。舒绣文饰丁大夫，陶金饰梁专员。石羽、陈天国、章曼萍、王斑饰其他重要角色，可谓星光璀璨。

这部作品以抗战时期后方医院为主要环境，通过几年间的战争洗礼，表现了最具代表性的几类中国人民的蜕变。包括政府官员、知识分子、进步青年、普通百姓、抗日将士，其中最主要的是旧官僚到新官吏的脱胎换骨。

前两幕的政府官员以秦院长、马庶务为核心，在他们周围的大都是一群无所事事的办公室文职人员。孔秋萍是被领导蔑称为“屁”的人物。他话最多，每日争先的只有签到簿上靠上的名字，以虚张声势的态度求取一点可怜的尊严。况西堂老成持重，心思深重。虽然写得一手好公文但自感遇此乱世无望靠能力平步青云，因而最爱慨叹生不逢时。他遇事能静则止，善于和稀泥息事宁人；龚静仪作为办公室唯一女性，深夜陪院长太太打牌，白天喝茶看报，爱打听闲事八卦。她虽小有正义感，但想到讨生活不易，心有不满时也只能尖酸地讨些嘴上的便宜，疏解胸中块垒。

真正的蠹虫是院长秦仲宣和庶务马登科。秦院长中饱私囊，损公肥私。私挪公款租一大仓库囤积大米，炒高米价。安排亲戚任一闲差，每月开出是正式公职人员两倍的工资。马登科是其外甥，为其以权谋私，抵挡压力，摆脱责任。在秦院长歪风邪气的助长之下，其姘居的妇女

① 吕贤汶：《曹禺谈〈蜕变〉》，《重庆日报》1985年10月18日第3版。

“伪组织”竟然连伤兵的纱布和铁床都要侵占。帮战士止血的纱布被“伪组织”用来补了蚊帐；铁床也搬到自己房中，让伤兵无床可睡。

可悲的是，刚从血雨腥风中抢回一条命的小战士背着战友，带着被血渍污损到看不见名字的就医卡，投奔名声极好的丁医生，竟然走入了另一场看不见的血雨腥风之中。

丁医生是知识分子的代表，为了不让战士们心寒，从不将医院对药品的克扣告诉大家。她不仅要救命医人，还要绞尽脑汁跟贪官污吏周旋斗争。她性情仁侠，有知识有能力，从不迁就容忍贪官污吏。在第一幕中，她在忍无可忍之际，拿到了积压半月有余未送出的催药公文，后与马对质。丁大夫句句恳切地逼问事实，一步步逼近真相，让马登科无力辩解。敷衍、推诿、应付、虚伪的官僚作风被批判得酣畅淋漓。

当然丁大夫只是为了士兵的药品、生活，被逼着做起了纪检监察的工作。她在第二幕中感到失望至极，对抗战的未来失去信心，准备离开前线医院。真正让秦、马二人红脸出汗、无地自容的是梁专员——梁公仰。他步步查证、滴水不漏地调研清楚秦马二人沆瀣一气、损公肥私的罪证，在谈话中一点点引导二人自言其罪，最终将两人送入监狱，驱离医院。梁专员铁面无私，面对投奔来找工作，还要求一月开二百块的表哥，他先反问表哥能做什么，随后用幽默的语言拒绝。最终，表哥拿着礼物愤愤离开，因为他知道梁专员将自己的儿子打发回家种田，他再消磨下去也只是白费唇舌。

全剧共有四幕，后两幕展现梁专员改革之后的后方医院。以进步青年为例，从前不愿跟秦、马二人同流合污的青年公务员谢宗奋、司药员陈秉忠发生了巨大的变化。从前汇报问题结结巴巴、唯唯诺诺的秉忠态度轩昂起来，办事利落，滴水不漏。宗奋更有干劲，面部红润，性格更加率真。他们跟随新院长，将医院搬到离前线更近的重庆某地，在丁大夫等人的医术支持下，还建立了几十个流动救护站。护士陆、夏、李等青年也都在战火中历练成合格的战地看护，从前炮声一震就腿软逃离，现在炮火轰鸣中毫不慌乱，井井有条地配合大夫完成手术。医院的温院长也从一个事事先讲困难，不想办法的官员被鼓舞成亲力亲为，解决问题的优秀官员。

同时，孔秋萍与况西堂仍然留在医院。他们称青年们为少壮分子，被这群青年称作没落分子。孔秋萍在后两幕中也有改变，只不过这种改变停留在形式上的新，比如发型、读新书等。在工作上出现了一些改观，但做了一点就想求得表扬。得到的表扬不甚满意便吵嚷着让谢宗奋批评他。“实在太多了”成了大家对他的新评价。况西堂仍然吟诵着“国破山河在”的诗句。面对青年们敢负责任的工作态度，充满干劲和思想的工作热情，虽然已经使用白话文写作公文，仍然感到压力巨大，因而感怀从前“画画到看看报”的悠闲生活，现在抱着“不如归去”的态度，恨不得明天就告老还乡。

即便况西堂如此消极，他也被一系列事情深深震动，才发现过去的美好只是幻影。全剧在全国各地传来战况捷报中结束，丁大夫信心满满地望着前方说：“中国，中国，你是应该强的。”①

至此，所有观众都在这部作品的教育感化之下明白道路只有一条，那就是所有人“存心时时可死”让人无畏、心向正义，“行事处处求生”使人各司其职、稳健行事，靠着全民的力量才能抗日救国，抗战必胜。

综上所述，从曹禺的三部抗战戏剧来看，其中有作家内生性的创作逻辑。

首先，剧中的几类形象都很稳定，而且在剧与剧之间有形象的演进。比如知识分子形象从《正在想》中厌弃普通百姓低俗的丁老师，在《蜕变》中变化为刚毅慈祥，心系战士的“伤兵母亲”丁大夫，伤兵被救治好之后宁愿奔跑30公里，赶在上前线之前跟恩人拜别。政府官吏形象也在不停蜕变，《正在想》中的揩油百姓的李保长，到《蜕变》中的梁公仰，拯救了抗战时期腐朽衰败的后方医院，拯救了无数中国百姓的性命。

其次，在戏剧情节方面也有着演进式的内在逻辑。从《正在想》开

① 曹禺：《曹禺戏剧全集》第2卷，人民文学出版社2014年版，第566页。

始，百姓生活越来越艰难，越折腾越贫穷，生活看不到一丝希望；到《黑字二十八》中普通百姓的生活情状已经由生活无着转变为黑色恐怖，生命在悄无声息间消失殆尽；到《蜕变》中所有人共同行动起来，由内而外的产生了真正变革，对自己民族和文化的真正自信逐渐生发，最终影响了前线战果，捷报频传，佳音来报，抗战必胜。

最后，从观演关系的角度来看，《正在想》中观众和马天才一起“想”出路何在，但前途一片迷茫；《黑字二十八》中，观众和剧中人共同找到了几种出路；到《蜕变》中，观众看到了民族复兴的希望，给了所有人抗战必胜的信心。庆祝抗战胜利四十周年胜利的舞台上，《蜕变》在徐九虎导演的复排下与观众见面之后，原四川戏剧家协会的秘书长徐孝坤对其进行访谈。在这篇名为《让禁锢的鲜花重放》的访谈录中，徐回忆了40年前贴着墙看《蜕变》后的感想。他谈道：“一连站了几个小时，一点儿不觉得累，因为我被戏吸引住了。忘掉了一切，似乎看到了希望，看到了光亮。看到了我们伟大的民族在抗战的烈火中蜕旧变新，我是多么的兴奋和激动啊!”

可见，曹禺在抗战期间写就的戏剧是实实在在用戏剧这种艺术形式支持抗战。作家用自己布局设境的艺术功力，用自己不断思索进步的艺术修养，用审美的教育净化民心，陶冶民情，为苦难的国人点亮一盏属于戏剧的明灯。

战时生活之雾

——宋之的剧作《雾重庆》新论*

廖海杰**

内容提要：1940 年问世的五幕话剧《雾重庆》创造了“雾重庆”这一符号，长期成为左翼语境中战时首都的代称，“雾”显然是政治黑暗的象征。但结合战时恶性通货膨胀的历史情境重读文本，我们不难发现，“雾”并不只有后来所被赋予的政治批判含义。《雾重庆》是一部平衡于市民趣味和抗战文化之间的剧作，将视线从前线转回后方、深描恶性通货膨胀环境中的战时生活体验，这是其取得轰动效应的重要因素。充满意义含混的战时生活之“雾”，又正是恶性通货膨胀时代生存体验的隐喻。有趣的是，《雾重庆》作为“鞭”的批判性在于预设了知识青年的道德高位，从而对生活问题加以贬斥，这种苛刻的抗战道德，给予了评论者从“个人堕落”滑动到“社会堕落”进行阐释的可能，从而为政治黑暗的“雾重庆”符号之凝成创造了条件。

关键词：《雾重庆》；宋之的；恶性通货膨胀；战时经济生活

---

* ［基金项目］重庆市教育委员会人文社会科学研究基地项目“抗战大后方文学的‘经济生活’书写研究”（20JD044）。

** ［作者简介］廖海杰（1992— ），男，文学博士，重庆师范大学文学院讲师，重庆市抗战文史研究基地成员，抗战大后方文化与文学研究协同创新团队骨干成员，主要从事中国现当代小说、抗战文学研究。

众所周知，抗战时期的重庆，常有“雾重庆”之称。这当然不是赞美雾都风景，而是指代着战时首都在国民党治下黑暗的政治环境。“雾重庆”这一文化符号的诞生，可以追溯到1940年12月在渝公演并取得轰动效应的五幕话剧《雾重庆》，一个月后，“皖南事变”发生，茅盾在等待撤往香港的间隙，写下一篇名为《“雾重庆”拾零》的散文①，是对该符号的首次征用。此后，“雾重庆”在抗战中后期逐渐成为流行的说法。

有趣的是，这影响深远的剧名“雾重庆”，却并非来自作者的深思熟虑，而是剧团出于商业利益考虑所改。1940年12月同步出版的剧本单行本名为《鞭》，这也是宋之的写作时所拟定的名字。有论者考证，“该剧专为中万而写，是继《国家至上》、《浪淘沙》、《未婚夫妻》、《夜上海》之后，中万上演的第五个戏，排演时正值中万公演于伶的《夜上海》，于是把原剧名《鞭》相应地改为《雾重庆》”②。原来，“雾重庆”是为了与“夜上海”配套售卖而生，如此强烈的政治符号竟起源于商业运作，不得不让人疑惑，该剧是否真有那样强烈的政治性？另外，目前学界对《雾重庆》的研究多停留在综论中一带而过，很少见到专门的研究，似乎该剧要么是抗战时期“暴露与讽刺”的又一个注脚，是“战时首都重庆形象及重要地位扭曲化”③的代表作品，要么就是标志着“以‘抗战’时期市民生活为题材的剧本即将成为职业剧团的首要选择”④的起点性作品。那么，《雾重庆》到底写了什么？作者又怎样在市民生活的书写中安置着政治性？本文试图回到历史情境中重读该剧，问题意识即起源于此。

---

① 此文描绘作者在重庆见到的种种社会现象，以恶性通货膨胀发生后的新变化为主，并非对《雾重庆》一剧的评论。

② 马俊山：《重返市民社会，建设市民戏剧——论40年代的话剧创作》，《中国现代文学研究丛刊》2003年第2期。

③ 靳明全：《深化国统区抗战文学研究之我见》，《文学评论》2009年第5期。

④ 段丽：《失衡的隐患——论“抗战”时期官办剧团“百人大戏”的仪式性场面》，《戏剧》2014年第6期。

一

作为剧作的《雾重庆》和作为文化符号的“雾重庆”，当然是两回事，后者虽脱胎于前者，但并不意味着前者本身具有那么强烈的政治色彩——尤其是批判国民党政权的色彩。与通常的印象不符，《雾重庆》最初是由国民党官办剧团中国万岁剧团排演，也是一部获得各地市场认可的作品。

正如剧团为之改名时所期许的，《雾重庆》在重庆公演取得了极大的商业成功，从当时的一条报道可窥一二：“重庆最大的剧院，国泰大剧院也在这时翻建一新，而第一次营业，就是话剧，宋之的编剧，应云卫等导演的《雾重庆》……一共是演了两个多礼拜，每场都满座，临到最后一场的时候，还有五六百人站在门外而购不着票。”① 此后，大后方多地剧团排演了《雾重庆》（包括陕西、福建、广西、湖南②等地），并未有过被查禁的记录。

其实，《雾重庆》在国民党政权看来，应该是一部意识形态上相对安全的作品，它的故事始终立足于战时大后方“生活”。在抗战时期担任国民政府中央图书杂志审查委员会委员并负责剧本审查的鲁觉吾，在1940年初的一篇文章中就提出，剧本题材应扩大范围，“不仅限于农村，战地，即都市社会，所谓上流人士的生活，亦可采用”③。因此，《雾重庆》写“生活”可谓是恰好符合了审查大员的期许。此外，《雾重庆》还近似家庭伦理剧，以男女关系的变动作为结局——在开场时候，沙大千、林卷好，苔莉、袁慕容各是一对，到第五幕，林卷好似乎要跟着袁慕容出走，沙大千又向苔莉提出一起生活的请求。人物关系中的伴侣交换，可

① 《〈雾重庆〉上演盛况》，《中国艺坛日报》第18期，1941年3月23日。

② 关于《雾重庆》在各地上演的情况，可参见《文化点滴：陕政剧团公演〈雾重庆〉》，《黄河》第2卷第3期，1941年4月30日；何光炯《〈雾重庆〉在湖南演出》，《青年戏剧通讯》第13期，1941年6月1日；陈大文《〈雾重庆〉给予我们的启示》，《大公报》（桂林）1941年3月26日。

③ 鲁觉吾：《怎样编“抗战剧”》，《青剧通讯》第1期，1940年6月1日。

谓是相当迎合市民趣味的情节设计，这让人想起杨邨人的剧作《新鸳鸯谱》(1943)，该剧写了四对男女在战时生活中交换伴侣的故事，让人大开眼界。值得注意的是，无论是《雾重庆》还是《新鸳鸯谱》，男女关系发生变动的动力机制，都是来自战时生活中一些深层结构的变化，即通货膨胀在大后方的蔓延。

众所周知，国民党政权的崩溃与其货币制度的崩盘是具有高度相关性的，但法币的贬值并不是解放战争时期的新现象，而是自全面抗战爆发以来就一直在发生。法币的贬值，以最简化的模式来理解，根源于政府财政的吃紧。1937 年之后，丧失了大部分富庶地带（税源）的国民政府，要筹集庞大的战争经费，除了对外借款之外，便只能对内征收。超量发行纸币，强行贬值货币，就是一种最简单、最不易引起反抗的征收方式，也是国民党政权在其缺乏基层控制能力的大后方唯一所能倚重的征收方式。在全面抗战初期，通货膨胀还比较温和，这样的模式尚能维持，但 1940 年前后，终于难以为继，通货膨胀开始螺旋上升①，演变为恶性，反映在战时生活中，就是物价不断的、以超越传统中国人想象的速度高涨。

恶性通货膨胀与大后方战时生活是高度相关的。宋之的在《雾重庆》上演并取得轰动之后的 1941 年元旦发表感言，谈到自己的创作时说，“生活在后方，所选材料，恐怕还是偏重于一般的社会问题”②。什么是“一般的社会问题”？宋之的在这篇感言中自然流露了对经济生活的关切，“虽然也很想吃的好一点，使自己的身体得到充分的营养，但决不会去做囤集生意，也决不会去拿自己劳力以外的钱”③。宋之的作为对生意一窍不通的文人，也表示“决不会去做囤集生意”，这显示的是当时囤积行为的低门槛和普遍性——囤积物资就是抵抗物价变动最简单的手段。前文提过的那篇茅盾的散文《“雾重庆”拾零》中也记载了这样的情形：

---

① 关于抗战时期恶性通货膨胀的具体机制，曾任民国时期中央银行行长的张嘉璈所著《通胀螺旋》一书是经济史学界绕不过去的一本名著，该书第一至第五章中对此有清晰简明的阐释。参见［美］张嘉璈《通胀螺旋：中国货币经济全面崩溃的十年》，于杰译，中信出版社 2018 年版。

② 宋之的：《我的 1941 年》，《新蜀报》1941 年 1 月 1 日第 7 版元旦增刊。

③ 同上。

> 重庆市到处可见很大的标语："藏钞危险，储蓄安全。"不错，藏钞的确"危险"，昨天一块钱可以买一包二十枝装的"神童牌"，今天不行了，这"危险"之处，是连小孩子也懂得的；然而有办法的人们却并不相信"储蓄安全"，因为这是另一方式的"藏"。他们知道囤积最安全，而且这是由铁的事实证明了的。①

在恶性通货膨胀状态中，连小孩子也懂得纸币的"危险"，甚至战时语境中的"生活"一词，常常就是物价的同义词，在沙汀的《淘金记》中有"生活好高"② 的说法，生活高，就是物价高。这也无怪乎在一篇名为《〈雾重庆〉在湖南演出》的通讯中，有这样的主题概述："……取了活生生的现实题材、描写大后方的智识份子在生活程度极高下的苦闷，用轻柔的笔调，反映出社会的背影，的确是一部优美的剧作。"③

显然，《雾重庆》故事情节所立足的战时生活，与恶性通货膨胀存在高度相关性。要分析该剧如何在市民趣味与抗战文化之间取得平衡，作者如何处理物价飞涨带来的人心变迁和生活体验就成为一个关键问题。

二

《雾重庆》是一个典型的恶性通货膨胀时代的故事，恶性通货膨胀不但构成战时生活的背景，亦是推动情节发展的关键所在。

以最简化的方式描述，《雾重庆》写了沙大千、林卷好、老艾、苔莉（徐曼）等几位曾是救亡青年的老同学，在大后方的中心重庆，关系破裂、各自"堕落"的故事。故事的核心人物是沙大千、林卷妤夫妇，而"堕落"主要是指在救亡图存的大背景下，几位曾经的热血青年都远离了

① 茅盾：《"雾重庆"拾零》，《茅盾全集》第12卷，人民文学出版社1986年版，第67页。

② 沙汀：《淘金记》，文化生活出版社1947年版，第116页。

③ 何光炯：《〈雾重庆〉在湖南演出》，《青年戏剧通讯》第13期，1941年6月1日。

抗战工作。这一切的源头都来自沙大千、林卷好因失业、孩子夭折，开了一间小饭馆。按理说，即便是开小饭馆，在大量难民涌入的后方，也是满足社会需求的、有意义的事务，相比那找也找不到的救亡工作，绝无等而下之的道理，但这却成为情节发展的催化剂。

开小饭馆，对于那个时代的大学生而言，当然是某种意义上的大材小用。但抗战时期的大后方随着难民大量涌入，也确实并无足够的工作岗位可以提供，既然沙大千、林卷好夫妇穷困潦倒，先养活自己也不失为一种脚踏实地的态度。不过，那个启示者式的同学老艾早早提出了警告："不过有一点，是要特别注意的，万一要赚了钱，不要为了钱，忘了工作就好了！"① 果然，恶性通货膨胀中的经济环境不同于寻常，餐饮是关联着实际物资（粮食）的行当，物资价格上涨可以轻松通过涨价转嫁给消费者，再加上抗战以来后方人口密集、需求旺盛，到第二幕，短短五个月间，沙大千夫妇就挣了一大笔钱，感叹道："真不得了，怪不得人人都想改行做生意了！"② 此后，紧接是一段沙大千与顾客吵架的情节，从林卷好口中间接可知，店里发生这种争吵是家常便饭，在这样的经营态度下居然能赚这么多钱，可见发财有多么容易。恶性通货膨胀常常异化出获利空间，沙大千夫妇的成功正是源于偶然赶上的"风口"。此时，林卷好也体会到了有钱的好处，当她那从前线回来的妹妹林家棣对她提出告诫时，她兴奋地答道：

> 怎么？自然！这样好的机会，我们再不去利用，那不是傻瓜吗？反正我们不做，别人也还是要做的。别人赚了钱，是为私人享受，我们却为了自己的工作。要是成了功，我马上去开一个伤兵医院，你跟苔莉，也许还能够结婚呢！③

---

① 宋之的：《雾重庆》，中国戏剧出版社 1957 年版，第 22 页。
② 同上书，第 30 页。
③ 同上书，第 44 页。

此后，恰逢与老同学苔莉交好的官员袁慕容提出和沙大千一起去做从香港输入货物到内地的贸易，称有利可图，沙大千初步尝到了钱的滋味，自然没有不从的道理。后半段的矛盾也都因此而起——卷好的妹妹林家棣再次从前线归来，使卷好意识到当下的生活已经脱离了救亡的崇高理想，但沙大千的想法也已改变，执迷于挣钱，认为卷好对抗战的热心，无非是“害的时髦病”①，又以赚钱是为了以后办民族工业为自己辩护。此后，沙大千不但开始从事非法生意，开始走私军需品汽油（也就是说，之前的生意还是合法的），又染上梅毒并传染给卷好，终于沙、林夫妇分道扬镳，老艾病死、苔莉作为交际花的处境仍无改变。一切正如林卷好反思的：“我后悔我不该开那个小饭馆，不该怂恿他到香港去，更不该赚了这么多的钱！生活一安定，特别是有了钱，人就慢慢地变坏了，变傻了！”②

通过以上的情节梳理可以看出，恶性通货膨胀中的战时生活变迁，是《雾重庆》的情节核心元素。如果不是在物价飞涨中生活越来越难，如果开小饭馆不会突然赚了那么多钱，沙大千很可能就不会被金钱冲昏头脑，也就谈不上堕落。《雾重庆》中渗透了身处通货膨胀乱象中真切的生存体验，传递出身处这一现代性紊乱中强烈的震惊和诱惑。仅仅是开一个小饭馆，就能获得暴利，物价的变动又如此频繁剧烈，为了守住既得利益，沙大千实在很难抵抗参与长距离贸易获得更多收益的诱惑，连林卷好在一段时间内也支持了沙大千进一步的经营活动。《雾重庆》中第二幕、第三幕的之所以情节最为紧凑、并备受称赞——“因受生活压迫而做生意，因做生意而想发财，以至于不自觉地做了国家的罪人，都很入情入理，无懈可击”③——正是因为其中传递出的每人都能感同身受的时代体验。恶性通货膨胀造成物价不断上涨，要么置身事外，陷入越来

① 宋之的：《雾重庆》，中国戏剧出版社1957年版，第60页。

② 同上书，第71页。

③ 孙晋三：《鞭——雾重庆》，《星期评论》（重庆）第13期，1941年2月28日。孙晋三此文是《雾重庆》出版、公演后少有的主要从艺术形式方面来进行探讨的评论，他认为《雾重庆》存在较多情节结构、艺术技巧上的缺陷，浪费了良好的题材，唯一称赞的便是作者对第二第三幕的处理。

越贫困的生活；要么参与进去，被绑架于其中。在物价上涨的压力中犹如逆水行舟，要保住自己的所得，只能不断地继续赚钱，自保的需求与欲望形成共振，放大了人性之恶。个人利益和民族大义的冲突可谓是推动全剧情节发展的主要动力，但如果不是第二幕、第三幕对沙大千转向商业经营的描写“入情入理”，如果全剧没有表现出恶性通货膨胀那黑洞般的卷入机制，《雾重庆》不会在市民中产生这样的轰动效应。

此外，通过“沙大千们”从被损害者转为获益者的过程，《雾重庆》初步勾勒出恶性通货膨胀这张大网所串联的社会阶层，从无业的流亡青年、穷困的教书先生，到小饭馆经营有所得的小商贩、富人家分享了利益的仆人，再到以权谋私的官员以及与之合作的大商人。这里不得不谈一谈作为配角的赵肃夫妇和袁慕容。赵肃夫妇在来到重庆之前，也是读书人阶层，因与沙大千夫妇做邻居而相识。赵肃夫妇通过帮忙的方式，参与了小饭馆的经营，后来，赵肃因为受不了沙大千将其视为下人的屈辱，跑到四川某个小县城当教书先生，妻子赵氏则留在了沙大千夫妇身边，逐渐成了沙家的仆人。结果，选择气节的赵肃，教书不但收入微薄，还几个月拿不到工资，欠了一屁股债，不得不重新回到沙家，央求一个仆人的职位，还遭到妻子赵氏的嘲笑。读书人阶层由于不掌握实际物质，完全依赖薪水生活，受恶性通货膨胀冲击最大，教书的收入还远不如仆人。赵肃这一配角的塑造，体现出知识分子不得不为五斗米折腰的现状，可谓是出自作者物伤其类之感。另一个配角袁慕容出场不多，但可知是一个什么“主任”，他有着打通各个物流环节的关系，但他为什么要与沙大千这样的饭馆老板合作搞贸易，是剧本没有交代清楚的。看上去，好像袁慕容施舍给了沙大千做走私贸易的机会，后来又谎称货物被炸试图搞垮沙大千，行为逻辑莫名其妙。或许，袁慕容是作者为推动情节走向更强烈戏剧冲突而设计的一个棋子，同时，他的出场也体现了对官僚阶层借助特权发“国难财”的批判。总之，《雾重庆》呈现出恶性通货膨胀中的一张经济网，有官员借助物价发财、有商人与官员的勾结、有小饭馆主人这样的得小利者，也有依靠主人分一杯羹的仆人、交际花和穷困潦倒的教书先生、因贫致死的流亡青年，对大后方战时社会阶层、经济生活作了比较宽阔的扫描。也正因为这种比较宽阔的扫描，该剧才撑得起“雾重庆”之名。

单从文本上看，《雾重庆》作为政治斗争工具的属性并不强，它所反映的社会问题，也是恶性通货膨胀时代的常见病、金钱使人堕落的老生常谈。虽然剧中有官员袁慕容这么一个角色，但对其描写又比较简略，沙大千改行经商也还主要是自己的主意，并非袁慕容所拉拢，况且，沙大千作为一个饭馆小老板，对“主任”袁慕容而言哪有什么利用价值？当《雾重庆》在重庆上演之后不久，最早的一篇评论文章中便将作品的意义阐释为作者“向青年宣战”而不是对社会（或政权）的抨击，认为作品“暴露了时代青年严重易犯的动摇性”“他们是为了生活而忘记生活的意义了”。[①] 也正因此，同为左翼剧作家的田汉甚至认为该剧是对知识分子的冒犯，在一次座谈会上发表了激烈的批评意见：

> 关于《雾重庆》，写的是智识份子的丑剧，作者自己是知识份子，可是他写起知识份子来，却很不正确。而事实上，在苏联对于中国的知识份子却非常尊敬，他们说中国的知识份子自抗战以来有很大的贡献，事实上也是如此。人家这样的尊敬我们，而我们却自己菲薄了自己……我们的作者却硬要把责任推到我们这些可怜的知识份子身上，把广大民众的反对对象转移到知识份子身上，替人家卸责任，这是很不正确的。作家们反映今天的现实固然有许多困难，但是因之而有意歪曲现实也是不对的。[②]

这至少说明，《雾重庆》在当时的语境中并没有后世看来那样强烈的

① 李榕：《关于〈雾重庆〉》，《国民公报》1941 年 2 月 2 日增 1 版，转引自《戏剧的力量——重庆抗战戏剧评论选集》，西南师范大学出版社 2009 年版，第 91 页。

② 田汉语，《1941 年文艺运动的检讨——座谈记录》，《文艺生活》第 1 卷第 5 期，1942 年 1 月 15 日。

政治性。它的商业成功，来自将视线从前线转回后方、深描恶性通货膨胀环境中战时生活体验——通货膨胀对于人心黑洞式的卷入效应。战时生活成为作者平衡市民趣味与抗战文化的着力点，“雾重庆”之“雾”在文本诞生之初，与其说是政治黑暗的隐喻，倒不如说是恶性通货膨胀造成的战时生活之“雾”。

三

《雾重庆》原名《鞭》，意味着该剧带有强烈的现实批判性。问题是，“鞭”挥向何处？笼统地说，抗战文化氛围中所批判的，自然是阻碍抗战之物。按前文所述田汉的读解，《雾重庆》批判的是沙大千夫妇的“堕落”、批判着青年知识分子的软弱、批判“发国难财”的行为，如果循着这样的理解路径，《雾重庆》无疑是一部标准的抗战戏剧，称为官方所期许的“民族主义文学”也未尝不可，并无多少左翼色彩。

但《雾重庆》的批判性并不止于此。前文已述，作者对恶性通货膨胀中那黑洞式的卷入效应在第二幕、第三幕中做了“入情入理”的表现，也正因为这种战时生活逻辑的展现，使得全剧结尾处那陈义甚高的批判，变得不近人情、欠缺说服力。这种圣徒式的道德要求似乎让抗战与战时生活构成对立关系，如果说“雾”是恶性通货膨胀所造就的战时生活之雾，“鞭”就像打在“雾”中、打在“无物之阵”里。

《雾重庆》中的老艾是沙大千、林卷好夫妇的老同学，一个怀才不遇的作家，专以旁观和批判见长。代替作者发出批判声音的也是这个老艾，他总结到，大家从以往的参与学生运动的爱国青年堕落到今天，归根结底是“捡了轻便的路子”，因为“抗战需要我们吃草根、树皮！假使人人都像你，都因循苟且，投机取巧，去吃燕窝、鱼翅，我们的仗是没法打的。自然，社会上这样的人很多，但不该是我们，我们是谁？我们是青年……”①

老艾显然是作者意图的显现，在全剧中，多处渗透着作者这种苛刻

① 宋之的：《雾重庆》，中国戏剧出版社 1957 年版，第 91 页。

的“青年道德观”，比如在第一幕中开小饭馆之前的抉择里，就通过对话构筑着“工作”与“生活”的对立关系，似乎二者完全不能调和。那么，在远离战线的后方，什么是“工作”呢？开小饭馆显然不在其列，在第三幕、第四幕中，林卷好所从事的参加社会团体、为抗战筹款等，才是作者认为的正经“工作”，问题是，这样的“工作”哪能解决“生活”的需要？所以才有老艾所说的“吃草根、树皮”，这虽然是个比喻，但显示出作者对前线和后方的混淆，似乎作者的意思是，由于前方正在打仗，那么后方连正常的生活也不能维持，必须全民拧成一股绳、通通直接参与到战争中去，正如剧中第二幕布景的一副对联所示——“吃饭不忘救国，饮酒常思杀敌”[①]。连在后方自谋职业、解决生计，都是“捡了轻便的路子”、都是“青年”的堕落。其实，即使在后方开小饭馆、做长途贸易能挣很多钱，只要符合法律法规，也是繁荣了后方经济、壮大了后方抗战的基础。个人利益和民族大义并不天然对立，赚钱并不是罪恶，怎么就不能算是“工作”？但该剧传达出的意思却是，只要动了一点私心，就必定步步堕落、违法，因此只有上前线的人物形象如剧中的林家棣，才具有道德完整性。照此要求，单是生活在大后方都是一种不道德的行为。作者对“青年”提出这样高的道德要求，背后是一种线性的进步观念，“青年/老年”的二分法实质就是“进步/落后”的二分法，取代了传统文化中以“君子/小人”区分的不同道德标准。问题是，古代的“君子”处于经济社会中的优越地位，受到更多的道德约束也是顺理成章，抗战中的“青年”尤其是后方青年知识分子，本就是在恶性通货膨胀中的“被损害者”，再被加以这种苛刻的道德标准，就显得虽然正确，但不近人情了。

因此，作者苛刻地对青年提出过高的道德要求，观众和评论者却自然会因为“堕落”的“入情入理”，更重视环境的因素对人的影响，来减轻负在主人公身上、也是负在身在大后方的观众身上的道德压力。于是，

---

① 宋之的：《雾重庆》，中国戏剧出版社 1957 年版，第 28 页。

对该剧的解读，有了从“个人堕落”向“环境堕落”的意义滑动。可以说，《雾重庆》问世后，抗战时期的所有评论文章，都不外乎是在“个人堕落”和“环境堕落”中择其一作主题阐释。

有意思的是，即便按“环境堕落”阐释本剧的批判意义，至少在表面看来，也不构成对国民党政权的冒犯。《中国国民党抗战建国纲领》第二十四条正是“严禁奸商垄断居奇、投机操纵，实施物品平价制度”①，1940年前后，控制物价、打击投机商，也是国民政府的政策所在，成都因囤积而发生“抢米事件”后，还枪毙了成都市市长以儆效尤。批判社会上投机发财的风气和环境，在官方看来，也许不但不是对自身统治合法性的质疑，反倒是在配合政策。事实上，在抗战中后期，有官方背景的文人确实也写了许多“反奸商”的剧本，如王平陵的《维他命》、《情盲》，鲁觉吾的《黄金万两》，杨云慧的《小事情》等。但国民政府毕竟又是大后方社会环境的最终责任人，恶性通货膨胀发生，不论在起源上有多么情有可原，但长期无法得到控制还愈演愈烈，始终是政府的责任。挥向“环境堕落”的“鞭”不可能止于“雾”、止于“无物之阵”，批判没有责任人，是无法成立的。于是，无力控制环境的政权，就自然得担起责任。

1941年9月，《雾重庆》在香港公演。当时在港的左翼文人有力地配合了这部作品的上演。尚在排演中的8月30日，《华商报·晚刊》便登出预告，9月6日又登出于伶的《〈雾重庆〉献辞》和署名“克柔”的《〈雾重庆〉排演参观记》。待9月12日正式上演时，《华商报·晚刊》更是用了整版的篇幅发表了夏衍、茅盾、陆浮、以群、戈宝权、钢鸣的六篇文章，为其造势。再之后的上演过程中，《华商报·晚刊》还分别在13日、27日登出消息或评论，延续其热度。《华商报·晚刊》是一份有着鲜明左翼背景的报纸，是“在中国共产党领导下创办的爱国统一战线报纸”②，在“皖南事变”后的特殊时期、在香港的特殊环境下对《雾重

---

① 《中国国民党抗战建国纲领》，徐辰编著《宪制道路与中国命运——中国近代宪法文献选编1840—1949》下卷，中央编译出版社2017年版，第128页。

② 张挺、王海勇编：《中国红色报刊图史》，山西经济出版社2011年版，第138页。

庆》的力推，不可否认带有政治斗争的意味。在左翼批评家的这组评论中，“光明/黑暗”、“前进/动摇”、“进步/腐化”等二元对立的概念开始频繁出现，“环境堕落”的“雾重庆”，自然占据着贬义一方。茅盾写道，“对于一般市民，《雾重庆》或不免仍有陈义过高之处”[①]，这“陈义过高”之处，暗指着该剧的政治批判性。以群的文章则挑明了环境问题，并将恶性通货膨胀中的战时普遍生存处境，安置到实实在在的地理重庆中：

> 要解答这一点，我们不能不想到他们所处的环境。在周围的人均发国难财的环境中，而我独不思发财；在周围的人均荒淫无耻的环境中，而我独坚定不移——那只有具备特殊的根底的人才可以做到；一般的软弱的青年是做不到的。于是，我们希望观众不要对剧中的人物责备得太苛，因为他们都是生活在“雾重庆”的人呀！[②]

左翼文化人的这一组评论可谓是雾中祛魅，将原剧中苛刻的民族主义“人物堕落”批判转换为“环境堕落”批判，并暗示出位于战时首都重庆的国民党政权的堕落。可以说，正是在这次集中评论中，“雾重庆”作为国统区“政治黑暗”符号的意义得到锚定。

总之，《雾重庆》书写了恶性通货膨胀中的战时生活体验，激起了市民阶层的共鸣，因此获得成功。但作者以苛刻的“青年道德”贬斥战时生活，反倒让人物显得身不由己而凸显了环境的问题。《雾重庆》的问世与“雾重庆”符号的问世并非一回事，这也再一次说明了“鞭”挥向何处、“雾”隐喻什么，不仅在于文本，更在于文本在文学场域中的旅行。

---

① 茅盾：《为了〈雾重庆〉的演出》，《华商报·晚刊》1941年9月12日，转引自宋时编《宋之的研究资料》，知识产权出版社2010年版，第359页。

② 以群：《关于〈雾重庆〉中的人》，《华商报·晚刊》1941年9月12日，转引自宋时编《宋之的研究资料》，知识产权出版社2010年版，第365页。

抗战时期重庆音乐创作特征研究*

李　晶**

内容提要： 抗战时期重庆成为国民政府战时首都，大批音乐家汇聚于此，积极投身于各类音乐活动，为宣传抗战创作了大量质量上乘的音乐作品。这些作品既有抗战精神的多样表达，又兼顾了民族性的艺术创造和时代性题材，具有显著的音乐特征，为新中国音乐的发展方向提供了前期的探索和创新，做出了十分重要的贡献。

关键词： 抗战时期；重庆；音乐创作；特征研究

引言

1937 年 11 月中华民国国民政府（以下简称“国府”）发布《国民政府移驻重庆宣言》到 1946 年 5 月 5 日发布《还都令》（还都南京）的八年半期间，重庆一直是中国的战时首都。在这八年半期间，大批的音乐家从全国各地汇聚于此，不仅积极参加抗战的各项工作与宣传活动，热心投身于音乐教育事业，在推动音乐期刊的发展等方面做出了自己应有

---

* ［基金项目］2018 年重庆市社会科学规划项目一般项目“抗战大后方音乐家及作品研究——以重庆为中心”（2018YBKZ14）。

** ［作者简介］李晶（1981—　），女，重庆师范大学音乐学院讲师，重庆市抗战文史研究基地成员，抗战大后方文化与文学研究协同创新团队成员，研究方向为中国近代音乐史。

的贡献，还创作了大量形式多样、内容丰富、质量上乘的抗战音乐，使重庆一跃成为大后方音乐文化的重地。抗战时期重庆音乐创作也成为整个抗战音乐的重要组成部分。尽管面对法西斯的侵略，国共两党关系的不断变化，使得重庆的政治军事环境格外复杂，但是，音乐家们仍能秉持抗日民族统一战线的决心，齐心对外、共同奋斗，创作出了一篇篇佳作，呈现出鲜明的艺术特征。

一 抗战精神的多样表达

抗战时期，音乐作为抗战动员和激发民族精神的一种重要手段，其社会化功能得到了极大的重视。萧友梅曾说：“音乐是精神上的国防建设者……是建设精神上的国防的必需的工具。”① 国防音乐“鼓励我们振作……感动千百万大众走上救亡战线”②，这一时期，大量表现抗战的音乐作品问世，作品表达形式多样，“军歌国乐，奋起士心，讽刺描摹，晓谕民众，美术音乐皆战具也”③，这些音乐作品在多方面对抗战进行不同的表达，动员民众力量，宣传抗战，为唤醒民族意识扮演着十分重要的角色。

（一）抗战方面

抗战期间，重庆的音乐创作主要是“抗日救亡”的抗战救国歌曲。据初步统计，仅在重庆发刊的几本主要音乐期刊如《歌曲创作月刊》《青年音乐》《新音乐月刊》《音乐导报》《乐风》等之上，爱国音乐家们创作的抗战歌曲就多达500余首表现的抗战题材十分丰富。它们中有积极支持抗战，开展“献金”“献机”等募捐类歌曲，如贺绿汀的《募寒衣》《出钱劳军歌》、陈田鹤的《制寒衣》《姊姊替兵做棉衣》、江定仙的《募

① 萧友梅：《国立音乐专科学校为适应非常时期之需要拟办集团唱歌指挥养成班及军乐队长养成班理由及办法》，《中国音乐学》2006年第2期。

② 天：《国防音乐在国防线上》，《光明》第2卷第8号，1937年3月25日。

③ 柳诒徵：《论非常时期之教育》，《国风》第8卷第2期，1936年2月。

寒衣》、刘雪庵的《缝衣曲》等。这些歌曲歌词正气凛然，极富号召力，“一条心，总反攻”“一口气，不放松”，既鼓舞士气又是对民众的承诺，音乐旋律常常用大调主音开始，给人明亮之感，附点节奏，增加旋律的力度，使音乐富有感染力。激发人们战斗精神、鼓舞大众爱国热情的抗战军队歌曲也在部队、军人中大量传唱，如应尚能的《荣誉军人歌》、王沛纶的《当兵好》、胡然的《挥手从军乐》、范继森的《安眠吧，勇士!》、张文纲的《壮士骑马打仗去了》、马思聪的《自由的号声》等。这些作品大胆吸收西方进行曲元素进行创作，带有明显的进行曲风格，歌词结构规整，文字铿锵有力，彰显了中国军人的至刚至强、亢奋凌厉之势，伴随着整个抗日战争时期，发出了抗日战争时代的最强音。面对战争的残酷，家破人亡，有些作品表达了对逝去亲人的哭诉、对悲惨生活的悲歌，如林路的《送情郎》《战士去了》，将亲人别离的悲伤演绎得淋漓尽致。董兼济的《江边洗衣的姑娘》，更是以“江水不断的流……流不尽忧愁”的歌词唱段，映射出对逝去亲人的哀愁和悲伤。

（二）反战方面

抗战时期，“反抗敌人的侵略”“反抗法西斯战争”是各界的共同目的，重庆是世界反法西斯战争同盟国中国战区统帅部所在地，反战的时代共性不言而喻。不仅《反侵略进行曲》《反侵略战歌》《反侵略纪念歌》等“反侵略”题材的歌曲中国在四处传唱，日本也有反战人士来到重庆，表达他们反对法西斯战争的看法，中华交响乐团还向反战日本人士献旗①，并由马思聪指挥演奏抗战乐曲，表达对他们的敬意。与此同时，第一次借鉴西洋歌剧创作手法写作的反战歌剧《秋子》② 也在重庆酝酿产生。该剧取材于两位日本人真实的悲惨遭遇，内容紧扣人们强烈反对日本帝国主义侵华战争的主题，由黄源洛作曲完成，全剧共二幕五场，43 首分曲。王沛纶、吴晓邦、陈鲤庭、史东山、谢绍曾等我国 40 年代最

① 《中华交响乐团向反战日人献旗》，《新华日报》1940 年 8 月 9 日第 2 版。
② 刘再生：《歌剧〈秋子〉文本分析及其他》，《音乐研究》2010 年第 2 期。

具影响力的音乐家、话剧家、电影名家、舞蹈家组成了强大的导演、编排阵容，演出顾问为司徒雷登、李抱忱、马思聪、黄友葵、郭沫若、杨仲子、阳翰笙、罗学濂。在文艺界、戏剧界、音乐界的齐心协力下，1942年1月31日至2月6日，《秋子》在重庆大戏院（国泰大剧院）首演并获得了极大轰动。周恩来、郭沫若等知名人士亲临观看，重庆《新华日报》特辟“关于新歌剧问题研究专号”，文艺界众多人士积极参与讨论。《中央日报》、香港《大公报》、美国《舞台艺术》杂志等主流媒体纷纷发表评论，对该剧的创演予以高度评价。[①] 有人在1942年2月首次观剧后作了如下描绘：“我走进国泰的大门，黑压压的，连走道上，都站满了人，场内灯光渐渐的暗下，序曲开始了，日阀的铁蹄，海浪的激涌，扬州的风物，秋子的申诉，思乡寻夫的幻灭……最后，是中国胜利的号声，一重重，开朗了，全剧的印象，都从序曲里告诉了大家。”[②] 由此可见，该剧在重庆的影响之大，受欢迎程度之一斑。1943年至1944年，该剧又先后在成都国民大戏院以及昆明、遵义、南充等地演出。4年间，《秋子》一共演出52场，每到一处都引起媒体的热烈反响，“大后方”政界、文艺界众多名流也均给以热情的欢迎和高度赞赏。作为反战题材的歌剧《秋子》，是中国艺术家结合时代需要、借用现实主义题材、运用西方传统大歌剧模式所创造的新型中国歌剧，传达出音乐家对时代的理解和看法，引起了社会的关注，担当起推动社会前进的责任，是战时文艺工作者的历史使命使然。

二 民族形式的艺术创造

我国是一个多民族的国家，民族音乐呈现多元化姿态。“五四”以来，西学东渐，学堂乐歌的兴起，逐渐将西方的音乐灌输至国内，音乐创作开始呈现西方化。黄自曾在《音乐与人生》中指出：“要团结民族精

① 钱庆利：《侵略战争摧残下的人性悲歌——对两版歌剧〈秋子〉的比较研究》，《中国音乐学》2017年第4期。

② 学驾：《歌剧〈秋子〉第一次演出》，《青年音乐》第1卷第1期，1942年3月5日。

神，唤醒民众意识，尤非借重音乐的力量不可。”① 作曲家们尝试用鲜明的民族风格、接近老百姓的大众化音乐语汇、现实主义的艺术风格来创作抗战音乐，努力接近大众的思想情感、使音乐作品能得到更广泛的传唱（奏）。

（一）新音乐形式的表达

20世纪30年代，聂耳、任光、张曙、吕骥等成立了中国新兴音乐研究会，探讨中国新兴音乐的发展道路。此时的新音乐是“五四”以来一切爱国的、民主的、反帝反封建的、具有进步意义的音乐。到了抗战时期，新音乐的发展方向也随之发生了变化。冼星海认为抗战时期，新音乐是“从整个民族反映出来的民族音乐、民族呼声”②。1942年5月，毛泽东作了《在延安文艺座谈会上的讲话》，随后重庆文化界围绕“民族形式”问题进行了热烈的讨论，强调了文艺大众化、民族化的重要性与必要性。③ 李凌、赵沨等进步音乐家以《新音乐》杂志为阵地，开展“新音乐运动”，呼应中国音乐“建立新音乐的民族形式的探讨实践”、主张“只有大众人才是真正的音乐艺术遗产的继承者发扬者”④、阐发倡导音乐家应“更深入生活、从现实生活中来汲取创作的源泉”⑤ 等理念。不少作曲家在此号召下，试图利用中国民间音乐特色和西方现代手法来创作中国新音乐，《嘉陵江上》就是十分成功的一例。1939年，端木蕻良应方殷之约，写出了散文诗《嘉陵江上》。这首诗歌所表达的对革命的热情和对战争胜利的期盼，让贺绿汀产生了强烈共鸣。经过深思熟虑和六次的反复修改，贺绿汀将当时抗战的特殊思想情感与精湛的音乐创作艺术技巧进行了巧妙的融合。这首歌一经推出，就因其鲜明的时代精神激励了

---

① 朱守中：《黄自遗作集》（文论分册），安徽文艺出版社1997年版，第131页。

② 冼星海全集编辑委员会：《冼星海全集》第1卷，广东高等教育出版社1990年版，第50页。

③ 苏光文：《大轰炸中的重庆陪都文化》，中国文联出版社2015年版，第113—114页。

④ 李绿永：《略论新音乐》，《新音乐》第1卷第3期，1940年3月1日。

⑤ 赵沨：《中国新音乐运动史的考察》，《新音乐》第1卷第3期，1940年3月1日。

无数热血青年投身到抗日战场，“打回老家去”的决心和宣扬，对当时的抗日救亡运动起到了很好的鼓动和宣传作用。它借鉴西方艺术歌曲的创作手法与中国传统声韵节奏相结合，将朗诵般的诗歌与接近歌剧的咏叹调完美结合，旋律极富感染力、情感包含戏剧性，表达的情感慷慨激昂，反映了当时中国人民不屈不挠、誓死反抗侵略者的精神，使这首歌成为中国音乐史上独树一帜的中国抗战艺术歌曲，迅速传播开来，一直传唱至今。

（二）中国传统民族素材的引用

中国民族民间音乐有着艺术的历史的时代背景，有特殊的民族色彩，因此它具有独自的特性与优点。[①] 作曲家合理运用民歌进行创作，可以让作品更加贴近大众化。贺绿汀的《保家乡》就是一首很好的民歌。他用带有女性的柔和的曲调进行创作，达到了对百姓的宣传目的。此外，沙梅的《我要当兵去》《打回东北去》等作品都是引用民歌素材，从民歌中洗练出来的。除了歌曲以外，器乐作品也有引用民族元素的素材进行创作，马思聪的《西藏音诗》就是其中的一部，全曲分为《述异》《喇嘛寺院》《剑舞》三个部分。他广泛接触了民间民族音乐，确立了“利用民歌来创作”的目标，“获得处理民歌的经验”。[②]《述异》的第一主题音乐来自西藏民间歌曲，小提琴用快速的跳弓演奏，以强烈的切分节奏，在钢琴伴奏下刻画了淳朴的藏民形象。马思聪的《创作的经验》一文曾对《喇嘛寺院》的创作有这样的描述：“《喇嘛寺院》的旋律是一首具有极大的特性的西藏民歌，印度的影响是必然的，为这旋律，我许久想不出适当的和声去配合，最后才用一些减七和弦与一些不协和和弦去解决此旋律的和声上的要求。在伴奏里，我用一个鼓，代表木鱼，敲串不变的节奏，又用一个大钟与一个锣，敲着一个空洞的四度，我想这是我所作

① 冼星海：《民歌与中国新兴音乐》，《新音乐》第3卷第1期，1941年8月1日。
② 马思聪：《创作的经验》，《新音乐》第5卷第1期，1942年11月1日。

的曲子中最悲哀的一首了。”[①] 整首曲子，马思聪运用了音区变换和固定音型的手法。《剑舞》是以西藏剑舞激发创作灵感，用快速的音符相连、小提琴和钢琴节奏交错、主部主题“无穷动”等创作形式和手法完成[②]。

这部作品的成功，让我们也看到：作曲家运用中国民歌进行创作的过程中，需要进一步加深对民间音乐的认识，大规模地采集民间音乐素材，不能只是单纯地将民间因素融入其中，而是尊重、保留、强调民间音乐特性，再利用技法创作各自不同的新音乐风格。马思聪对民间音乐的创作，在观念上具有启发意义，在创作上也提供了借鉴的技法。

三 时代主题的历史根基

任何一个时代，都会有代表这个时代的作品产生。在抗战时期，不同区域受不同政治环境的影响，抗战音乐也会呈现各自不同的特点。延安的整风运动推动了一批秧歌剧的创作热潮，《翻身道情》《咱们工人有力量》《兄妹开荒》《白毛女》《翻身秧歌》《打花鼓》等作品一出现就得到工农兵群众的热烈追捧，标志着新音乐与工农兵群众相结合的文艺新时期的开始。而重庆作为战时国民政府首都，由于其政治、文化的枢纽地位，国民政府通过一系列政策妄图维护稳固其统治阶级的思想，使重庆的文化艺术事业的发展处于受压制地位，一批“借古讽今”、民族性题材的作品在重庆出现，体现着重庆在抗战相持阶段独特的音乐特色。

（一）古为今用

重庆报纸文艺副刊既是抗战时期文人活动的重要舞台，也是国共两党极力抢夺的舆论阵地之一[③]。《乐风》期刊的停刊风波，就是当时显著的例子。面对文艺上的压制，处于阶级社会的艺术家即是一定历史阶段社会阶级的一分子，又是人民群众的一分子，必然带有“两面性”。这种

① 马思聪：《创作的经验》，《新音乐》第5卷第1期，1942年11月1日。

② 梁茂春：《马思聪的小提琴组曲〈西藏音诗〉》，《中央音乐学院学报》1986年第4期。

③ 周毅：《抗战时期文艺政策研究》，四川大学出版社2013年版，第40页。

两面性不是平均的，也不是固定不变的，而是随着社会环境的影响和个人政治立场的选择而变化的[①]。重庆时期的作曲家就是在如此艰难复杂的环境下进行创作，用“借古讽今”的手法进行着抗争。首屈一指的当属为话剧《屈原》配插曲。“皖南事变”后，国共合作破裂、政治部第三厅被迫解散。面对国民党蓄意破坏抗日团结的丑恶嘴脸，郭沫若愤慨不已，“我是（正月）二号开始写的，写到十一号的夜半完毕。综计共十天……”[②]短短十天，投入巨大热情，创作了民族抗战的绝响、历史剧《屈原》。周恩来明确表示：“屈原这个题材好”“写这个戏很有意义”[③]。当刘雪庵接到潘孑农通知为该剧配乐时，面对日益复杂化和尖锐化的两党斗争局面，早已对国民党统治下阴暗的社会现实有所不满的他，“义不容辞地接受这个极其光荣的任务”[④]，仅用三个昼夜，就完成了全剧的配乐和插曲《橘颂》《礼魂》《渔父吟》《招魂》《惜诵》《雷电颂》的制谱工作。1942 年 4 月 3 日，五幕史剧的《屈原》在国泰剧院上演，轰动山城、反响热烈。周恩来和邓颖超不止一次地到剧场观看[⑤]，《新华日报》《大公报》等报纸刊载演出公告十余次[⑥]、《新华日报》1942 年 4 月 13 日起特意开辟出一个专栏“屈原和唱”，供民主党派和知名人士交流。《屈原》演出后，《橘颂》《惜诵》《招魂》等插曲迅速在群众中广为传唱，展现了其较强的艺术生命力，刘雪庵的配乐对《屈原》的演出成功增辉不少。曾有回忆称 ：“整个山城沸腾了，无论在教室内、在马路上，或在

① 汪毓和、胡天虹编著：《中国近现代音乐史（1901—1949）》，人民音乐出版社 2006 年版，第 28 页。

② 郭沫若：《我怎样写五幕史剧〈屈原〉》，《郭沫若全集 · 文学编》第 6 卷，人民文学出版社 1986 年版，第 399 页。

③ 黄中模：《雷电的光辉》，《红岩》1979 年第 1 期。转引自周毅《抗战时期文艺政策研究》，四川大学出版社 2013 年版，第 95 页。

④ 刘雪庵：《〈流亡三部曲〉与〈屈原〉的音乐写作》，《四川大学学报丛刊》1982 年第 13 辑。转引自游歆睿《刘雪庵〈《屈原》插曲初稿〉研究》，硕士学位论文，中国音乐学院，2010 年，第 13 页。

⑤ 游歆睿：《刘雪庵〈《屈原》插曲初稿〉研究》，硕士学位论文，中国音乐学院，2010 年，第 17 页。

⑥ 同上，第 14 页。

渡轮口、车站旁，经常可以听到‘爆炸了吧！……’的吼声”①；有评论指出，“名歌六阙……古色古香，堪称绝唱”②，就是对该剧音乐的高度认可和评价。

（二）民族性题材

20世纪初，萧友梅、赵元任、青主、黄自等我国第一代系统掌握了西方传统作曲技术的作曲家，在中国专业音乐创作时就有意识地注重“和声风格民族化”的追求与实践。到了20世纪40年代，尽管还没有形成完全是中国自己的技法或风格的写作模式，但在刘雪庵这一批作曲家身上，已经有了自觉意识。他们在创作的过程中，注重引用中国传统音乐风格的写作手法并使其得到了进一步的发展、加强和提高。例如刘雪庵根据古琵琶曲《平沙落雁》创作的《南来雁》就是引用原琵琶曲中的音乐素材为基础，模拟民族化曲调的大胆尝试。

整部作品分为“列阵高翔”“横空万里”“展翅嬉逐”“成队分飞”“归影一行”五个段落。刘雪庵会弹琵琶，他在创作该曲时，就千方百计地想把琵琶的音响、奏法都放在钢琴里面，希望用钢琴也能展示出民族乐器中琵琶的音乐。“列阵高翔”音乐旋律采用琵琶曲中的“雁阵横空”片段，曲子用波音以散板的形式开始，装饰音的由慢到快，描绘静谧景色中大雁列队缓缓起飞南行，意境优雅淡远，音乐缓缓进入“横空万里”③段落，描绘大雁自由翱翔，搏击云端的景象。在“展翅嬉逐”片段，作曲家用西方传统的级进写作手法来表现节奏的律动感和推动力，表现了大雁不畏山高艰险，追寻温暖的精神力量。“成队分飞”音乐旋律节奏较快，给人以音乐持续向前、向上模进的推动感，仿佛大雁在苍穹中不断变换队形，展翅高飞。最后结束段“归影一行”，音乐由慢至快，

① 张瑞芳口述，金以枫执笔：《岁月有情：张瑞芳回忆录》，中央文献出版社2005年版，第144页。

② 短讯《〈屈原〉昨日在国泰上演》，《新华日报》1942年4月4日第3版。

③ 琵琶曲《平沙落雁》有很多版本，其中平湖派的版本由雁阵横空、霜天雁叫、平沙扑翅、高翔千仞、衡阳万里、逐队分飞、一行归影七个段落组成。

节奏由平稳、凝重渐渐加至轻巧、快速，乐段最后减弱，表现大雁慢慢远去，留下晚秋的孤寂之感。刘雪庵引用琵琶古曲的素材来寻找中国的味道，寻找中国音乐的信息，并将其再现于钢琴之上，是追寻中国风味风格中不可多得的优秀创作。

余思

重庆时期的音乐文化是与抗战时期的中国音乐文化一脉相承的，是抗战精神的继承和发扬，但由于政治、文化环境的不同，其形式、风格带着显著的特点而有异于其他地区的抗战音乐。其表现为：第一，创作作品多用“借古讽今”“以古喻今”的方式宣传抗战。与延安根据地开放、直接地宣传抗战不同，在国民政府的统治下，文艺宣传受到压制，许多作品只能以比较委婉的形式进行呈现，但是却依旧表达了作曲家们顽强不屈的抗争精神。第二，各类形式的作品均得到了极大的发展和推动。除了大量的抗战歌曲之外，钢琴、小提琴、交响乐、歌舞剧等西方器乐作品或大型的作品都有出彩的作品呈现，虽然占有比例很小，但是从音乐类型上来看，已经比较全面。第三，利用政治部第三厅、文工会等国民政府平台，创作了许多作品，造就了文艺上的伟大成就。作曲家们秉承抗日统一战线的思想精神，巧妙通过政治部第三厅、中央广播电台音乐组等国民政府平台，与戏剧、文学、电影等文艺界的相互合作，产生了许多优秀的戏剧、电影音乐作品。这些作品形成了重庆文化发展史上最为繁荣、最为昌盛的生动局面，推动着抗战文化的发展和中国音乐的新动向。

然而，抗战时期重庆的作品也有一些遗憾之处。首先是声乐作品多于器乐作品，优秀的器管弦乐、交响乐等器乐作品更是凤毛麟角。究其原因，一是由于抗战时局艰难等客观因素，器乐的生产、携带、演出都不方便，使得音乐工作者们创作作品有限；二是器乐作品属于西洋乐器，当时国内大部分民众还是比较熟悉民乐（国乐），对管弦乐、交响乐等西洋器乐作品还不能完全接受；三是管弦乐、交响乐属于大型作品，在当时还尚处于起步阶段，还未得到应有的重视。但不管怎样，这些曾公开发行、演奏（演出）的作品，既是经久不衰的经典乐曲，更是关于当时全国音乐创作活动的侧面印证，这些都是研究中国近代音乐史最宝贵的第一手资料。这些作品激励着千千万万的中国人民前赴后继、奋勇杀敌，见证着音乐家们为抗战胜利所作的努力，他们为求中国音乐的不断发展，进行着种种探索和创新，为中国的音乐事业做出了不可磨灭的贡献，值得我们永远敬佩和怀念。

巴渝学人掠影

主持人：熊飞宇

主持人语：

重庆师范大学建校于1954年，其中最先创办的系科，文学院（原中文科）自是其一。此后，田楚侨、周邦式、龚灿光、余业非、徐赓陶、刘知渐等，均曾执教于此。但先辈业绩，却渐被后人淡忘，几至于无知。如田楚侨者，作为创造社的早期成员，在此工作十三年有余（1956年12月—1970年3月），然其人其事，已鲜有耳闻。而一个学术共同体的发展，倘不明来路，又怎知去向？于是，在阔步前行的路上，偶尔驻足回首，看清自己的渊源与血脉，或许会催人奋励。

近年来，学院的一二同事，因为种种原因，竟匆遽离世，也给我们留下了深悲长痛。2014年7月27日，作家莫怀戚教授因病辞世。其散文《散步》曾入选中学语文课本，以其浓郁的亲情和丰厚的意蕴，泽润无数读者的心灵。2016年7月24日，独语诗人温恕副教授英年早逝，长才未展，令人扼腕。本刊在第四辑和第五辑，或发表评论，或开辟专栏，以学术的方式，郑重寄托我们的哀思与怀念。

正是感此现实并承前旧例，本刊乃有“巴渝学人掠影”栏目的创设。而栏目的开办，主要是为重师的学人，留一幅剪影，做一次小结，并无树碑立传之意。这里需要说明的是，专栏之所以命名“巴渝学人掠影”，更多的是为了面向一片广袤的文化区域，一个广大的学术群落，从而让栏目拥有广阔而广远的未来。但目前拣选的人物，主要是来重师工作过、生活过的学人，尤其是部分耄耋老人，蹒跚着或将远去。我们希望通过笔谈或口述，能够留住这些历史的背影，保存一份历史的记忆。还有从重师走出去已经卓然成家的学子，自然也是栏目钟情属意的对象。对我们而言，目的在于推介；对被介绍的对象来说，则是锦上添花，但我们所“添”之“花”，能否与“锦”相得益彰，能否为“锦”增光添彩，却还未为可知。不过，编者的目的，既是出乎单纯，因此对象的孰先孰后，孰轻孰重，皆不予考虑。虽然组稿也要筹划，编排亦费匠心，但更多的则是取便。只要材料到位，文章现成，即可推出。

本辑主推的学者，是已经退休的彭斯远教授。彭先生致力于儿童文学的研究，早已硕果累累，如今更是退而不休，迭有新作面世。今选载其川剧鉴赏五则，以飨读者；同时配发其印象记（附学术年表）及其代表作《重庆儿童文学史》的书评各一篇，相信彭教授的学术风采，已初步展现在我们面前。

川剧鉴赏五题

彭斯远*

前言

《“鬼狐五字诀”》《讨伐负心汉》《“父母之命”休矣》《透视皇宫》《争取婚姻自由的不屈斗士》五篇随笔文字，属于川剧表演艺术和川剧传统剧本文学的研究范畴，故总题为“川剧鉴赏五题”。

“鬼狐五字诀”

旦角，是川剧中最吸引观众的一种行当，所以在舞台上旦角的种类也最多。譬如，扮演大家闺秀的小姐和小家碧玉的丫头属小旦，扮演达官贵人的夫人属正旦，还有会功夫的武旦，为人做媒的摇旦，以及被人害死的鬼狐旦，等等，都是众多旦角中不可或缺的重要角色。

别的不说，单以鬼魂或鬼狐旦为例，在川剧角色中就多有此种行当的表演。

著名的鬼魂旦，当以折子戏《情探》为最。长期出演该戏主角焦桂英的艺人总结说，“鬼狐五字诀，快灵惊诧疑”。在相互衔接的折子戏《打神》和《情探》中，扮演同一主角的焦桂英，前者为活着的旦角焦桂

* ［作者简介］彭斯远（1940— ），男，重庆师范大学文学院教授，主要从事儿童文学研究、川剧研究。

英，后者为变成厉鬼的焦桂英，所以虽然同一主角，但在舞台上的动作行为等言谈举止，却有很大差别。观众绝不能将花旦焦桂英与鬼魂旦焦桂英当成完全相同的角色看待。

先看《打神》中的焦桂英。当她得知中举后的王魁将自己抛弃后，马上去他们昔日山盟海誓的海神庙向海神哭诉和揭露王魁的不义。焦桂英唱词中反复对自己的处境打比方说：

> 奴好比断线的风筝，拆开连理，
> 又好比银瓶坠井，菱花落地。
> 有谁怜念奴孤鸿天际！

如此用断线的风筝，拆开的连理，坠井的银瓶，落地的菱花，以及天边的孤鸿等五个比喻来形容自己的凄惨和孤独，表现了一个多情女子对于婚姻恋爱自由的无限渴求。其思路的清晰，凸显了一个才女情感的执着和细腻。这个作为人的焦桂英，与紧接着下一场折子戏《情探》中的鬼魂旦焦桂英，其行为是颇有些不同的。

焦桂英向海神揭露控诉了王魁“气昂昂”“笑吟吟便将糟糠弃”的罪恶之后，海神却无动于衷，他始而装聋作哑绝不啃声，继而不睬不理毫无答对，焦桂英只好转而去向牌子哥哭诉，但却遭到同样不理不睬的对待，于是气愤已极的焦桂英便将牌子哥怒打在地。牌子哥无可奈何地解释道：“王魁高中不认你，你怪吾神也无益。”

后来，焦桂英发现皂隶哥也在她身旁，便同样向它述说了自己的不幸遭遇，得到的仍是爱搭不理，当然，焦桂英也将它打倒在地。想到自己在神前对于王魁的控诉完全得不到它们的同情，于是，焦桂英又将海神也痛打了一顿。

以上情节，三次详叙焦桂英分别向海神和牌子哥、皂隶哥哭诉自己的不幸遭遇，而又三次遭到不理不睬的同样结局，自然，她也三次怒打了被常人看得犹如救世主一般的神灵。焦桂英之所以敢于如此蔑视神灵，原来她看穿了眼前神灵不过是“泥塑木雕”的一种客观物质存在，它们对于自己悲剧命运的改变，毫无能力。川剧在此，表现了对于那欺世盗名的诡异神灵的彻底否定，可以说，这是作者无神论思想在川剧中的集中表现。

当然，处于情感旋涡中的焦桂英此时还想到，“吾将这冤苦伸，意欲告至官前去，怎奈他天子门生宰相婿，况且是官官相卫！倒不如将身作鬼，视死如归”。在焦桂英看来，“官官相卫”的护身符，可以庇护王魁，但却不能挽救自己！所以，留给她的，就只有死路一条了。川剧如此淋漓尽致地对于焦桂英打神后的唯一出路——死，作了如此深刻解析之后，她便用香罗帕系住自己咽喉，结果了自己的生命。

名为《打神》的折子戏，在此通过女主人公焦桂英最终自缢的悲剧描写，颂扬了主人公聪明伶俐，敢于大胆追求婚姻恋爱自由的反抗斗争精神。同时，也对那视神灵为社会救世主的腐朽封建观念，予以深刻的扬弃和批判。《打神》透过旦角主人公所表现的主题内涵，非常深刻犀利而耐人寻味。

故事情节继《打神》之后的另一折子戏《情探》，虽然主人公仍是焦桂英，但原戏的旦角，已改为鬼魂旦，其言行举止，却全然不同，观众从中可窥视到更多在思想艺术方面给人留下的深刻启示。

我们知道，《打神》的故事冲突，在于人、神之间，即告状的焦桂英与神灵的冲突，因该矛盾尚未解决，故形成了打神的结局。而在其续集《情探》中，其故事冲突发生了变异，矛盾的双方存在于鬼、人之间，也就是在化作厉鬼的焦桂英与王魁之间，所以，形成了多情的鬼魂旦焦桂英对于王魁的再次考验，而因考验失败便造成了活捉王魁的必然结局，从而让王魁遭到令人心大快的正义惩罚。从《打神》到《情探》的矛盾冲突，就是按照上述情节发展的逻辑轨道得以发展变化的。

观众欣赏《情探》，最不能忽略的是，折子戏对于戏剧凸显鬼魂旦在许多细节上的描摹和烘托。譬如，鬼魂旦一上场，她那一身全白的装束，固然表明她一尘不染的高洁，和一身追求捍卫婚姻恋爱自由的高尚品格，但更在于烘托鬼魂动作的漂浮、轻灵，和气氛的阴森。

再有，王魁一上场的几句书写景色的唱词，如“更阑静，夜色哀，月明如水浸楼台，透出了凄风一派”在字句的推敲上，刻意凸显“水浸”“凄风”和“静”“哀”等字眼，都是为了凸显景色的凄楚和悲凉，而最根本的目的却在于烘托鬼魂旦上场的“阴风飒飒”的气氛。

至于焦桂英带来的鬼卒，先说“前面黑气罩天，即是王魁寝室”，而后再用“占占子”的曲牌唱出自己来此地的目的是：

孽火如雷，
拉入阴阳界，
索还命债。

鬼卒的言语虽然简短，但却充满令人恐怖的杀气。只是女鬼焦桂英仍然对王魁怀着一丝怜惜，所以她还要再考验和争取他一下，于是便从纱窗缝隙处悄无声息地钻了进来。鬼魂旦向王魁道喜后，再问他是否忘却了焦家的女孩，王魁立时被问住了，只好说：“你更深夜静把门开，谁家风信吹裙带？”言罢，立刻又怅然唱道：“可怜她一寸相思一寸灰！”

这里似乎王魁对于焦桂英的恩爱已经被唤醒，所以，鬼魂旦立马向状元公说出去年秋后，如何与他“偎脚而眠”，如何为他到海神庙讨得药签才把郎君的病体治愈的情由。虽然如此，王魁仍然依仗他头名状元得到皇帝恩宠而拒绝了焦桂英对于他们婚姻的极力挽救。

于是，鬼魂旦焦桂英最后提出，“黄金屋不须开，可容奴偏屋自在？”但仍遭到为人“宁可我负人，不可人负我”的王魁的严厉拒绝。王魁说：“再不走，我要你的命。”鬼魂旦焦桂英据此不仅悲愤而且厉声地答道，“我有几条命给你啊！”

这时，王魁还拼命用力抽打鬼魂旦，对方不得已才厉声叫道：“负义王魁，请来看脸！”焦桂英立刻现出自己狰狞的鬼脸，并将王魁捉住，让他受到了正义的惩罚！

总之，整个《情探》全剧，用非常夸张和富于想象的浪漫主义手法，借根本不可能出现的鬼魂旦形象，表现对于极端利己主义者王魁的惩罚，这与同是戏曲的梁、祝故事遭到封建迫害，而在结尾运用梁祝化蝶而飞的美丽想象，传达出了主人公对于争取婚姻恋爱自由的赞美，完全是异曲同工的一种艺术处理。可见，《情探》一剧在刻画鬼魂旦形象时，竭力凸显角色的快、灵、惊、诧、疑的个性和动作特点，完全达到了戏曲艺术极致追求的美学目标。

与《情探》在艺术处理上，也具有类似特点的另一出川剧折子戏《别洞观景》，在主人公白鳝公主的形象塑造上，同样也凸显了角色的快、灵、惊、诧、疑的个性特征，因为主人公白鳝公主虽然向往人间，但她毕竟是在青海庄修炼道行的神而非人，所以她具有与鬼魂同样的神奇本领。对此这里也就不必再多费唇舌了。

讨伐负心汉

婚姻，是川剧最爱描写和表现的主题。

因为婚姻不仅是一个民族，一个国家，甚至是整个人类传宗接代的重要方式，所以人类社会要发展，就必须通过婚姻的手段去发展人口，从而促进国家民族的飞跃。婚姻即使对个人而言，也绝不是小事。在我国民众中，有句口头禅说，婚姻是人生的大事。可见，婚姻的重要性，谁也不会轻易否定。

既然如此，作为艺术门类之一的川剧，就不能不反复描写和表现人类的婚姻状况。所以，参与人数众多的我国社会婚姻状况，绝对是因为具有多样性、复杂性而永远也无法穷尽的。

虽然如此，但我以为，讨伐和鞭笞负心汉，则是川剧中最重要的一种主题开掘。

譬如，情节连贯而艺术风格迥异的两个折子戏——《打神》和《情探》，就叙写了读书人王魁因科举高中而招赘相府，于是抛弃了原配焦桂英。为了凸显王魁负心于焦氏的罪恶，前一折戏叙写焦桂英前往海神庙向神灵告状无果，气得她立地捣毁了牌子哥、皂隶哥和海神，所以《打神》既反映了川剧视神灵为“泥塑木雕”的无神论观念，同时，也对处于封建意识极端浓厚的古代社会，敢于大胆追求婚姻恋爱自由的焦桂英给予高度肯定。川剧所表现的此种反潮流精神，是何等的可贵。

后一折戏采用极富想象的夸张手法，将自缢而死的焦桂英，刻画成带着鬼卒前往王魁豪华住地讨还命债的封建叛逆者形象。如此《情探》不仅进一步凸显了王魁贪享荣华富贵的极端利己主义的卑鄙，而且让他受到了正义的惩罚。该折戏用着白衣白裙的鬼魂与人同台演出的浪漫主义手法，揭露王魁而表彰焦桂英。此一着想象超拔的表现手段，与梁山伯、祝英台爱情戏曲故事结尾让梁、祝化蝶，都是体现了大胆想象的浪漫主义手法的一种成功运用。我国古典戏曲的杰出艺术性，在这里得到了充分的体现。

还有，川剧折戏中的《归舟投江》，也是一种艺术形式极其完美的对于负心汉的深刻揭露与批判。说它是并不雷同于《打神》《情探》等讨伐负心汉戏剧的另类版，我以为也未尝不可。

根据“三言”“二拍”古典白话小说改编的川剧《归舟投江》，与《打神》《情探》等折子戏一样，在讨伐负心汉的主题开掘上，具有异曲同工之妙。

原来名妓杜十娘与逗留京城赴考的举子李甲，情意相投而结合已满两载，虽然丈夫科考名落孙山，但二人早已商量好准备归家，但李甲因惧怕父母责备而在外出会友时，将十娘悄悄卖给了盐商孙富。怀揣着心事的李甲回到他们居住的舟船上时，经不住妻子盘问而说出了事情原委。

得知事情真相后，十娘用“飞梆子”曲调哀婉地唱出了对于丈夫的严厉斥责：

恨李甲披人皮心如禽兽，
在途中变心肠把我抛丢，
出火坑入冰窟岂能忍受，

含悲愤倒不如去把江投。

但是，此刻十娘又立即踌躇起来，原来她还要看看负心汉李甲与恶毒拆散人家恩爱夫妻的孙富，是如何进行那一手交钱，一手交人的卑鄙勾当的。所以剧情接着用悲愤的“棉搭絮”唱腔，倾泻出李甲昔日为她戴花的恩爱和此刻的无情无义：

自从与李甲相伴，
他朝朝亲手插鬓边，
到而今珠花未变人心变，
他真是无情无义负心男。

后来，终于等到孙富叫人将一千两银子抬上了舟船，十娘当面揭露了他恶毒拆散别人夫妇姻缘后，怀抱着自己那价值连城的百宝箱投江而去。折子戏在观众意想不到的山容惨淡、江声凄唳的恨意绵绵中，宣布又一个中国女性，被负心汉的歹毒所无情吞噬！

于是这个沉重的历史悲剧，便将李甲、孙富一伙，以及他们所代表的吃人的封建社会，钉在了历史的耻辱柱上。杜十娘用她那看似软弱、实则强硬的纵身一跃，向男权社会卵翼下的负心汉，掷出了一把神圣的投枪。杜十娘柔中见刚的个性，由此得到了完整的凸显。

“父母之命”休矣

在婚姻问题上，川剧除了竭力讨伐鞭笞负心汉之外，它还对于儿女婚事取决于“父母之命，媒妁之言”的封建陋习，予以深刻批判。

情节具有连续性的折子戏《逼嫁玉莲》和《刁窗》，就是表现此一主题的典型代表。《逼嫁玉莲》甫一拉开幕布，主人公钱孙氏就用曲牌“字字双”的幽默语调，不打自招地叙讲了自己篡改报信家书为休书，逼迫前房女儿钱玉莲改嫁自己侄儿的卑鄙行径：

一封喜信到吾门，可恨！
十朋高中第一名，侥幸。
玉莲妄想做夫人，没命。
家书改成是休书，把你娃娃另聘，另聘！

如此上场诗，是爱钱如命的主人公钱孙氏蛮横性格的自画像。

她在家中，除了娇生惯养、好吃懒做之外，还为所欲为，无法无天。当然，如果女儿不知道她篡改家书，那也就罢了，但女儿偏偏知道此事，而且玉莲又是个不信邪的烈女，所以要与继母钱孙氏坚决斗争到底。

川剧折子戏在刻画钱孙氏那能说会道，开口就来的泼辣性格时，可说也是下足了功夫的。

譬如，当母女二人见面时，女儿说："儿见过母亲有礼。"钱孙氏马上回说："有米吗给老娘煮来吃！"但玉莲却不与之拌嘴，又说："儿见过母亲万福。"钱孙氏则继续展她的嘴巴劲："一会儿有米，一会儿饭熟，又不是年，又不是节，哪里那么多礼啊。"

这里钱孙氏用押韵的词句，故意将对方说的"有礼"改成"有米"，将"万福"改成"饭熟"，如此张口就来所显示的社会油滑气息，把这个摇旦子角色的市侩嘴脸，刻画得活灵活现。由此也反衬甚至暗示了女儿虽然敢于与之斗争，但最后仍走投无路而抱石沉江的悲剧命运。

钱孙氏在逼迫玉莲改嫁时，其言谈举止的狡诈，还表现在舞台上她善于运用念白与独白交替迷惑对方，从而折射出她性格的老辣与狡猾。

比如，当女儿坚决不愿改嫁给孙有乾而要拉她去见官时，钱孙氏开始以为自己占尽了理由，就立马表示同意；但后来一想觉得官司难赢，于是马上改口说绝不去官府。钱孙氏这狡猾的表态集中在一段台词中。且看：

莫忙，莫忙！哎呀！打啥官司，是妈逗你的。两娘母打官司，那才没有眉眼。（背白）嗨！这杂种厉害，差点把我笼起啦！（想）嗯！我自有道理。玉莲，我问你咧，你不是我生的，是不是我养的呢？

这段将念白与背白夹在一起的台词，充分显示了钱孙氏言谈举止的狡猾和老练，她一边说，一边思考，钱玉莲那未经世故的少妇经历肯定是斗不过她的。总之一句话，不知怎么东说西说，钱玉莲就被她关在“前门上锁，后门上杠”的屋子里了。

以上便是《逼嫁玉莲》的全部情节。

接着的另一折戏《刁窗》，则由女儿玉莲一人独演，交代她用剪刀刁窗而出，和走在荒郊野岭里无所适从的复杂心态。从碰见恶狗的惊吓，到渴求丈夫回转的欣喜，再到担心别人对她夜闯街巷可能产生的误解，这一切心理变化，让钱玉莲感到生活没有丝毫希望，遂产生自杀念头。

在全戏结尾，钱玉莲仍用“棉搭絮”转二流再转摇板唱腔的凄楚口吻，唱出了自己的悲凉结局：

抱石往江边，
步步心痛酸，
忙将荆钗绕云鬟，
将身投入碧波间。

由此，钱玉莲用死的代价来捍卫了自己那不愿被后母逼嫁的人格尊严。虽然后母逼嫁玉莲的横蛮要求没有达到目的，但取得这样微小的胜利，所付出的生命代价未免还是太大了一些。

直接批驳“父母之命”的婚姻题材描写，还有折子戏《三击掌》也是非常典型的一出剧目。

该戏叙写唐代宰相王允之三女王宝钏，性情倔强，要在家中抛绣玑招郎，结果选中了花郎平贵。父亲碍于情面要女儿悔婚另聘富家子弟。

结果与绝不毁约的王宝钏，闹得冤冤不解。

王宝钏反对父亲的理由有三条。其一，是人以信为本，所以反对父亲言而无信导致悔婚。

其二，女儿根据“朱门生饿殍，茅屋出俊英”的哲理认为，贫穷的花郎平贵，人品好，日后必然成才。所以不赞成父亲因嫌贫爱富和门当户对而悔婚。

其三，王宝钏认为，“儿女终身事，应问本人心”，据此她反对父亲过问自己的婚事。这种要求独立处理婚事的个性，在封建社会的唐代还是很难见到的，虽然如此，但毕竟可贵，川剧对此采取了支持的态度，当然也是极为难得的。

在封建意识成为一个社会主流意识的唐代社会，王宝钏的做法绝对属于大逆不道的叛逆，因此遭到父亲的拼命反对。父亲不准女儿穿皇帝赠送的名贵衣服，父亲要赶女儿出家门，父亲要击掌与女儿坚决断交，这一切，王宝钏都作出了针锋相对的据理力争，以及响当当的正义回答。

在该戏结尾，待父亲唱出“蠢材枉生宰相家，不遵父命悖礼法”的怒吼之后，折子戏用“自甘贫贱人笑话，吾门焉能再留她”的帮腔，为毅然洒泪而别的王宝钏，无情地关上了那扇沉重的大门。

看起来这个帮腔的细节安排，好像是对于封建礼教的赞美，实际却是对于那坚决反对封建包办婚姻所实施独裁主义的无情嘲笑。川剧高腔的帮腔，用反讽的嘲笑态度，为性格极其泼辣的旦角王宝钏那争取婚姻自主的斗争精神，献上了一曲难得的赞歌。可说，这也是该川剧具有可贵民主精神的反映。对于儿女婚姻而言，“父母之命”的封建顽固意识，真的应该休矣。

透视皇宫

川剧折子戏《贵妃醉酒》叙写皇宫生活，与民间百姓熟悉的市井生活大相径庭。虽然如此，但其对于广大观众的认识价值，却不容小觑。

短短一出折戏，真的能够起到那么重要的作用吗？且看：

戏一开始，高力士、裴力士二人上场的对白，就用“天上神仙府，人间宰相家”反衬帝王家的豪华。接着，高力士宣布：“今日万岁爷传旨，同娘娘百花亭饮宴。”该戏的全部故事均围绕这一轴心展开。戏剧情节紧凑而不散乱，作者在艺术构思上的精心安排，是毫无疏漏可言的。

尔后，戏的主角杨玉环在众多宫娥彩女和内侍陪伴下，款款上场。她在高雅宫廷音乐“石榴花”“万翠华”烘托下，又以昆腔“清水令”唱出：

不羡嫦娥奔月宫，
清清冷冷广寒宫，
怎比奴帝王家夫妇居九重！

继用月宫的气派反衬帝王家的豪华之后，折戏再铺写杨玉环所过路径的幽雅，且看又历经紫石桥、玉栏杆、金交枝、玉芙蓉等景观之后，才来到百花亭。其沿途的景致真是美不胜收。于是，杨玉环唱出了作为一人之下，万人之上的娘娘的无比高贵：

三千粉黛无颜色，
日每伴君恣意欢。

因唐明皇驾游西宫未归，杨玉环只好让两位力士先后上了龙凤酒、太平酒和通宵酒三种酒，皇帝仍然未归，杨玉环只好一边独饮，一边用“北清水令”配合宫廷音乐唱出自己内心的惆怅和郁闷：

人生在世如春梦，
我且自开怀饮几盅。
杜康造酒解忧愁，
看来斯语是虚空。

……

哎呀呀，唐明皇，

闪得奴独自一人恨东风。

杨玉环只好让两位力士传话西宫，“迎接万岁到这里”！但，两位力士分别表示不敢随意传话，于是，杨玉环又两次表示要告御状，说力士“戏君妻”，若判罪，就必然是：

头上去了尔的乌纱帽，

身旁脱下尔的紫罗衣，

打断尔的腿，

捶烂尔的皮。

如此两次诬告，可见贵妃娘娘若公报私仇所造成的冤案当是何其严重。自然，这只是杨玉环对于两位力士的一种威胁而已，观众也不必太当真。不管杨玉环怎样处置，皇帝在西宫始终没有来到百花亭。后来又传来信息，说皇帝已回宫中去了。这一场百花亭的饮宴，自然就此不欢而散。杨玉环只得用“清江饮”的哀婉唱腔，唱道：“恼恨唐明皇，无故相抛别。闪得奴冷冷清清，回宫去也。”

总之，小小一出《贵妃醉酒》，通过杨贵妃对去西宫而未到百花亭饮宴的唐明皇的不满，表现封建王朝三宫六院，穷奢极欲的糜烂生活，和后宫嫔妃因争风吃醋而引起的种种矛盾斗争，从而让观众认识统治阶级的腐朽与必然没落的无情结局。

争取婚姻自由的不屈斗士

我国社会有着三千多年的悠久历史。但在这漫长的历史岁月里，封建社会却是时间跨度最大的历史阶段。所以封建社会的意识形态，以及所残存的思想余孽，长期主宰着我国社会的方方面面。

虽然如此，反封建的意识形态及其行动，也具有强大的力量。因此，封建意识形态与反封建意识形态的斗争，在不断推动着社会的发展进步。

在上述两种意识形态的斗争中，出现了许许多多争取婚姻自由的不屈斗士。表现在我国戏曲譬如川剧里的不屈斗士，除了焦桂英（见《打神》《情探》）、王宝钏（见《三击掌》）、钱玉莲（见《逼嫁玉莲》《刁窗》）、杜十娘（见《归舟投江》）等人物形象以外，还有借助神话人物来表现的白娘子（《白蛇传·水漫金山》）等人物形象。

《水漫金山》里的白娘子，就是个白蛇修道成仙而羡慕人间生活的一位典型的女性，因此她具有半人半神的特点。就人而言，她善良温柔，美丽多情而又热爱丈夫许仙。为追求婚姻恋爱自由而勇于自我献身。白娘子的徒弟青儿，忠于主子白蛇，变身青儿以白娘子丫鬟身份出现。她忠于白娘子，但性格较暴躁。武艺仅次于白娘子。

《水漫金山》是川剧《白蛇传》里的最后一折，因其刻画人物性格出色而成为观众最喜欢的折子戏之一。

该折子戏讲述法海为拆散白娘子与许仙婚事而派人将许仙送往金山寺出家，白娘子为要回丈夫而前往金山寺说理。包括龙虾、鲤鱼、螃蟹、海螺、蛤蚌、泥鳅、乌龟、鲢鱼八类小动物在内的众水族，因不服于法海拆散白娘子与许仙婚事的霸道作风，于是以“翻江倒海涌波涛”的声势表示抗议。但本领高强的法海，终于斗败了白娘子。

接着，戏剧描写白娘子戎装佩剑同青儿驾舟而上。白娘子用昆曲“醉花阴”唱“比翼鹣鹣难撇掉，因此上驾舟来到，却怎生一阵阵心惊跳?”白娘子因感法海魔力巨大而显胆怯，故停桨踌躇。此一细节也暗示了白娘子水漫金山最终将以失败告终，说明白娘子争取婚姻恋爱自由的斗争道路十分艰难而漫长。

白娘子一行鼓起勇气终于来到金山寺门外。青儿叫开大门，遭到小沙弥刁难。白娘子以求助口吻获得小沙弥通报，法海刁难白娘子一行以“三步低头，五步一拜”上了佛殿。青儿以其过分的刚强，反衬白娘子行事的有礼、有利、有节。

法海故意指责白季子不在白莲池中修炼，后来又反问对方来到此处何事？白娘子再度以昆曲“喜迁莺”唱出自己争取婚姻恋爱自由而遭迫害的情由：

盼仙郎，心已醉，
我与他伉俪情深，
形影相随，
早定下山盟海誓，
生死不违。
你何苦——
拆散鸳鸯两分飞！

如此有理有据的询问，弄得法海自然无法回答，于是他立马先后派哼哈二将、哪吒、护法韦驮等天兵天将三次前来镇压，均被白娘子和青儿打败。此时白娘子让青儿上莲台背走许仙，法海则让小沙弥将许仙手持的雨伞打开，该雨伞将许仙罩定，许仙不能举步，青儿跳上莲台正准备背走许仙，却遭法海扔出的禅杖一击，青儿不能敌，只好败下。白娘子也不敌禅杖，同样败下。

青儿只好再度号令众水族水漫金山，众水族用昆腔“四门子”唱出了“天河倒流！鬼哭神愁，波涛怒吼”的威武气势。法海只好将其袈裟脱下并令其小沙弥高挂山门，这样才挡住了来势汹涌的山水。众水族遂一一败下。

白娘子与青儿要求法海送还许仙。

法海不但不允，反而使出最后的杀招：紫金饶钵——一个持饶钵的钵童在烟火中翻跟斗上，饶钵放出的光线照着白娘子和青儿，白娘子和青儿腹痛如裂，他们只好退下。

钵童亮相！钵童变脸，由金而红，而绿，最后露出本相丑脸。钵童绕场追逐在惊慌中逃走的白娘子和青儿。

但在这千钧一发之际，白娘子和青儿却在土地神的支持和指点下，从一不为人所关注的洞口逃脱。钵童未能制服白娘子和青儿，大失所望，但也只好悻悻而下。

该剧结尾处，白娘子一行虽然斗不过代表封建势力的法海，但他们为土地神所救，说明正义一方虽然暂时失败，但他们终因手持真理而必然能够取得最后的胜利。

川剧《水漫金山》的情节，与我国各地传说中关于法海在杭州西湖修造雷峰塔镇压白娘子的故事有所不同。川剧认为，白娘子虽然失败了，但她仍然还生活在人间，她还保存了实力，如今她仍在集聚力量。可以想见，将来总有一天她是要为自己报仇雪恨而取得最后胜利的。

民间传说里的白娘子虽然被法海镇压在雷峰塔底，但她也是在等待报仇雪恨的那一天的。川剧与民间传说虽然有所区别，但主人公白娘子决心报仇雪恨的态度却始终是一致的。故事有异而结局相同，这就意味着广大群众都坚信有最终胜利的一天。这是天下百姓对于未来的共同期待，自然，也是一种永远的期待。

川剧《水漫金山》表现失败了的白娘子仍在集聚力量，这种为争取婚姻恋爱自由而誓不罢休的精神，于广大观众而言，看似毫无声息，但却是一种永不言败斗争品格的闪光。

从“小儿科”里走出的批评家

——彭斯远印象（附彭斯远学术年谱）

付冬生*

彭斯远，是我国颇有影响的儿童文学研究专家。

从 1985 年在重庆出版社出版处女作《儿童文学散论》始，在三十多年间，他陆续在湖北少年儿童出版社、希望出版社、西南师范大学出版社、作家出版社推出了《异彩纷呈的多元格局》《叶君健评传》《“芝麻开门”——童年文学与智力开发》《儿童文学导论》《成人和孩子的世界》等多部论著。特别近古稀之年，彭斯远还在重庆出版社推出集二十年之努力而写成的《重庆儿童文学史》。这本史料翔实的厚重之作，进一步奠定了他在我国儿童文学研究，特别是在地域儿童文学研究上不可替代的学术地位。

我们知道，伴随欧洲资本主义萌芽而产生的世界儿童文学，至今已走过了二三百年的历史。而我国由于长期受到盘根错节的强大封建主义制度及其意识形态的压抑，孩子们的存在价值及其人格长期受到轻视、漠视甚至蔑视，所以孩子们需要的文学读物，从来就没有人过问。即使偶尔产生了一点，也是渗透着“非礼勿言、非礼勿视、非礼勿动”之类

---

* ［作者简介］付冬生（1977—　），男，重庆师范大学文学院助理研究员，重庆市抗战文史研究基地办公室主任，海南师范大学文学院博士研究生，主要从事中国抗战文学及儿童文学研究。

的浓厚封建主义因素的。

所以，我国儿童文学迟迟不能得到发展，直到晚清乃至到了人们大力倡导科学和民主的五四运动期间，具有现代意义上的儿童文学的创立才提上议事日程。因此，儿童文学在我国的产生至今也不过百余年光景。比起资本主义发达的欧洲，我国儿童文学大约要晚一百多年的时间。

但是，起点较晚的我国儿童文学在近二三十年间，由于有了中国“四化”建设总设计师——邓小平高举“改革开放”旗帜的引导，因而作为文学一个特殊门类的儿童文学，一直是以突飞猛进的姿态在向前飞奔。重庆儿童文学顺应历史潮流，也在全国儿童文学飞速发展态势下受到巨大鼓舞，并获得了同步发展的历史契机。

作为长期研究儿童文学学人的彭斯远，准确发现和把握了新时期以来重庆儿童文学迅猛发展的历史潮头。他在20世纪80年代以来重庆儿童文学在小说、诗歌、散文、童话、寓言、戏剧和儿童科学文艺诸方面取得巨大成就的启发之下，得出了“这便是重庆儿童文学黄金时期”的重要结论。获得这个认识，使他对未来的重庆儿童文学发展，充满了更大的信心。因此，当他在课堂上，不管是面对本科学生，还是面对专攻中国现当代文学以及儿童文学的硕士研究生时，他总爱扳着指头如数家珍般地列举重庆儿童文学的上述成就。彭教授的这份执着与真爱，自然也深深打动了每个学子的心。

如果把历史的脚步再往前挪，彭教授还发现，重庆在中华人民共和国成立的最初十七年，和抗战中的陪都时期，同样出现过儿童文学发展的两次高潮。

原来，“文化大革命”之前的重庆，曾产生过两个儿童文学的领军人物：一是写儿童诗的张继楼，另一个则是创作儿童小说的揭祥麟。此二人的出现，标志着重庆有了本土的专门创作儿童文学的作家。至于抗战时期，全国各地的文化人云集陪都，于是，郭沫若、冰心、老舍、陶行知、巴金、丰子恺、萧红、陈模、王平陵等人纷纷从全国各地先后来到了重庆。这些作家虽然并不专门从事儿童文学创作，但他们在敌机的轰炸中，却时时想着精神极度空虚的孩子对儿童文学的强烈渴求，于是在创作成人文学的同时，他们也不忘为孩子们创作一些让他们感到愉悦的文学读物。作为移民城市的重庆，向来又是特别具有吸附性和包容性的。于是，外地来渝作家的崭新儿童文学创作，很快就被重庆吸纳而成为丰富和滋养国统区儿童文学创作的一个有机组成。

彭斯远发现重庆儿童文学历经上述三个高潮之后，在“新时期”以来的这段黄金时期，重庆本土不但涌现出众多儿童文学的作家作品，而且作品的体裁和风格形式也呈现出异彩纷呈的多元态势。这对儿童文学理论工作者所产生的巨大鼓舞，就像地质工作者发现了一个蕴藏量巨大的金矿那样的令人兴奋和激动。于是，这便使彭斯远产生了一种用笔来记录和描述这段辉煌历史的强烈冲动。

20 世纪 80 年代初，彭斯远执教的重庆师范大学文学院，在儿童文学教学科研上有了较大的发展。1985 年，由他牵头组建了学校的一个以西部儿童文学研究为宗旨的重要科研机构——西部儿童文学研究所。重庆作为我国的一个新兴直辖市，同时，也是我国西部改革开放的带头城市，因而研究这座城市儿童文学披荆斩棘的发展历史，对于带动还处于经济文化相对落后状态的西部地区的儿童文学发展，应该说是具有相当的借鉴价值和推广意义。因此，透过重庆儿童文学所走过的曲折路程而总结其创作得失，便成了重庆师大西部儿童文学研究所研究方向的题中应有之义。

彭斯远，正是在利用西部儿童文学研究所这一学术阵地，带领他的助手和弟子们艰难而顽强地向我国地域文学研究这座学术高峰发起一次次冲击。

彭斯远决定为重庆这座英雄城市的儿童文学写史。但是，他并不擅长史论研究。试看他昔日已出版的著作，主要的研究方向仅集中在儿童文学本体论、作家论、体裁论以及创作方法论等方面。比如，他的《异彩纷呈的多元格局》《“芝麻开门”——童年文学与智力开发》分别属于儿童小说和低幼文学研究，《叶君健评传》属作家论，《儿童文学导论》

则属儿童文学基础理论即本体论研究。这说明，到20世纪80年代，彭斯远还基本没有从事过史论研究。而他深知，从事史论研究是必须拿客观的史料说话的。史论研究的特点，就在于必须做到有一分事实说一分话。因此，写一座城市的儿童文学史，当然应以这座城市的作家作品创作研究为前提。否则得出的结论就像没有根的浮萍那样，始终是摇摆不定因而也绝对是没有丝毫说服力。

为撰写《重庆儿童文学史》，从“新时期”开始不久，彭斯远便开始跨入艰苦的资料搜集过程。除了与本地作家交朋友而获得第一手资料外，他每到一座城市参加学术会议，都要抽时间跑图书馆和当地的出版部门，努力搜寻需要的书籍和史料。对于资料，他一边广搜博求，一边对其已获得的部分加以及时的整理，经过去粗取精、去伪存真的消化提炼，从而渐渐形成了自己关于重庆儿童文学发展的一些线性思考。在这线性思考之中，彭斯远觉得除了应对重庆儿童文学所历经的三大创作高峰出现的作家作品予以重点描述之外，还应分别对解放战争和“文化大革命”这两个儿童文学发展的低谷时期的历史特点，也予以科学的阐释和说明。

另外，在彭斯远看来，重庆儿童文学的发展繁荣，并不仅仅表现在作家作品的创作上。一个城市的儿童文学发展，显然又是和这座城市的文化经济发展，特别是和该城市儿童文学的编辑、翻译、出版、教学、评奖和理论研究的整体状态是分不开的。儿童文学的发展，绝不是孤立的现象。因为儿童文学的发展，不仅和该城市的传统文脉有关，而且和该城市的儿童文学综合实力不可分割。因此，他决心在编排这本文学史的内容要点时，把重庆儿童文学的发展当成一项综合而系统的文化工程来对待。

如此构建重庆儿童文学的主体框架，既凸现了全书思想内容的关键和核心，同时，也较有说服力地论证了重庆儿童文学近百年来从无到有，从小到大，从落后到繁荣的整个发展过程。因而，把重庆儿童文学的发展当成一项系统的文化工程来加以研究分析的写作视角，也就成为这本儿童文学史不同于目前我国已出版的其他地域儿童文学史的独特之处。

《重庆儿童文学史》的基本框架形成之后，作者很快就进入了执笔写作过程之中。翻开这本城市儿童文学史，我们不难发现，该书在写作上除贯彻远略近详的原则之外，还对20世纪重庆的儿童文学发展中出现的高潮与低谷间所形成的马鞍型发展态势进行了认真而翔实的梳理和理论阐释，而且按时间顺序对这座城市儿童文学作家作品的众多个案进行剖析，从而让宏观概括与微观解读结合起来。如此，既避免了只有宏观概括而无微观解读的粗疏乏力，也克服了只有微观解读而无宏观概括的琐碎繁杂；二者的有机结合，实现了提纲挈领与充分说理的有机统一。

因此，诚如中国社会史学会副会长李禹阶教授所指出的一样，这本城市儿童文学史，“除按时间顺序”进行“浅性叙述”外，还进行了“不同文体和不同作家的众多个案剖析”，“宏观概括与微观分析”的相互结合补充，使“这部文学史著给读者留下的印象清晰而鲜明”。[①] 如此宏观审视与微观考察的交相辉映，便成为《重庆儿童文学史》的又一艺术特色。

当然，为了节省篇幅，这本彭氏文学史著对于许多重要而又无须详述的重庆儿童文学的原始史料与史实，则通过文学大事记的方式予以辑录。其笔墨虽然简略，但所涉及的史料广泛，信息性较强，读者若能参照其同类书籍进行对比阅读，所得必然更多。对此，也是不能不加以指出的。

总之，从收集资料，酝酿构思，执笔写作，修改定稿，到最终付梓出版，前前后后总共历经了近20个寒来暑往。除去给学生上课，会议和必要的文学与学术活动之外，彭斯远教授几乎把所有周末和节假日全都投入到这部文学史著的写作当中去了。如此7000多个日日夜夜的伏案苦思，让他的鬓边又增添了几多白发。

如今这本由12章共57万字组成的《重庆儿童文学史》，终于在曾经推出过作者处女作《儿童文学散论》的重庆出版社隆重出版了。该书较

---

① 李禹阶：《历史脉络与人文内涵的相得益彰——彭斯远〈重庆儿童文学史〉片断》，《重庆师范大学学报》2010年第2期。

为全面地展示了历代近200位重庆作家在渝创作的儿童文学作品的思想艺术成就及其在全国的地位与影响。它的出版，不仅成为一个我国儿童文学史著研究的硕大成果，而且成为一项我国地域文学研究的重要收获。同时，它还是填补我国巴渝文史研究空白的一项“希望工程”。因此，这不但对我国当代儿童文学与地域文学研究将起到极大的推动作用，同时，对我国地域民俗文化研究，也贡献了有力的借鉴。

《重庆儿童文学史》出版后，之所以能受到学术界的好评，自然是和作者长期以来孜孜不倦埋头于儿童文学的刻苦钻研分不开的。而这种刻苦钻研儿童文学的潜在动力，则源于他对孩子，即人类未来的深刻哲学体验。

彭斯远教授在课堂上，常常用童年崇拜的哲学思想去批判那种视儿童文学为“小儿科”的偏见。很多人都知道，彭教授每学期在向自己的学生开讲儿童文学之前，往往爱以德国哲学家尼采为什么主张人类应向孩提学习的提问开头。提出这一具有启发性的问题之后，彭教授并不要求学生马上回答，而是有板有眼地开始了他的讲授。他说，尼采认为孩提具有四个特点，因而很值得成人学习，那就是：

第一，天真。原来天真乃是人的本性。儿童没有伪善、没有欺骗、没有恶意，他们始终保持着没有污染的人性源头。

第二，善忘。儿童善于忘记不该记忆的事物，如此就能丢掉阻碍自己进步的思想包袱而轻装前进。

第三，无知。儿童虽然无知，但这既是坏事，同时也是好事。无知说明他的脑子是一片空白。一片空白不仅促使人类产生求知欲，而且使人不耻下问，从而增长智慧。

第四，成长。儿童不仅是人类生命的开端，而且是人类跋涉的起点。孩提的成长与老人的走向衰亡，恰恰构成了生命的两极。

尼采发现和倡导的童年崇拜观念，不仅成就了自己的伟大哲学思想，而且也端正了包括儿童文学作家与研究家在内的许多儿童文化工作者对年少一代的认识。因此，彭斯远要求他的学生也要用尼采的哲学思想来为自己洗脑：告别轻视孩提人格的陈旧习俗，走向崇拜童心的光明未来。

的确，用尼采童年崇拜的观念来武装自己的头脑，不仅使彭斯远对他所从事的儿童文学教学科研产生了丝丝自豪感，而且使他产生了一种庄严的使命意识。为发展孩子们的事业而写《重庆儿童文学史》，哪怕是遇到高山大河般的障碍，他也觉得是完全可以超越的了。

不仅如此，在伏案写史的过程中，彭斯远更深深感悟到的是，每当脑子里的所思所想顺利转化为或纪实或议论的文字之后，他就会产生像农民站在田间观赏那即将收获的农作物一样的愉悦和兴奋。当然，这种面对电脑显示器码字而产生的欢乐，纯属一种毫无功利的欢乐，一种基于完成使命意识的至真至纯的欢乐。

彭斯远就是这样一位从“小儿科”里走出的文学研究者，我们时代需要的批评家。

附录：彭斯远学术年谱

1940 年 8 月 21 日，生于四川成都。

1946 年 9 月 1 日—1958 年 8 月 30 日，在成都读小学、中学。

1958 年 9 月 1 日，考入南充师院（现西华师范大学）中文系就读。

1962 年 10 月，毕业分配至重庆师专（现重庆师范大学）中文系工作，被安排到文选与写作教研室任教。

1982 年 9 月，被学校安排赴北京师范大学中文系进修儿童文学半年，返校后，从事写作与儿童文学课的教学。

1983 年 6 月，文论《儿童诗的情趣浅谈》被人民教育出版社选入我国中等师范学校课本《文选与习作》第八册。

1984 年，与张继楼合编《中国当代儿童诗歌选》，在四川少年儿童出版社出版；12 月 12 日，《人民日报》发表樊发稼文章高度肯定《中国当代儿童诗歌选》，并指出，该书“编者之一彭斯远为本书写了题为《闪光的珠贝》的序言，是一篇文、理、情俱佳的文章”。

1986 年 5 月，在重庆出版社出版处女作《儿童文学散论》；其中

《属于美学范畴的一种艺术追求》《儿童的情趣 传统的形式——评张继楼的儿童诗创作》两文，被儿童文学理论家陈子君、贺嘉、樊发稼合编的《全国儿童文学理论丛书·论儿童诗》一书所收选；9月，《人民日报》刊文评介四川少年儿童出版社出版的《中国当代儿童诗歌选》。

1987年，论文《儿童短篇小说艺术管窥》发表于同年《当代文坛》第3期，后被蒋风等人所主编、希望出版社出版的《中国儿童文学大系·理论卷》收选；6月4日，重庆日报记者显秋采写的通讯以“他在探测小读者的梦”为标题，报道了彭斯远对于儿童文学的理论思考；6月27日，《四川工人日报》刊发《“在童心里唱一支快乐的歌”——记重庆师范学院副教授彭斯远》。

1988年12月，论文《属于美学范畴的一种艺术追求》获四川省文学奖，同时获全国儿童文学优秀论文奖；同年被选为四川省作家协会儿童文学委员会委员。

1989年，论文《新时期巴蜀儿童文学宏观扫描》在《当代文坛》第3期发表；随后，被王泉根主编、接力出版社出版的《中国当代儿童文学文论选》选收；同年获重庆市“建国40周年”文学奖。

1990年10月，论文《中国幼儿文学的一座历史丰碑——为〈小朋友〉创刊55周年写》《谈谈幼儿散文》被鲁兵主编、重庆出版社出版的《中国幼儿文学集成·理论卷》收选。

1991年，被四川少年儿童出版社聘为我国第一本《儿童文学辞典》的特约编辑与撰稿人；同年在河北承德召开的全国儿童文学创作分析会上作题为《矫枉不必过正——对我国当代儿童小说的一点美学思考》的学术发言，引起与会作家批评家的关注。该文被全国少年儿童文化艺术委员会和中国儿童文学研究会联合编辑的论文集《儿童文学探讨》收入，于同年12月由河北少年儿童出版社出版。

1992年，《重庆社会科学》第6期“重庆社科人物简介”专栏以词条形式对彭斯远予以介绍；同年7月21日《重庆日报》“评论家剪影”专栏发表余见的《十年耕耘不寻常——记儿童文学理论家彭斯远》。

1993年3月，在湖北少年儿童出版社出版综论我国儿童小说创作的专著《异彩纷呈的多元格局》；5月，重庆《杂文月报》在“杂家访谈录”专栏发表吴国红采写的《相映生辉话杂文——访彭斯远同志》；12月，晋升为教授；经中国少年儿童出版社总编辑陈模和儿童文学评论家陈子君介绍，加入中国作家协会；蒋风主编、希望出版社同年出版的《世界儿童文学事典》对彭斯远儿童文学研究事迹予以介绍。

1994年8月12日，《批评是为了发展——束沛德儿童文学研究漫谈》刊于《文艺报》，后被文学理论家束沛德以“代跋”形式选入江苏少年儿童出版社1995年出版的《儿童文苑漫谈》。

1995年11月，被选为重庆市作家协会主席团成员。

1996年2月，论文集《中国儿童文学潮》在天地出版社出版；同年，被选为重庆作协儿童文学委员会副主任；同年4月，被聘为中国作家协会第三届全国优秀儿童文学评奖委员会委员；12月，重庆师范学院中文系筹建“中国西部儿童文学研究所”，彭斯远任所长。

1997年，《“芝麻开门”——童年文学与智力开发》在西南师范大学出版社出版。

1998年4月，论文《中国幼儿文学的一座历史丰碑——为〈小朋友〉创刊55周年写》《前事不忘，后事之师——〈小朋友〉史料补遗》被张美妮、巢扬主编，未来出版社出版的《中国新时期幼儿文学大系·理论卷》选收；同年主编的《红岩英雄丛书》（共6册）在少年儿童出版社出版。

1999年4月，论文集《成人和孩子的世界》在作家出版社出版；同年专著《新时期小说文体的自觉》（与戴少瑶等人合作）获重庆市政府颁发的直辖后第一次社会科学优秀科研成果二等奖。

2000年2月，曾任重师中文系主任的张荣翼教授为《儿童文学导论》撰写《序言：永远的童心》；5月，赴京参加全国儿童文学创作会议，会中与高洪波、梅子涵合作主持专题论坛；10月3日，《重庆晨报》刊发刘清泉《节节都是美丽的诗——读彭斯远〈成人和孩子的世界〉》；同年10

月《中国当代动物小说论》刊载于中国作家协会《作家通讯》“全国儿童文学创作会议专辑”。

2001 年 8 月，参与周晓风所主编的《20 世纪重庆文学史》项目，2011 年获重庆市政府颁发的重庆市第七次社会科学优秀成果奖一等奖。

2002 年 11 月，被邀请赴台湾进行儿童文学学术交流，17 日的台湾《民生报》以《两岸三地相互观摩学习　架起儿童文学交流的桥梁》为题，发表了长篇报道和多幅彩照。

2003 年，访问台湾儿童文学界归来，在《重庆商报》等媒体发表《关于胡适》《造访国民日报》《民生报“少年儿童”版》《走马逛书店》《参观台北“故宫博物院”》等学术散文 10 篇；4 月，《沙坪文化》报发表对彭斯远学术研究的专版介绍；10 月 21 日，《重庆日报》“两江潮”文学副刊发表《吐纳风云，写世界文章——西部文学五人谈》，用一版的篇幅，报道雷抒雁、杨光祖、彭斯远、余德庄、黄洁的文学评论观。

2004 年，专著《叶君健评传》由希望出版社出版；同年，系列论文《中国现当代儿童文学悖论》获第二届重庆文学奖；6 月，被中国作家协会邀请出任第六届全国优秀儿童文学评奖委员会委员。

2005 年 3 月，《儿童文学导论》（修订本）由中国三峡出版社出版；8 月，在《重庆青年报》连载纪实文学《中国大雁起飞自重庆——叶君健的故事》。

2006 年 7 月，66 岁时带完四届中国现当代文学专业儿童文学方向硕士研究生后退休，从此开始对于我国文学和文化的个人化研究。

2007 年，因学术批评影响较大而被评为重庆十佳评书人。

2009 年 2 月，《重庆儿童文学史》在重庆出版社出版；7 月，编著《透视梁上泉》在作家出版社出版；同年文论《叶圣陶童话初探》被重庆出版社编入 2014 年出版的《新时期重庆文艺名家名作选·评论卷》。

2010 年，专著《中国儿童文学悖论》在时代文艺出版社出版；同年

《走进钟代华——钟代华诗歌研究》在华夏出版社出版；同年与刘冰合编《新语文读本·重庆版》（小学12册，初中6册）在广西教育出版社出版。

2011年4月，专著《叶圣陶评传》在希望出版社出版。

2012年6月，编著《八方来鸿——致梁上泉书》在重庆出版社出版。

2013年6月，在少年儿童出版社出版专著《〈小朋友〉90年》。

2014年，专著《〈小朋友〉90年》获重庆市“五个一工程”奖，同时获重庆市文学奖；同年专著《舞台艺术探讨》被重庆市文化旅游研究院列入“重庆老艺术家作品丛书”第六辑，在团结出版社出版。

2016年，《红岩·重庆评论》第4期刊发《记太阳社创始人之一的杨邨人》；9月，被西华师范大学邀请返校参加校庆70周年纪念活动，母校校庆办公室邀约写作的散文集《向母校致敬》，在四川大学出版社出版。

2017年10月，四十年来在《重庆晚报》等报刊所发杂文随笔辑集为《老汉今年七十六》，在中国博学出版社出版。

2018年3月24日，《重庆晚报》刊发该报记者罗欣雨撰写的关于彭斯远文学成就的专版介绍；5月，被重庆市文化旅游研究院邀请为川剧评论培训班作专题学术报告；重庆《老同志生活》杂志第7期刊发《重庆日报》记者熊庆元采写的通讯《已识乾坤大，犹怜草木青——彭斯远教授访谈记》，详细报道被采访者退休后仍孜孜不倦研究民间文学取得的收获；成都《晚霞》杂志第11期发表《重庆日报》记者熊庆元采写的《情系民间文学的老教授》一文，报道彭斯远退休后仍笔耕不辍取得的文学成就。

2019年，被重庆市文化旅游研究院邀请参加《重庆地方川剧史》写作；4月，在周晓风等人主编，中国社会科学出版社出版的《区域文化与文学研究集刊》第5辑，发表文论《一支文学别动队——论重庆少数民族文学创作》；11月，论文《评现代川剧〈江姐〉及沈铁梅的声腔艺术》被四川省剧目工作室以“特约评论”名义编入《四川戏剧评论年度选编

(2018)》一书。

2020年，因分别得到重庆市文联和沙坪坝区文联资助，拟在重庆出版社出版文学评论集《文苑寻踪》（30余万字）和搜集整理的《重庆民间童谣300首》。

（付冬生　黄铁斓整理）

一部特色鲜明的地域儿童文学史
——读彭斯远《重庆儿童文学史》

谢　丽*

《重庆儿童文学史》（重庆出版社2009年版），是儿童文学研究专家彭斯远教授的大作。初读该著作，其严谨却又不乏创新的论述，带给我的首先是重返地域儿童文学历史的一份欣喜。在享受那份久违的阅读快感之余，我不禁想知道究竟是什么力量促使彭教授在已过耳顺之年后，又为我们奉献出了这部56万余言的鸿篇巨制。

作为一名治学严谨、认真踏实的学者，早在20世纪80年代，彭斯远先生便推出了他20余万言的处女作《儿童文学散论》（重庆出版社）。尔后，又陆续出版了《异彩纷呈的多元格局》（湖北少年儿童出版社）、《童年文学与智力开发》（西南师范大学出版社）、《孩子和成人的世界》（作家出版社）、《叶君健评传》（希望出版社）、《儿童文学导论》（三峡出版社）等著作，并参与编辑和撰写了我国第一部《儿童文学辞典》（四川少年儿童出版社）。在完成这些论著或编著的同时，彭斯远见证了新时期以来重庆儿童文学的迅猛发展，注意到了重庆儿童文学在这段黄金时期所呈现出的空前繁荣状态——数量众多的作家作品、主题题材与风格形式的异彩纷呈，创作质量的飞跃式提升……恰如该书“后记”所言，

* ［作者简介］谢丽（1973—　），女，文学博士，西南石油大学马克思主义学院副教授，主要从事中国现当代文学、思想政治教育教学研究。

正是有感于新时期以来重庆儿童文学的这种迅猛发展态势，彭先生才产生了必须用笔来记录这段辉煌历史的初衷。

此外，时任重庆师范大学西部儿童文学研究所牵头人的彭斯远，亦认识到通过重庆儿童文学创作所走过的曲折路程来总结其创作得失，以带动经济文化还相对落后的我国西部儿童文学的发展，将成为西部儿童文学研究所研究方向的题中应有之义。所以，自20世纪80年代末期起，彭先生便开始了为重庆儿童文学写史的一系列准备工作。最后，历经20来个寒来暑往，也即7000多个日日夜夜的辛勤付出，老骥伏枥、壮心不已的彭斯远教授终于以这部厚实创新的《重庆儿童文学史》，为自己所从事的儿童文学教学与研究留下了一份特殊的纪念。

这部凝聚着作者多年心血的潜心打磨之作，在全方位地展示重庆儿童文学的成就与地域文化特色的同时，亦在重庆儿童文学与中国儿童文学所形成的同构发展的基本态势中，具有了超越地域的文学史意义。作为我国第一部研究重庆儿童文学发展历史的学术著作，《重庆儿童文学史》从客观的历史事实和极富巴渝文化地域特色的历史积淀出发，不仅勾勒和描述了重庆儿童文学兴起和变迁的曲折发展历史进程，而且这部实现了编著者多年夙愿的著作，亦从地域文学的角度侧面展现了我国儿童文学百余年来所走过的沧桑岁月。由是，这部体现出作者对重庆儿童文学和中国儿童文学的基本理解与学术思想的史论性著作，在将重庆儿童文学的研究引向一个更为深沉广阔的理性思维空间时，它所具有的填补空白和跨越地域的文学史意义，也就更显而易见了。

诚如北京师范大学儿童文学教授王泉根在该书序文中所说，此书“对拓宽重庆文学研究的学术空间，深化重庆文学的文化内涵与地域文脉，厘清重庆文学的发展历程与丰富细节，无疑具有积极的学术价值和建设意义。《重庆儿童文学史》既填补了重庆地域文学研究一个方面的空白”①，同时“又是重庆文学/当代文学/中国儿童文学研究有意味的收获，

① 王泉根：《地域文学与儿童文学的双重创获》，彭斯远编著《重庆儿童文学史》，重庆出版社2009年版，第2页。

特别是对中国儿童文学研究，贡献了厚重的创获”[①]。当然，作为区域性儿童文学史书写的一项可喜收获，这部富含浓郁地域特色的重庆儿童文学史所具有的学术价值与社会意义，在客观上已不仅仅局限于巴渝这一有限的地域空间了。

有了以上的些许感触，在接下来细细品读这本厚重之作时，我不由得进一步为该著作忠于历史的编著态度、“史实”与“史识”相融的叙述方式，以及点面结合的编排体例而拍手称道，因为正是在这些方面，《重庆儿童文学史》显示出了自己的个性与优势。

《重庆儿童文学史》忠于历史的编著态度，首先体现在作者坚持通过大量第一手资料的搜集与研读，以丰富而极具价值的文献史料勾勒出重庆儿童文学兴起和发展的整体进程。

众所周知，史料是一切历史研究的前提和基础，人们往往把占有史料的多寡以及真实与否，作为衡量其学术价值的一个重要尺度，对于文学史的撰写亦是如此。应该说，在史料的广博搜求和爬梳整理方面，《重庆儿童文学史》下足了功夫，做得实在而又丰富。面对资料奇缺的研究现状，深知事实是历史的灵魂的彭斯远，从20世纪80年代末期便开始了长达七八年之久的资料搜集的漫漫旅程。除在所生活的重庆市及其地方高校、图书馆、文联、作协等单位广搜博求外，他还利用一切外出机会在其他城市努力搜寻自己的所需资料，同时，在与各地作家的通信中，进一步获取了很多珍贵的第一手资料。正是因为在这方面作出了艰苦的努力，该书占有史料的翔实丰富，一直为人所称道。也恰恰是因为这种大海捞针似的艰辛搜寻，彭氏的这部史论性著作发掘出了诸多不为人所知的文献材料。

比如，在第四章《黎明前的抗争（下）》“在渝出版的儿童报刊”一节中，这部史著就对1937—1949年曾在重庆出版发行的《小朋友》《抗战儿童》《儿童世界》《小国民》《少年先锋》《中学生》《开明少年》等

① 王泉根：《地域文学与儿童文学的双重创获》，彭斯远编著《重庆儿童文学史》，重庆出版社2009年版，第2页。

众多儿童报刊，作了详尽的历史描述，披露了一些鲜为人知却极有价值的历史事实。其中，特别是关于《小朋友》这本1922年创刊于上海，至今已近百年历史的低幼文学刊物在我国儿童文学中的历史地位和杰出文化贡献，以及它的编者之一陈伯吹于抗战时期在重庆复刊该杂志的出版盛况，在我国儿童文学史著中，均是首次提及。

又如，在题为“西南大学与儿童文学”的第十一章中，关于美学教育家刘兆吉和他的《西南采风录》受到闻一多、朱自清等人的高度评价，关于平民教育家陶行知的追随者孙铭勋和他的儿歌搜集以及儿童文学创作一方面受到有识之士的高度评价，另一方面受到极“左”思潮的无端围剿与放肆攻击等史实及某些重要文献史料，也是在这部史著中第一次得以披露。不仅如此，作者还在该书中对上述史料予以精妙的品评，这都有力显示了论者的独到学术眼光及其拨乱反正的深刻历史文化价值。毋庸置疑，上述诸多首次披露的文献资料及其评论，切实地赋予了这部地域儿童文学史以丰富的学术内涵。

其次，《重庆儿童文学史》忠于历史的写作态度，还表现在作者从历史的现场意识出发，在对历史的细腻感知和对历史复杂性的深切理解中，完成对历史真实的认知体察与真切把握。

作者在该书“后记”中曾自言，“对于史料，我一边广搜博求，一边排队整理，进行去粗存精、去伪存真的提炼消化”[①]。显然，彭教授深知任何一位文学史家对于已经过往的历史现象及其事件不仅应持客观公正和实事求是的史学态度，同时还必须持辩证和唯物的文学眼光。只有这样，才可能最大限度地接近事物的本质和真相。而恰恰是这种良好的史学意识，使得作者在面对皓首穷经收集而来的丰赡文学史料，能够摆脱因袭成见的束缚而不人云亦云。直接面对历史本身，才可能获得令人耳目一新的真知灼见。

彭斯远在勾勒重庆儿童文学兴起、发展的历史轮廓时，正如王泉根

① 彭斯远编著：《重庆儿童文学史》，重庆出版社2009年版，第637页。

先生所注意到的那样，没有简单地采用所谓中国儿童文学是“五四”以后才出现的传统说法，而是从中国传统文化与文学的特殊性出发，从丰富的巴渝神话传说、民间童谣童话的深厚历史积淀中，去挖掘重庆儿童文学的历史元素与文学品质，并由此得出了重庆儿童文学是在传统的重庆地域文化背景，以及从白虎巴人到当今重庆人那无比丰富的人文精神内涵基础上，得以轰轰烈烈产生的历史结论。显而易见，论者正是通过对历史事实的独到发现与选择，加上精心的提炼，不以前人既有的文学史论为圭臬，而是在尽可能地接近历史朴素原生态的基础上，探究、寻觅和捕捉到了重庆儿童文学得以产生和发展的来龙去脉。

当然，一部成功的文学史著如果仅仅只有忠于历史的编著态度仍然是不够的。因此，以史料的丰赡详尽著称的《重庆儿童文学史》，并非仅仅只是关于重庆儿童文学发展历史材料的罗列堆积和对于历史真实的认识与把握，在对重庆儿童文学兴起、发展与变迁历程的历史描述中，也能透露出编著者的严肃学术思考。事实上，《重庆儿童文学史》以重庆儿童文学兴起、发展的历史进程建构起全书的主要骨架，但填充进去的“血肉”却是编著者的主体精神及其对于历史现象的思索，虽然这种思索常常隐含在历史事实之中而不易为人所觉察。

例如，在第二章《艰辛的垦殖拓展（1907—1937）》的第一节中，彭斯远便注意到这样的历史事实：作为远离京沪文化发达地区的四川重庆，在20世纪初至五四运动时的近20年时间里，因盘根错节的封建教育顽固歧视儿童对精神食粮的需求，所以压根儿不可能产生文人创作的儿童文学，然而，那时的重庆虽无正式的作家创作儿童文学即文人儿童文学，但却有夹杂在民间文学之中的童话故事与童谣山歌流传。同时，鉴于20世纪初至30年代抗战爆发的30余年间，重庆儿童文苑正处于势单力薄、民间无名氏创作占绝对优势的发展阶段的现实状况，彭斯远教授据此认定正是这些来自民间而又通过孩子口口相授、长期传承和保留在娃娃们心中的无名氏作品，开启了20世纪重庆儿童文学的先河。实际上，这显示了编著者在“史实”梳理之外的那份难得的“史识”，它虽然不是什么惊人的理论，但却相当中肯。而正是这种“史实”与“史识”的有机结合，成为《重庆儿童文学史》有别于之前的某些儿童文学史单纯的历时性描述的一个重要个性特色。

《重庆儿童文学史》让人耳目一新的地方，还在于它紧贴史貌、纵横开阖的书写体例。具体而言，该史著纵横开阖的体例特色主要表现于：在既重宏观整体的勾勒述评，又重微观具体的评析阐释中，建构起以史的动态描述为经、以对具体作家作品的个案剖析和具体儿童文学类型的研究为纬的点面结合的基本研究框架。显然，通过对重庆儿童文学不同历史时期三个高潮和两个低谷发展态势的宏观概括和线性梳理，编著者从整体上较好地把握了各个时期重庆儿童文学兴起发展的总体面貌，并清晰地勾勒出重庆儿童文学兴起、发展、嬗变的具体演进历程。而通过从地域文化切入不同作家作品及不同文体进行微观梳理和个案分析，则有力地避免了一般文学史流于空洞的宏观论述之不足。

毫无疑问，正是通过从不同历史时期重庆儿童文学发展流变的宏观概述，再具体到代表性作家作品与文体类型的微观解析的点面与纵横立体结合的梳理阐释，《重庆儿童文学史》既全面地勾勒描述了重庆儿童文学兴起发展的历史脉络，又真正还原了重庆儿童文学兴起发展路径中的具体历史图景。这种纵横开阖的宏观概括与微观解析相结合的编写体例所释放激发的阐释能量，赋予了这部地域儿童文学史深厚丰实又斑斓纷呈的多彩景观。

可见，作为一部填补重庆地域文学研究空白的学术著作，《重庆儿童文学史》无论是史料的丰富翔实，还是以史显论或论从史出的阐释方式，抑或点面结合的编排构架，都值得充分肯定。该书是一直在默默中坚守儿童文学园地的彭斯远教授退休之后的一项崭新学术成果。史著不仅采用历史的线性编纂之法追根溯源，梳理勾勒从20世纪初到21世纪百余年来重庆儿童文学兴起变迁的历史脉络和发展走向，而且以纵横开阖的书写体例建构重庆儿童文学作家作品的完整体系，从而在相当程度上推进了我国地域儿童文学史的纵深发展研究。换言之，《重庆儿童文学史》是

21世纪我国地域儿童文学研究领域里的一本颇有文化价值的重要成果，显示了中国地域儿童文学研究的突破与深入。正是以这部难能可贵的地域儿童文学史著，彭斯远教授再次为我国儿童文学研究做出了自己的独特贡献。

地域文化研究

主持人：李祖德

主持人语：

中华文化的大一统特征恰恰源于其五彩纷呈的地域性和地方性，呈现和剖析不同地域的文化形态正是区域文化与文学研究的要旨之一。在现代工商业与城市文化日渐同质化并不断变革的语境中，重新审视丰富多彩的地方历史、文化遗产对于塑造现代共同体文化想象和文化精神殊为必要。故此，本期编委会特尝试新设“地域文化研究”一栏，本辑选登了两位学者的相关文章以飨读者，并期待能引发学界新的研究兴趣与话题。江冰教授的文章《广东潮汕的地域文化研究——空间、风俗、饮食与文学构形》以不乏民族志和在地性的感知与体验描绘了潮汕地区的地理、经济、风俗、文学及日常生活等文化风貌，彰显了潮汕地区自成天地、独树一帜的文化个性。尧育飞博士的《一位普通文人与晚清苏州地方文化的维持》一文则以《潘钟瑞日记》的考察与释读，梳理了晚清苏州士人潘钟瑞一系列文化举措，揭示了地方士人及其地方性知识与经验之于维系地方文化秩序的努力与贡献。新设此栏是为文学与文化研究应有之文化理想与情怀，期待会有更多学者加入，共同展望与探讨。

广东潮汕的地域文化研究
——空间、风俗、饮食与文学构形

江 冰*

内容提要：本文试图从空间、风俗、饮食、文学的角度切入，探究广东潮汕地区日常世俗生活的多个方面，呈现出潮汕自成天地、独树一帜的文化个性。潮汕人注重日常，注重家庭，注重传统，以其“种田如绣花”的人生价值观与生活态度，促成其地域文化自成格局。潮汕人努力寻找“道与器”的良好互动关系，于平凡日常生活中提升生活之美，这对普遍“重道轻器”的中华文化是一个补充。

关键词：空间；风俗；饮食；文学；“道与器”

孔子注重“道”，对“道”有一种执着的追求，甚至有“朝闻道，夕死可矣”① 的说法。《汉书·董仲舒传》中记载：“道之大原出于天，天不变，道亦不变，是以禹继舜，舜继尧，三圣相受而守一道，亡救弊之政也，故不言其所损益也。”② 直到宋明时代，文人士大夫对“问道”

* ［作者简介］江冰（1957— ），男，广州市人民政府聘任广州城市形象品牌顾问、广州都市文学与都市文化研究基地首席专家，广东财经大学人文与传播学院教授，主要从事文学与文化研究。

① 杨伯峻译注：《论语译注》，中华书局2002年版，第37页。

② （汉）班固撰，（唐）颜师古注：《汉书·董仲舒传》，中华书局2015年版，第1844页。

仍有很大的激情，《近思录》[①] 中对此有很多记载。凡事都寻求一个形而上的“道”，似乎是传统文人寻道问学的一个思维方式。不过，也有对此怀疑的，如陶渊明在《庚戌岁九月中于西田获早稻》中写道：“人生归有道，衣食固其端。孰是都不营，而以求自安。”[②] 陶渊明在日常的生活实践中，体悟到“衣食”的重要性，这种对形而下的“器”的重视，在一定程度上是对唯“道”是从的士人心态的一个冲击。现代社会进入到了商品化的时代，商品拜物教开始出现，人们对“道”与“器”关系的认识发生了重大的变化。如何平衡“道”与“器”是一个难题。广东潮汕文化，既具有现代的经济形态，又保留有传统的风俗文化，在处理“道”与“器”的关系上，呈现出一定的特色。本文从空间、饮食、风俗、文学等几个角度，具体讨论潮汕地区的文化特征，并试图呈现这种地域文化在现代社会中存在的意义。

一　空间

广东离中原很远，离大海很近，“中原”与“大海”，两者关系微妙而丰富，既对峙又交流，既交流且互动，具有极大的文化阐释空间。而潮汕作为广东省比较特殊的城市，其空间布局独具特色。潮汕分为潮州与汕头，两个城市的空间布置不大相同，我们分别论之。

潮州是国家历史文化名城，汉朝时建易安郡，后改潮州。唐宋两朝十个宰相到过此地，影响一方。唐代文豪韩愈执政八个月，深受潮人拥戴，直至江山易名韩山韩江，亦是文化奇迹。韩愈贬官广东潮州之前，亦在清远一年，却并无太大作为，徒留诗词几首。两相比较，实在耐人寻味，潮州风土人情确有异乎寻常之处！他们显然比粤北人更加亲近中原文化。潮州韩公祠、开元寺、广济门、广济桥均为广有影响的高颜值高含量历史文化名胜。

潮州可以称为是一座慢城，古迹遍地，骑楼成行，住户与商铺兴旺，

① （宋）朱熹、吕祖谦编：《近思录》，上海古籍出版社 2010 年版。

② （晋）陶潜著，龚斌校笺：《陶渊明集校笺》，上海古籍出版社 1996 年版，第 205 页。

并无腾笼换鸟、空城寂寞之感。粤东潮州古城，城楼巍峨，城墙高大，最抢眼的是一条牌坊街，古风犹存，琳琅满目。老街1952年拆除，当年存老牌坊98座，现重建恢复只有28座，依然壮观，实在无法想象昔日盛大场景。潮州在相当长的历史阶段中，在广东城市中排名第二，广州之后就是潮州，地位无可置疑。20世纪80年代改革开放，珠三角崛起、汕头划为经济特区，地位才有改变，可谓“一落千丈”。

潮州城老城区老宅屋，藏着昔日风光。多为老人居住，老家具沉淀蕴含着一种幽暗光泽，旧什新物堆积如山，缺少清理打扫，依旧掩不住民国旧宅曲径通幽雅趣，无论房屋多么颓势，花木却依旧生机盎然。老城民宿星罗棋布，规模多在七八间房，全是酒店空调卧室设计，老宅里注入现代设计：妙到好处或弄巧成拙，大雅大俗或文人雅趣？全在一个“度”。老宅自有沉淀时光气场，如何烘托提升凸显？当见功夫：既有对传统文化的理解，也有现代设计观念进入。

潮州历史久远，近代汕头经济崛起，与潮州组成当代潮汕文化核心。潮州饶宗颐学问盖世，有“北季（季羡林）南饶”美誉。“华人首富”李嘉诚以及他任校董的汕头大学，名头响亮，在广东乃至全国均有相当知名度。

汕头可谓传奇之城：一为沧海桑田；一为百年开埠。明朝时才从海水中冒出逐渐形成大陆，属于临海半岛。1860年清朝开埠，1921年方有建制，货运量曾全国第三。历史上与潮州是父子关系，后来经济强大渐渐升了辈分，父子变兄弟。彼消此长，历史上亦有先例，尤其是中华与邻国关系。历史风云，恩恩怨怨，多方博弈，爱恨情仇，百感交集，一言难尽。

潮汕文化也有一些内部分歧。汕头特区讲面子，期望汕头与潮州并肩而立，多少有点改变本土文化内涵，引起内部不同意见，潮汕两地人也多多少少有点暗暗较劲。据说，汕大原名潮州大学，校址选在韩山师院，后转投汕头；潮州百姓为此不悦，怪罪李嘉诚。1954—1989年，汕头成为政治经济行政建制中心，潮州屈为属下县级市，行政区划归汕头地区管辖。大潮州与小潮州，区划分布变化，历史沧桑。汕头海外潮人为本地居民三四倍，亦是著名侨乡。

潮汕地区旧时为“潮州府”，分为八个县，海阳、潮阳、揭阳、澄海、饶平、普宁、惠来、丰顺，也称“潮州八邑”。潮汕有一些独特的古老建筑，能体现当地的历史。

老妈宫祭妈祖，乃汕头最早地标。南生公司旧址，拉动地产。20世纪20年代，建成19条骑楼街。现代生活方式迅速流行，酒楼影院戏院林立，报业发达，中西融合，但民间祭祀依然红火。2016年老妈宫戏台重建，中西合璧，高大巍峨。老妈宫装饰华丽，屋顶文化审美元素异常丰富：嵌瓷辉煌夺目，熠熠生辉；屋檐木雕，繁华绚烂，异常精美。妈祖亲切，护佑一方潮人，潮水平安。汕头人拉家常：几月几日是地藏门打开，让鬼神出来……什么时候关门？放生超度，咒语凿凿，可令黄鳝硬挺挺立起，亦真亦幻，让人肃然起敬。

文里乃潮安区庵埠镇之名村，县政府与镇政府均在此。广东最重传统，古风犹存的文里可以见证。

文里三山国王神庙，供奉本地神。三国王乃潮州三座山之山神，始于隋代揭阳，当地民间信仰，遍及潮汕与东南亚。各地按时间游神，祭拜国王，三神助宋皇赵匡胤平乱有功，奉为神灵，建庙祭祀，渐变信仰。参观古村祠堂，十二处列为市级文物保护。蔡氏宗祠奉蔡伦为祖先，年代久远，不知家谱维系血脉是否可靠。嵌瓷人物立于屋檐之上，以碎瓷粘连成各种造型，地域乡土艺术令人过目不忘。

庵埠在地理上处于潮州、揭阳、汕头三市交界，姻亲往来又多，因此庵埠虽然在行政上隶属于潮州市，但在饮食口味、口音等方面，其实与汕头比较接近。一个庵埠人，如果在潮州市区的话，他的口音是“与众不同”的，但是如果他在澄海，几乎没有人会发现他的口音有任何异常。庵埠谢家远祖谢安，移民广东，祖先为皇叔婿，所以攀龙附凤，自诩皇亲，取用双龙悬置屋顶，威风赫赫。据人类学者伍博士观察，龙为四爪，距皇帝五爪龙尚有一爪，故无欺君之罪。村里多处善堂，延续潮州民间慈善传统，主要照顾孤寡老人，直至养老送终，完成殡葬。从乡村发展看，十足民间自治，是为优秀传统。

仙溪村王氏祠堂，中华王氏出过“十八状元三宰相”，王氏深为祖先自豪。族中老人介绍：祠堂又名“老虎祠”，意皇帝身边人，虎威凛凛，威震一方。祖先从福建到粤东，史载皇帝出巡，祖先为官曾经三天监国，相当于“当过三天皇帝”，所以门前设麒麟。著名潮州学者黄国钦先生说：古代一二品官均可设麒麟。麒麟作为官邸常用题材，有等级之分以示门第高低。照壁塑造，大有讲究。麒麟脚的站跪姿势应按族人官阶品位来定：一品跪三脚、二品跪二脚、三至五品跪一脚、六品以下麒麟不可跪。如若越制违规，官府有权问罪。

从城市空间布局上来看，潮汕既有现代化的商铺，又有古城墙、牌坊街、骑楼，还有老妈宫戏台、神庙、祠堂，这种空间布局，体现出潮汕文化中传统与现代交融的特点。神庙和祠堂，是传统宗法制的典型建筑，潮汕虽然远离中原，在某种程度上，传统的中原文明在此处得到彰显。

二　风俗与民间艺术

东南古代众小国被汉代东吴国灭亡后，各国宫廷“百工”海上逃亡，辗转从福建来到潮汕海边平原安家，手艺为活计，逐渐形成传统。[①] 这个说法令人遐想。潮汕作家林渊液在她的散文集《穿过小黑屋的那条韩江》尽情地抒发了“在潮汕平原，我们的身份为何如此扑朔迷离?”[②] 潮州是瓷器、刺绣、木雕之乡。潮州手工艺可以在全国排“团体冠军”，许多门类都有顶尖工艺，全国领先。

潮汕的艺术以潮剧为典型，历史悠久，生命力顽强。相比其他地区，潮汕的手工艺尤为发达，且特别重视传承——如今许多家庭仍会出资让孩子学习传统技艺。潮汕的祭祀风俗尤为独特，他们每天都需要祭拜不

① 此说法为广东作协原副主席张建渝的观点。

② 林渊液：《穿过小黑屋的那条韩江》，花城出版社 2016 年版，第 6 页。

同的神灵，从月头到月尾，坚持不懈；而在不同的地区，又有各自独特的神灵需要祭拜。潮汕的建筑尤为精美，特别是其房顶，装饰物极多，寓意讲究；精致中又包含着一种生活的喜气，是一种来自民间的精致。

潮州的手工艺作品独具特色。潮绣展厅，眼前一亮，豁然开朗，近几震撼。叹其神似，毫发毕现，白猫淘气；叹其夺目，九龙屏风，金碧辉煌；叹其逼真，人像风景如摄影如油画。一布一线，丝丝缕缕，丝丝入扣，缕缕含情。惊叹不止，美不胜收。询大师方知：金线与立体乃潮绣两大特点，其他与湘绣、苏绣、蜀绣相近。

潮州木雕，充分体验潮人“种田如绣花”之精细精致精美。进工艺大师金子松工作室，清风扑面，风景独好。琳琅满目，美轮美奂。金大师言潮州木雕特点：多层面镂空，依原木长势花纹进刀雕刻，可以分多层次展示。比如虾篓蟹篓，仿佛渔夫捕鱼归来，鱼篓中虾跃蟹动，虾之长须颤动，蟹之双钳嚣张，气势灵动。八仙贺寿、凤朝牡丹、年年有余、梅兰菊竹、花开富贵，中华传统吉祥如意完美呈现。

嵌瓷，被誉为“永远亮丽的造型艺术”，与潮州木雕、潮州石雕并称潮州古建筑的三大装饰工艺。多见于庙宇、祠堂、住宅屋顶装饰，取材传统民间传说故事。最引人处，在于代表潮汕艺术的日常性，可谓“生活的艺术”与“艺术的生活”。嵌瓷非遗传人卢芝高大师的工作室为自家花园，朴拙而几分清雅，古典趣味而不失民间气息。宽大画室，居中茶座，墙上大幅八仙图，以及与饶宗颐大师等合影。卢大师画作人物栩栩如生，神采奕奕，气场飞扬。钟馗图、罗汉图、古人今人，各个精气十足，观之振奋。而长幅山水风景静谧悠然，则显示画家内心温存柔软一面。他无疑是潮汕文化孕育成长的标志性本土艺术大家。嵌瓷利用制瓷过程中废瓷碎瓷，经过裁剪镶嵌而成，构图雄伟，色彩绚丽，形象生动，质地坚实，久经风雨或烈日曝晒而不褪色，多用于房屋及摆挂装饰。直觉介于民间艺术与文人艺术之间，色彩亮丽，造型传统；似乎更倾向民间一些，但精品不乏古代文人趣味。

舞狮也是一项民间艺术。重阳节活动开始前后，南狮舞动之后，两大非遗项目亮相：英歌与鲤鱼舞。狮舞时锣鼓震撼，龙腾虎跃，忽如巨龙过江，忽如猛虎下山；精壮少年，勃勃生机，双人舞狮，各有高招，观者血脉贲张。鲤鱼舞看似童话开场，鼓点中盘旋成圆，锣鼓渐密，少年舞步加快，手中高擎鲤鱼，上下翻滚，推波助澜，一展“天高任鸟飞，海阔凭鱼跃”之气势，20 位英俊少年随队形变化，身形舞蹈，与其说优美，不如说英武豪迈！

20 世纪 80 年代改革开放后，潮州迅速成功抢滩以及后来的衰落，这有大环境和小环境的原因。大环境就是珠三角崛起。抢了潮汕许多生意；小环境则是潮汕地域显出劣势：交通不够便利，长期阻塞在粤东，高铁飞机高速公路，都是近年得以修建；潮汕语言影响交际，少有人学习普通话。改革开放初期，基层放映影片，还需要配备专门的翻译，随着电影情节的发展，拿着话筒说潮汕话，才能够让老百姓看懂。此外还有观念，缺少一种向外拓展，以及容纳百川的胸襟。外商华侨投资，常常是雁过拔毛，没有孵化的阶段。与包容态度相反的“排外”亦是一个弱点，在这些方面都大大落后于珠三角，以及浙江温州地区。

广东政府接待外宾，推荐城市：现代看深圳，传统看潮州。潮州民俗特色鲜明，祭祀风盛，香火不断。潮汕地区保留了不少传统工艺，但在现代工业化社会中，这种生产模式和生活方式并不占优势。如何保护传统的民间艺术，是一个难题，如何再次实现经济起飞，是一个更大的难题。

三　饮食文化

食在广州，味在潮州。潮州的食材极为丰富，天上地下，无所不食。注重日常，美食可见潮州人个性。

潮州的老街很长，放眼望去，满街传统工艺食品商铺：牛肉丸、卤大鹅、蜜果、乳饼；遍地美食，琳琅满目，难得均有地域标志。特色手信，潮州三宝，抓人眼球。居民注重一日三餐，为菜新鲜，每天买两次，午饭晚饭各一次。

飘香美食店，乃汕头传统小吃名店。姜薯白果，汕头糖水。姜薯为当地特产，微甜软糯，配银杏合煮，可凉可热，据说热汤更显姜薯味道，冷品则近淮山滋味。招牌小吃如肠粉、牛杂粿条汤等。山高皇帝远，偏远山区仍有野味。

粤菜清淡，潮菜为最，尤其注重食材自身原汁原味，并用蘸料调剂味道，常有烘托引导提升之效用。正所谓一碟蘸料，让你穿越千里回到潮汕。夜宵砂锅粥，各种食材入粥，任客选择，丰俭由人。沙姜牛肉火锅尤其喜好，把牛肉吃得无比细致、风生水起，也是潮菜独门优势。海鲜吃法多样，其中排档打冷——腌制生鱼片生虾，配白粥为日常食法。潮汕以滚汤为主，不似粤菜主打老火汤。羔烧番薯芋头，羔即糖浆，日常点心，也有许多讲究。

功夫茶，潮汕文化一个标志。可以说是潮人最爱。一天到晚不离茶盅，从早喝到晚。茶具讲究，泡茶手法独到：高山流水、韩信点兵、关公巡城等妙不可言。其中尤喜地方凤凰单枞，妙在一树一茶，独立产出。且香型多种，口感各异。家家购买茶叶，月消费大几百元。

潮州民间有老话：吃在广东，广东吃在潮州，潮州吃在潮安，潮安吃在庵埠。潮汕无论城乡，抑或酒店排档，可谓美食遍地。如文里乡村会堂摆桌，浓郁乡情弥漫。一大盘潮州卤水，六碟点料，生抽、醋、芥末等，鹅肉与猪耳分享不同点料。螃蟹大鲜，白嫩豆腐托底，肥蟹食毕，汤汁中豆腐鲜嫩无比。鲜鱼一只，下铺三角油豆腐。猪肉焖芥菜胆，类似电白芥菜，以荤托素，倍显广东芥菜之清甜与脆口。鱼饺汤，清汤中三样鱼肉制品：鱼丸、鱼饺等，酒席中的一个转折，此后菜品味转浓。下半席第一个红烧羊肉，主人专门介绍下八角，味道极为透彻，羊肉烂熟却不失嚼劲。潮州八宝饭，生儿子必吃。果盘以甜柑托起杨桃，清甜不涩，润泽无渣，甚是可口。

15岁，潮汕无论男女均行成年礼：出花园。男孩吃公鸡，鸡头出人头地；女孩吃母鸡；吃鱼寓意“跳龙门”；汤圆，团团圆圆，家庭和谐；红烧豆干，潮州话“干”音“官”，读书做官；面条，代表长寿；鸡蛋，代表为人圆通。

“没有一头牛可以从潮汕全身而退”，如何把牛肉吃得精致而艺术？实在是潮汕人一门生活学问：高深而精彩！牛肉火锅吃最好的牛肉，为潮人自豪，访者津津乐道，食之难忘。潮汕菜讲求清淡原味，食材自然。不但鸡、鸭、鹅、猪肉、海鲜、河鲜做到上品，卤鹅、牛肉、海鲜等更有上佳食品，堪与广府菜各分秋色，且有地域本土色彩，往往发挥一己之长臻于极致，品相口感寓意堪称上佳，令人回味不已。

潮汕人有“种田如绣花”的说法，论及做菜认真与讲究，潮汕人的烹饪功夫正是这句评语的生动写照。《潮菜心解》[①] 呈现108种潮汕味道，潮菜领军人钟成泉新著，又是这句评语的最佳注脚之一。

此书贵在“心解”二字。如果说书名前两个字是菜谱呈现的话，那么后两个字就是作者用心去解读阐释，感悟潮菜的精髓。“心”乃用心贴近，洋溢热爱；“解”是感悟悟道。前面菜谱仿佛构成“曲径通幽”之曲径，而“心解”部分恰恰为“幽”，文之幽深处，庭院深深深几许？登堂入室，探其究竟；又仿佛成千上万文人进入庐山，或见松，或见石，或见雾，或见瀑布；唯有苏东坡由表及里更胜一筹，从中感悟：“横看成岭侧成峰，远近高低各不同。不识庐山真面目，只缘身在此山中。”瞬间将庐山神韵留到纸上，成就千古绝唱。

比如糯米酥鸭就是上佳例证。一只绿头鸭去毛洗净，从颈部去除骨架，保持全鸭；糯米洗净蒸熟，与切成丁的虾仁肉丁鸡胗鸡肝莲子等炒成馅料后，填入鸭腔，用竹签封口；摆上姜葱放入蒸笼，30分钟后取出挂浆，再入热鼎油炸至金黄色时捞起上桌。此菜心解：原想用“脱胎换骨”冠名，但此词用得太滥，选择了史料记载上的“炸糯米酥鸭”——感悟在于：教义上形容凡夫俗子想得道成仙，必经千刀万剐炼狱人间才能脱胎换骨，就如这只绿头鸭一样备受折磨，方成美味。如此阐释即将潮菜烹饪与中华文化沟通，让人领略美食之时，感受文化韵味。

---

① 参见钟成泉《潮菜心解》，花城出版社2020年版。

“心解”二字高妙，清末广州说唱南音中曾出现这个词，亦是广东特色。《潮菜心解》高妙有二。

（一）从“器”之技术层面呈现潮菜之美

“掠菜碗望”，先声夺人。若不懂潮汕话，第一眼就对这一形似成语又非成语的四个字，充满好感，不但语词优美，而且极具动感，又带了一分神秘。菜式菜名，在大厨动手之前，就有预先方案：好比打仗旗号鼓点，甚是讲究，颇具章法。菜单出现十二种菜肴时，主厨就会放好十二个小碗，摆放配料或记号。比如，红焖海参，碗望就是一粒红辣椒；蒸蟹则是姜米粒——已然形成属于潮菜的自家体系。若借用历史学家李昕升概念“中国超稳定饮食结构”，延伸到潮菜，可见出潮汕地区同样具有类似特点，或可以引申为“潮菜超稳定饮食结构”。倘若成立，由“掠菜碗望”亦可窥探潮菜自有体系确实形成——与地域风土人情文化个性吻合的烹饪方式，与潮汕山珍海味丰富物产佐配的菜肴佳品，与本地民俗一脉相承的饮食习惯与爱好，等等。

（二）从天工巧夺中点出神韵乃至上佳境界

此书作者有两个重要的观念：不定于一尊的“潮菜襟怀”与尊重民间高手的现代视野，两者相辅相成，交相辉映。比如，既有像四喜虾皇饺这一类显示潮菜精致精细档次精品，充分体现孔夫子“食不厌精”之精神，也有取材于当地的金不换炒薄壳，以及用最家常手法完成的红烧大白菜。不以食材贵贱，决定品味高下。同时，也学习北方，兼容并蓄。五彩海蜇丝有北方风味，手撕盐水鸭学广东客家手法。对民间的高度重视，亦值得充分肯定，属于另一种襟怀风度。比如，管香面线圈，取材普宁咸面线，用面线蘸鸡蛋油炸，普通小吃亦可精彩呈现；在心解中充分肯定民间厨师必须得到重视，因为高手在民间，民间高人虽不显山露水，却有自由发挥之原创力——这个观念相当现代，或许可以成为潮菜发扬光大之内在缘由之一：兼收并取，有容乃大矣。

中国文化中“道与器”的关系相当复杂不无高深，但“重道轻器”，“以道御器”一向主流，道器之间似乎难以维持一个和谐关系。此书作者并非哲学家，所论都在自己人生体验中实践了一回，让道与器处在一个良性互动关系之中，其中言传身教，妙手偶得，让人会心一笑。不时有陶陶然爱不释手之情趣盎然，又或有飘飘然凌云之气；作者不经意间或点化潮菜神韵，若古琴曲止而音不止，绕梁三日而不去，此乃上佳境界矣。工匠名师之精湛求实与传统文人之意气飞扬，两种风格，两类气质，一旦汇合，即撞击出火花，于文图俱佳纸墨中仙气升腾，而所谓“神韵”便生动变幻其中而达至奇妙境界。

“食、色，性也”，饮食文化是人类日常生活的一部分，潮汕人能把饮食做到如此精细，并在饮食中孕育出一套哲学，达到了日常生活审美化的效果。

四 文学

在近代，广东潮州市出现了不少文化名人，如陈波儿、冯铿、杨邨人等。陈波儿为著名电影演员，代表作《桃李劫》，延安文艺座谈会时坐毛主席身边，是新中国电影事业奠基人之一。冯铿为“左联五烈士”，柔石女友。杨邨人早年入党，后脱党并与鲁迅论战，命运结局悲惨。

在现代，潮汕文学独树一帜，可以称为一种文化新现象，如“80后”潮汕本土作家有陈崇正、陈再见、阿菩（林俊敏）等，创作前景看好，且有一份独特的潮汕文化特色。在文学创作中，往往愈有地域本土文化自我意识的地方，愈有可能出现具有地域文化特色的文艺作品；而愈有文化地域特色的地方，又反过来促进本土特色的优秀作品出现。

陈崇正的《碧河往事》（《收获》2015年第5期），营造了广东潮汕文化的特殊氛围——虽然这是一个渐显凋零的地域氛围：被海鲜砂锅粥取代了传统番薯粥的小镇——但夜宵依然兴旺；传统潮剧团举步维艰——但依然有村子作兴请戏班子；传统剧目《金花女》唱腔渐失——但依然有40多岁的女子开嗓传唱，心怀往事的老太太奉为经典。传统的生活方式一如传统唱腔，断断续续，连绵不止。陈崇正是出生于 1983 年的“80 后”，也是“新概念作文大奖赛”的获奖者，将他与 30 年前的“伤痕文学”“反思文学”联系起来，不由地想起多年前读到的一段文字，大意是苏联的卫国战争，在第二、三代作家手中，反而有了一个创作的辉煌期。究其缘由，旁观者更能摆脱历史纠缠，加倍深刻地反思历史。陈崇正的文笔克制隐忍，配合着潮汕文化的情调与节奏，在不疾不徐之中，自有一番广东本土叙述的特色。

陈再见的中篇小说《扇背镇传奇》（《啄木鸟》2015 年第 2 期）也是一幅广东海边小镇的风情图画。这部中篇，比《碧岛往事》更加贴近广东本土以及近 30 年的社会变迁。开篇就是本土：“一个地方有一个地方的特产，扇背镇的特产，就是豉油。但这已经是十年前的事了，十年后，扇背镇的特产不再是豉油，而是冰毒。当然了，扇背镇人一般不叫冰毒，它有另一个形象的名字，叫冰糖。至于吃冰毒，也有另一个形象的说法，叫溜冰。扇背镇四季如春，连霜都不多见，何况是冰——溜冰却极其泛滥。”偏僻海边小镇，瞬间与最为敏感的毒品紧紧相连。“水哥”、单秋水、“单老板”——作品主人公、当地土著男人即刻登场。水哥精明强干，既善于韬光养晦，又敢于关键时刻出手，赶走北方佬，崛起地头蛇。《扇背镇传奇》的不凡出有二：一是对毒枭犯罪历程的情节设计，其中精彩已然超越了“螳螂捕蝉黄雀在后”的故事模式。因为“青乖鱼”角色的设计，水哥将计就计，顺水推舟，让重返小镇复仇的老阎成了替死鬼，“剧情的转换只在一夜之间，比电影还要扑朔迷离。二是借小镇风情的描述，展示了 20 世纪 80 年代改革开放以后，南粤大地民风的步步沦陷。极度的贫穷导致极度的财富追逐，极度的财富追逐导致伦理堤坝的崩溃。水哥身世恰与社会变迁、人心不古、世风日下——相互融合，互为映照。可以说，‘80 后’小说家陈再见无意中完成了当下最有神韵最具深刻性的广东本土叙述”。[①]

---

① 江冰：《论广东文学“本土叙述”的苏醒》，《小说评论》2016 年第 4 期。

近日网络作家阿菩的《十三行》[1] 面世，可将其视作广东本土文学的重要突破。尤其是潮汕文化元素大量出现：本土事件、本土人物、本土语言、本土文化气息，以及小说造势、商道阐释、商战激烈、清朝羊城氛围、潮汕闽南民俗、各式人物刻画，均可圈可点。我看重阿菩的本土身份与经历：潮汕人，祖籍福建，家族亦有由闽入粤东沿海之迁徙经历。于是，作为可以稍微摆脱“文革”阴影的“80后”，他的潮汕传统文化背景，他的求学历程与网络写作经历，赋予了他作品的本土背景与特色。阿菩的好处在于知道克制。“桃李春风一杯酒，江湖夜雨十年灯”，世事沧桑，人心险恶，危急险峻之时，很难如广东各地一批散文家敝帚自珍般地去铺陈本土文化符合，乡土气息亲切，浓浓乡愁笼罩。但“一根金不换舌头”，可知一杯好酒出处；二两茶叶泡制，可以借势扭转局面；花船簇拥珠江水面，再现清朝白鹅潭盛景；老广州“河北河南”，人烟疏密；粤人民风剽悍，土客械斗激烈；佛山尚武，“吃夜粥”聚众；闽人潮人煮粥，或浓或稀；海盗猖獗，把持海路，均是点点滴滴见出广东本土。

克制的阿菩不但知道点到为止，见好就收，而且长于精心运用本土元素。这种运用不是“嵌入”而是“融入”，这些元素既是羊城商人日常生活的水到渠成，更是刻画人物拉动情节的“宝物”。其中，对潮汕话的精心运用颇具艺术匠心。然而，即便如此用心，我仍感不足。宁愿相信，阿菩只是小试锋芒，《十三行》续集还有锦绣文章，还可大展手脚。我以为，可用闲笔表达岭南文化之容光焕发独到之处，并水乳交融进入作品。广东的本土文化——从艺术、物象到民俗、商道，到信仰、精神——并非若粤语“过不了珠江”；而是我们的作家艺术家包括评论家能否有精彩描述与传达，从而征服广大读者。当然，必须有一个本土文化热爱与自信作为前提。阿菩1982年出生，也是潮汕人，让我不但对潮汕坚守传统再次另眼相看，而且平添几分“本土叙述”信心。另外，还有黄国钦的本土散文、林渊液的哲理散文、丫丫的诗歌、陈培浩的评论、黄景忠的

---

① 参见阿菩《十三行》，花城出版社2019年版。

本土研究等，构成具有国家级水准的本土文学创作方阵，令人刮目相看。

偏居一方，怀有刻骨铭心的文化原乡感，潮汕作家在广东作家中尤其突出。潮汕独特的地域文化，孕育了这些本土作家。这些作家的创作，体现出了潮汕的地域文化，在某种程度上，这些小说创作亦是潮汕文化的一个代表符号。

结语

城市的空间构造、风俗及民间艺术、饮食等，都是切切实实的日常生活，通过这些具体可感的因素，我们可以触摸到潮汕这座城市的特色。独具特色的潮汕地域文学，在某种程度上，正是上述因素的综合体现。

潮汕文化乃至广东文化注重道器之学，注重日常生活，言行举止，正好“默运乾坤”。此点极致追求，亦是潮汕文化个性养成之深层原因之一。极其日常世俗的潮汕生活，让我们能感受一份“形而上之道”以及一份超越性的诗意：既是审美的，亦是人生的哲学的诗意。海德格尔的哲学追求人诗意地栖居在大地上，或许，这种日常生活的审美化，是人实现诗意地栖居这一理想的一个途径。

一位普通文人与晚清苏州地方文化的维持
——以《潘钟瑞日记》为例*

尧育飞**

内容提要：晚清时期，中国传统文化遭遇“三千年未有之大变局”，地方文化却能大体维系，个中原因，与普通文人孜孜维护地方文化有关。以潘钟瑞及其苏州地方性的日记为例，可知潘氏在咸丰兵燹以后，致力于征文、刻书，试图通过书籍实现重建社会道德、修复社会创伤的理想。在家族内部，潘钟瑞积极投身义庄、编修族谱等家族事务，凝聚家族力量。通过与身在北京的族弟潘祖荫合作，将京师金石风气引入吴中，推动地方学术发展。地域性日记为研究晚清地方文化的内在肌理提供翔实记载，值得研究者重视。

关键词：潘钟瑞日记；苏州；晚清；文化

咸丰十年（1860），太平军攻破苏州，数百里财赋之区由此兵祸连结，民不聊生长达数十年之久。光绪九年（1883），离开故乡30年的潘祖荫（1830—1890）回到苏州，眼中所见是“瓦砾盈于路，阛阓旷于野，

---

* ［基金项目］国家社科基金重大项目“中国近代日记文献叙录、整理与研究”（18ZDA259）。

** ［作者简介］尧育飞（1987— ），男，南京大学文学院博士研究生，主要从事中国古代文学文献及清代日记研究。

老稚之脱自乱中者生理萧然，窃盗之风往往不绝。"[①] 咸丰年间这场波及东南地区的战火，予苏州以重创。从此，它在江南地区的经济中心地位让位于上海，文化优势也日渐丧失。据统计，道光十年（1830）苏州人口超过340万，经此世变，至同治四年（1865）就锐减至120余万，而仅吴县、长洲和元和三地，就有超过1202名士绅直接死于这场战乱。[②] 这种惨痛的历史记忆在20世纪50年代曾因意识形态缘故而遮蔽，最近的研究则试图重新钩沉这段历史。

尽管遭受太平天国的沉重打击，但这座江南千年名城并未崩溃。从晚清走向民国，苏州的经济与社会秩序逐步恢复，文化重拾生机。其中有何缘故？苏州何以经历咸丰兵燹仍不至于溃败？这一系列提问蕴含对这段历史的被压抑、被扭曲和刻意遮蔽的部分的再审。重新钩沉这段历史伤痕，须借住一些私人性的文本。既记载咸丰兵燹又记录光绪苏州生机重现的《潘钟瑞日记》[③]，可为这些问题提供某种私人的解释以及一些文化的回应。在新近对中国近代日记的研究热潮中，地方性文人的日记尚未得到足够重视[④]，实则地方性的日记暗含近代中国传统文化运作的肌理，涉及一个个普通文人如何维系地方的建制性活动。本文即试图以《潘钟瑞日记》为例，探讨潘氏这样一位普通文人如何参与到晚清苏州地方文化的维系和传统延续的历史进程中，从而揭示晚清大变局中"不变的力量"。这种"不变的力量"不能单纯以文化保守派涵括并标签，因其内在错综复杂的联系确然起到维护斯文不堕的影响。

---

① （清）潘祖荫：《庚申噩梦记序》，《香禅精舍集》卷五，清光绪刻本。

② 徐茂明：《国家与地方关系中的士绅家族：以晚清江南减赋为中心》，《苏州大学学报》（哲学社会科学版）2007年第4期。

③ （清）潘钟瑞著，尧育飞整理：《潘钟瑞日记》，凤凰出版社2019年版。本文所引《潘钟瑞日记》皆由此版本，以下只标著者及作品名。

④ 在这方面，田晓菲对晚清文人张大野《微虫世界》的研究体现出十分敏锐的学术嗅觉，不过她所注意的是这一文本的自传性及童年记忆部分。详见《会说话的伤口：晚清抄本〈微虫世界〉中的创伤记忆》，原刊《中华文史论丛》2017年第1期，收入田晓菲《影子与水文：秋水堂自选集》（南京大学出版社2019年版，第218—238页）。

一 潘钟瑞及其地方性的日记

潘钟瑞（1823—1890），字麐云，号廑生，别号瘦羊、香禅居士。为潘奕隽（1740—1830）族曾孙，潘祖荫族兄。出身世家的潘钟瑞早年尽享繁华，时时与戈载等吴中词社前辈诗酒流连。咸丰十年（1860），苏州城破，潘氏府邸为太平军占据，潘钟瑞随亲族四散逃亡，最终客居上海租界。在上海生活的两年时间，他去过墨海书院，此期或与王韬（1828—1897）相识①。同治元年（1862）回到苏州以后，潘钟瑞曾于光绪三年（1877）入其兄潘霨（1826—1894，时任湖北布政使）幕府。除此之外，他的活动范围没有逾越苏浙皖三省。

潘钟瑞一生侘傺，道光二十七年（1847）补长洲增贡生是其举业的顶点。以后他长期在表弟汪铜士（壶园主人）家坐馆，借此谋生。此外的收入，一则来自披阅无锡、苏州等地书院课卷，二则来自田产、屋产的出租。中年丧偶的潘钟瑞，未再续弦。体味到生命的悲哀，使他与佛教结缘。他自号香禅居士，名其室为香禅精舍，编词集为《香禅词》，文集为《香禅精舍集》，广邀书画圈名家如倪墨耕（1855—1919）、徐康（1814—1889）、赵宗建（1824—1900）等人绘题《香禅精舍图》。他试图将一生遭际皆以文字描画、定格，可见他心灵深处的孤寂与倔强。

清人多喜好著述，潘钟瑞于此也十分醉心。其著述颇丰，主要收在《香禅精舍集》中，包括《奉思录》四卷、《庚申噩梦记》二卷、《苏台麋鹿记》二卷、《游记》三卷、《鄂行日记》二卷、《歙行日记》二卷、《虎阜石刻仅存录》三卷、《金石文字跋尾》二卷、《纪游草》四卷、《香禅词》四卷，另附所编《贞烈编》一卷、《四家诗词合刻》四卷。此外，尚有《百不如人室诗草》《鄂行日记》等多种稿本存世。潘钟瑞勤于著述，早年即开始日记写作。其日记收入《香禅精舍集》者六种，为《庚申噩梦记》《游两山记》《洞庭邓尉探梅日记》《湖上春游日记》《鄂行日

① 潘钟瑞题《分绿轩诗余》云："壬戌四月上浣，弟潘钟瑞读于墨海书院。"1886 年 5 月 8 日日记载："杨薪圃来传王紫诠（王韬）语，以新刻蒋剑人《芬陀利室词话》见贻。"

记》《歙行日记》[①]，起咸丰十年（1860），迄光绪七年（1881），然不相连续；又有稿本《香禅日记》七册，藏苏州博物馆，起光绪十年（1884），迄光绪十六年（1890），此部分日记首尾完整；整理后统名为《潘钟瑞日记》。

潘钟瑞耳闻目睹晚清江南地区数十年间变迁，日记记载时事如太平军陷苏州，清军与太平军互相攻守，太平军与地方团练的建制、军事行动等，以及苏州市民此期基本生活状况，具有重要史料价值。他热心地方和家族事务，苏锡常地区婚丧嫁娶、徽州展墓、修订族谱等事都形诸笔端，为研究晚清江南地区社会风俗的有益材料。潘钟瑞与吴昌硕（1844—1927）、徐康、郑文焯（1856—1918）等人交往密切，酬唱往还极多，日记均予以记录，兼及潘遵祁（1808—1892）、潘祖荫、冯桂芬（1809—1874）、江标（1860—1899）、吴大澂（1835—1902）、易顺鼎（1858—1920）等人行迹，为研究晚清苏州地区文人交游之绝佳资料。在金石学和刻书方面，潘钟瑞兴趣极大，编纂《虎阜石刻录》及《香禅精舍集》的经过都详载日记中，从中可见晚清书籍的生产过程，尤其是其中保存不少拓工、刻工的材料，有助于书籍史研究。潘氏晚年以课馆为生，日记所载府县科考及书院阅卷诸事十分翔实，亦颇有助于研究晚清基础教育。潘钟瑞虽沉沦下僚，但因家族显赫，故常能接触一流文人，外加他希图通过著述留名后世的观念极强，故日记记载诸事均一丝不苟，十分翔实，值得研究晚清的文史学者注意。

潘氏日记内容丰富，其价值前人已有论及。如谭献（1832—1901）《复堂日记》光绪十三年（1887）十月初十日记载："阅潘麟生日记数种。《庚申噩梦记》、《苏台麋鹿记》述吴门寇难；游记三种，以《西湖记游》为雅令；《歙行日记》黄山之游，颇于诸前人游记外别有风致。"[②]

---

① 民国十六年（1927）修《大阜潘氏支谱续编》卷十收录潘钟瑞《辛巳展墓记》及《歙行日记》，然两部分内容均节录自《香禅精舍集》中《歙行日记》，未有增补。

② （清）谭献著，范旭仑、牟晓明整理：《复堂日记》，河北教育出版社2001年版，第331页。

近年李军等人利用《香禅日记》考论吴昌硕等人在苏州活动轨迹①，亦可见潘氏日记可从诸方面加以利用，挖掘其价值。倘若将视野放得更大一些，则透过《潘钟瑞日记》，还可管窥晚清苏州地方文化的运作及维持。本文便试图从这方面对潘氏日记的价值作一些揭示。

二　用书籍修复文化与道德创伤

《香禅精舍集》附录的《贞烈编》及《四家诗词合刻》，潘钟瑞都仅是编者，而他执着将其纳入个人文集中，值得深究。

《贞烈编》是由“马贞烈女事件”引发的同题共作诗文汇编。② 同治十一年（1872）无锡发生的一件贞烈女命案，事件始末为：

> 烈女马大宝，许字包文炜，幼失母。父廷灿，贫而寄食于人。女依从母施，居舅范四家。范子阿金屡调之，不遂。施故无行，阴以事怒女，金益无所忌，一日挟刃往，施见而夺之，女泣求去，施曰：“汝去何之?”乃不复言。逾夕，金伺女寝，径登其阁，女嚎，金扼之，女拒益力，竟死，年十八，同治十一年五月十六日也。廷灿至，范款之他室，既敛，则曰：“女与金有私。事觉仰药耳。”廷灿信，不问。而敛女者颇泄其状，于是廷灿及文炜之父共鸣诸官，发棺检尸，捕金至，立吐其实，遂置诸法而旌女焉。③

事件发生12年后的光绪十年（1884），潘祖荫回到故乡，听闻此事，有感而作碑文，并嘱咐潘钟瑞修葺马贞烈女墓。并随即发起征集题咏的活动。依日记所见时间将其简略排布如下④：

---

① 李军：《光绪时期吴昌硕在苏事迹补考——以潘钟瑞〈香禅日记〉稿本为主》，《美苑》2016年第4期，第50—57页。

② 关于《贞烈编》，许晓晓的《潘钟瑞〈香禅精舍集〉研究》（硕士学位论文，安徽大学，2016年）有初步探讨，但并未利用潘氏日记资源。

③ （清）潘钟瑞：《贞烈编》，《香禅精舍集》，清光绪刻本。

④ 此处摘录的日记按照日期顺序排列，并删节与此事无关的内容。后文处理均同。

二月廿七日，访马贞烈女墓，背倚山冈，面临阡陌，窆石虽封，崇坊未建，限于地址耶？抑无人为之集资也？

三月十四日，今为郑盦弟议修葺锡山马贞烈女墓，首先倡捐，因即致书君秀，属其与署中诸人商办。

三月十五日，为郑弟致杨艺芳信一稿送去改缮之，亦为马贞烈女事也。

五月初六日，拟成《锡山马贞烈女墓碑文》一稿，录大字一通，送郑盦弟阅。

五月初八日，郑弟急欲将贞烈墓碑刻成，连次札来。

五月初十日，郑弟将书成《马贞烈女碑》送来，遂写碑额篆字，亦遣人交养竹居勾摹上石。

五月十五日，又至养竹居看郑弟所付刻之马贞烈墓碣，先付之以价之半。

六月初五日，代郑弟作致杨艺芳书，为马贞烈女墓碑一事也，缮就即送郑弟阅。

六月初七日，钱处马贞烈女墓碑椎拓成送来，均送郑弟处。

六月初八日，是日以贞烈碑拓作书寄梅寿。

六月十三日，为郑弟撰书贞烈碑事，欲促其运送锡山，遂于早晨至养竹居面催之，并以昨得梅寿来信付观。

六月二十日，得杨艺芳信为马贞烈墓建坊事，即送郑弟看。

九月廿五日，作马贞烈诗未成。

九月廿六日，迨夜成七言古风一篇咏马贞烈女事。

十月初五日，得无锡《马贞烈女传》，发刻。

十月初九日，《马贞烈女传》刻成，作致梅寿信，以印本十分附寄征诗。

……

十二月初四日，寄复君秀信，附去马贞烈传及墓碑印本二百副。①

这场由潘祖荫引领，潘钟瑞积极主持的征咏活动，规模甚大。收录《贞烈编》者即有 73 篇，诗、词、文三体俱备。作者包括薛福成（1838—1894）、叶昌炽（1849—1917）、吴昌硕、曹元弼（1867—1953）、陆润庠（1841—1915）、郑文焯等，涵盖江南 18 个府县。潘氏兄弟之所以热衷此举，有其修复文化创伤与道德创伤的考量。如潘钟瑞在《记马烈女》一文中感慨："呜呼！古之死而不得其所者多矣，以余观马氏之全于天独奇！夫专为义则伤生，专为生则骞义。士大夫临大节、塞大难，猝然恒不能自持。若列女者，其知所处矣……以完其皭然不滓之身，而脱于强暴之手以死，则列女兹遇虽甚酷，而天之所以遇列女者，固不厚与。"② 正如卢苇菁的《矢志不渝：明清时期的贞女现象》所示，"贞女现象"与中华帝国晚期的政治、文化、思想变迁之间有密切联系。潘氏兄弟关注到马贞烈女，并非偶然。在太平天国运动之后江南社会秩序的再造过程中，重建道德秩序成为江南士绅关注的焦点。其中重要内容则是义利之辨、整饬士风、整饬女德等。③ 在他们看来，太平天国的战祸，是道德沦丧的必然结果，是天命的报应。避难上海时，潘钟瑞就对洋场生活深表不满。他如是批评："江浙两省流徙者并集夷场增建房屋，三年中奚止万间，地密人稠，视为乐土，而习尚虚嚣，纷华日盛，几不识为难民。余《申江竹枝词》有句云：'销金锅在桃源境，如此繁华说避秦。'"④ 而潘祖荫则在警告苏州的士绅阶层时说："缙绅士夫之家不必其稍有余者，宴乐慆淫之习无异于未乱之前，且有甚焉。此何异酣饮漏舟之中，高卧厝薪之上？天道祸淫，能无惧乎？吾兄此书与《扬州十日

① （清）潘钟瑞：《潘钟瑞日记》，第 176—236 页。
② （清）潘钟瑞：《贞烈编》，《香禅精舍集》，清光绪刻本。
③ 徐茂明：《江南士绅与江南社会（1368—1911 年）》，商务印书馆 2004 年版，第 269 页。
④ （清）潘钟瑞：《庚申噩梦记》，《香禅精舍集》，清光绪刻本。

记》、魏晋封《竹林记》[1] 有同旨也，留心当世者可不观之而儆戒也耶？又岂能尽诿诸劫运哉？”[2] 在他们看来，庚申之乱以后社会经济的全面恢复和发展，如果仅仅换来物质的繁荣与享受，而士绅阶层满足享乐与宴饮，也许天道好还，灾祸说不定再次降临。为避免灾祸再次发生，士绅群体在道德方面有必要开展一场整风运动。

太平天国残破苏州的情景在潘氏兄弟内心深处烙下了不可磨灭的恐怖记忆。据《苏台麋鹿记》记载，潘钟瑞家族中死于战乱者高达 23 人，外加姻族友朋，总计超过百人。残酷的经历令他许多年后想起仍心有余悸。其中堪记一笔的是潘钟瑞全身心投入的吴中词社因战乱而风流云散。张鸿卓为《香禅词》作跋时云：“麟生词兄，吴中社友也。吴中之社自戈顺卿始，咸丰初元，余权铎元和，与顺卿招同人重整坛坫，逾年余返里，此社渐阑。迨吴清如丈归田，与王养初、宋浣花、刘玉叔、君叔子绣及君复续旧社，转盛于前……庚申之乱，同社诸君丧亡过半。”[3] 词社友人王叔钊（1822—1860）的乱中状况如下：“长庠生王拙孙叔钊、铁孙叔锟昆季，贼闯其家，以刃临其老母，互相护持，贼刃转向之，昆季争死，皆被害。”而 1860 年苏州城破之前，潘钟瑞仍“过王拙孙叔钊门，入问诗社诸友踪迹”[4]。诗社友人的惨烈命运使潘钟瑞特别感到生命的哀感。刘履芬云：“麐生尘游十年，溯彼欢笑，都如梦寤。井华易涸，烛泪常荧。凄凄鸣泉，萧萧颓雪。青衫黯淡，牙拍飘零。故居可返，伤逝滋多。”[5] 在潘钟瑞看来，为词社友人编纂词集由此成为不容推辞的责任。他将王叔钊、张源达（1818—1860）、王寿庭（1805—1860）、潘尊璥（？—1860）四人词作合编为《四家诗词合刻》，并附录自己文集，不无文字疗伤的冀望，也许还希望千百年后仍能与友人声气相感。

以文字修复太平天国所造成的创伤记忆，意味着文献的不断再生产。

---

① 《竹林记》当为《竹中记》，原文误。

② （清）潘祖荫：《庚申噩梦记序》，《香禅精舍集》，清光绪刻本。

③ （清）张鸿卓：《香禅词跋》，《香禅精舍集》，清光绪刻本。

④ （清）潘钟瑞：《庚申噩梦记》，《香禅精舍集》，清光绪刻本。

⑤ （清）刘履芬：《香禅词序》，《香禅精舍集》，清光绪刻本。

伴随在19世纪中国印刷业的突飞猛进进展，这些太平天国史料也得以大量保存并留传至今。以稿抄本形式留存的《潘钟瑞日记》在苏州地区有着广泛传播，意味这一文献具备相当的地区性，而其传播也受制于这种地方局限。但潘氏日记中集中记载太平天国残破苏州的《庚申噩梦记》，却在光绪年间刊刻出版，这既表明太平天国的历史对潘钟瑞而言是个人记忆的唤醒与再造，也意味着这段历史超越个体，成为苏州乃至江南的集体记忆，并成为江南乃至全国性的公共话语。

三 一家之学影响一地之风

光绪十三年除夕（1888年2月11日），潘钟瑞接到族弟潘祖荫的书信，十天以后，潘钟瑞即着手虎阜石刻的拓印工作。是日日记云：“光绪十四年正月初十……余与元吉至宫巷养竹居见钱新之，问善拓碑刻手约伊至虎阜之话。”潘元吉为潘钟瑞侄孙，钱新之为苏州文玩店养竹居估商。完成潘祖荫任务的第一步是找到碑估及拓手。此后潘钟瑞的工作流程，日记均予以详细记载。兹拣选数则，以窥一斑：

正月十四日，（与友人石君秀、钱新之、钱新之徒弟程伯玉访虎丘。）直抵虎阜寺山门。登岸，过憨憨泉，渐上。凡有刻字之石，一一志之。志以垩帚，借自所宜酱园也。试剑石、千人坐、生公讲台、虎邱剑池、白莲阁、可中亭、第三泉、铁华岩以及方圆两石幢与唐宋以来题名皆扪而认别焉。历五十三参以上直至塔下，见塔砖皆有文字，约略辨之，得十余种，并前约四十余种。大雄殿后新构〇〇〇御碑亭，凡碑四，为康熙、乾隆两朝〇〇〇宸翰，四面镌刻，则统计五六十种矣。入禅堂歇息，山僧道成为供茗饮，乃告以此事。因言椎拓时手民拟借宿寺中并赴斋厨，请定每日每人房、饭钱若干，事竣奉还。

二月初六日，钱姓师徒二人同来，缴到拓本皆大幅兼及添拓各种及经幢小幅，展阅移时，又付以资而去。寄上海凌子与书，附仓石一缄，并求刻印石与虎阜塔砖拓本。

二月十五日，余约养竹居就近送虎阜了结各拓来，又是一大包，付置轿山而行。……返馆，新之寻至，送来总账，计拓虎阜石墨九十来种，费去工料价已六十番蚨有零。①

从光绪十三年正月初十日潘钟瑞寻访钱新之起，到二月十五日钱新之交来最后一批虎阜拓本，整个虎阜拓碑活动即基本结束，前后费时不过四十五天。在如此短暂的时间内，拓碑九十余种，且每一碑刻均有至少六份以上的拓片，拓片总数在五百种以上，则日均拓印十余份，堪称神速。拓碑前期，潘钟瑞先游虎丘作访碑之旅，以白垩作标记；拓碑过程中，潘钟瑞与钱新之密切沟通，确保碑拓陆续送达，而潘钟瑞的编目及考释活动同步进行，不久即编制好石刻目录。凡此，皆表明潘钟瑞对整个碑拓产业链十分熟悉。此次虎丘拓碑的计价，分工料价及拓工价两部分，其中工料价费六十余元，拓工价费五十一元，计价双方均无异议。这种拓片计件付酬的方式实已领先吴大澂使用拓工时不计成本的“包干”模式，显示出碑拓商业化的力量。而拓碑活动结束不久，即有张拜廷等人寻求购买全套拓片的商业行为，一套价格为十五元五角，从经济学角度看，潘钟瑞主持的这次拓碑活动实际上是盈利的，由此也可见碑拓产业在苏州地区不仅成熟，且具备相当程度的市场化。

通过潘氏家族内部的调动，身在京师的潘祖荫得以轻松介入并引导苏州地区的金石活动及风尚。在发信要求潘钟瑞拓虎丘石刻之后，潘祖荫与潘钟瑞书信往还频繁，密切关注苏州的拓碑活动。透过潘祖荫的要求，潘氏家族内部也获悉此次拓碑之举，而潘祖谦、潘元吉等人更是直接协助了潘钟瑞主持的拓碑活动。种种迹象显示，整个潘氏家族都或多或少参与到此次虎阜拓碑活动中。而潘祖荫嘱托潘钟瑞虎阜拓碑一事，显然也超越了家族内部事务，而带动苏州地区的金石活动及风尚。围绕

① （清）潘钟瑞：《潘钟瑞日记》，第490—498页。

虎阜拓碑，吴昌硕、郑文焯、张叔鹏、金涑（1841—1909）、顾潞（1836—?）等人直接参与其中，共襄此事。碑估钱新之、谢文翰刻字店也一道参与其事。随着拓碑活动的结束及《虎阜石刻仅存录》的完工，吴大澂、崧骏（？—1891）等人都获赠拓片，而超过55部《虎阜石刻仅存录》分赠同人，显然足以带动苏州文人的金石好尚。此外，潘祖荫馈赠潘钟瑞的拓片如当时新出土的郭有道碑等，也为苏州带来最新鲜的金石资讯①。

此外值得关注的是，潘氏家族所藏著名青铜器盂鼎一定程度上成为家族文化标志，吸引众多文士，形成特殊的“盂鼎现象”。盂鼎（西周大盂鼎）在晚清为著名青铜器，也是潘氏家族在金石圈地位的象征。同治末年左宗棠（1812—1885）为报答潘祖荫援救之恩，将盂鼎赠予潘祖荫。此后，盂鼎一直保存在潘祖荫的北京宅邸，直至光绪十六年（1890）潘祖荫逝世，盂鼎方由其弟潘祖年（1870—1925）运往苏州。潘钟瑞卒年在潘祖荫之前，且未前往北京，故终生并未一睹盂鼎真容，仅见拓片。

日记中记载者有光绪十年（1884）四月十三日：“饭后，录《盂鼎歌》二篇于拓本鼎腹。”② 光绪十年九月廿七日：“淇泉来观盂鼎拓片，伊亦得铭文拓一纸也。”③ 光绪十一年（1885）十一月初八日：“拟加跋于盂鼎拓本，摘清卿《古籀补》语为本。”④ 光绪十一年十一月十一日：“课事之间写盂鼎跋于仓石幅上，地窄而篇长，作密行，凡六百字，良久乃毕。”⑤ 光绪十一年十二月初三日：“仓石遣人示我圉令赵君碑旧拓本，索盂鼎拓去。”从以上记载可知，潘祖荫得到盂鼎之后，曾广泛分赠拓片给亲友，吴昌硕等人也获得拓片。而沈卫（1862—1945，字淇泉，曾任陕西提学使，沈钧儒叔父）等未获完整拓片者，则从潘钟瑞等潘氏族人

① 尧育飞：《一家之学与一地之风——〈潘钟瑞日记〉所见光绪年间吴中金石活动考论》，《文献》2019年第3期。

② （清）潘钟瑞：《潘钟瑞日记》，第186页。

③ 同上书，第224页。

④ 同上书，第305页。

⑤ 同上。

处获观。又由于潘钟瑞所藏拓片拓印较早，故吴昌硕也需从潘钟瑞处借观。对盂鼎拓本，潘钟瑞十分珍视，在参与吴昌硕藏本题跋的书写时，郑重参考当时重要的金石学案头书《说文古籀补》。要言之，盂鼎为潘氏家族镇宅之宝，也成为社交的重要媒介。以盂鼎为中心，潘氏家族在拓片的赠予和借观、题跋的书写等方面与族外人士形成密集的交往。可以说，盂鼎为提升并巩固潘氏家族在吴中乃至全国金石圈地位做出不小贡献。

四 投身家族事务以实践儒家理想

晚清士绅大多热衷于宗族事务，潘钟瑞也不例外。在大阜潘氏著名的松鳞义庄，潘钟瑞是七位支总之一，见证了创始人潘遵祁（1808—1892）将庄正一职交卸给潘观保（辛芝弟）。这是光绪十年（1884）正月十五日记载："（潘遵祁）言自今交卸庄务，令辛芝弟为庄正、春畴弟为庄副，因出两石印，属镌庄正、庄副钤记。"① 松鳞义庄如何祭祀，日记也有详明记载。如光绪十一年（1885）四月十五日："清晨诣庄祠，朔望长例，且为绂庭公进神位也。"② 光绪十一年九月初八日："黎明起，即诣松鳞，庄祠秋祭。随班至，则后祠已祭过，方祭节孝祠，此次过于向蚤举行，路远者皆不及赶上。余以后络续到者不少，合族共到八十二人。俄而四祠及乡贤祠祭俱毕，即合食馂余，先后散出。"③ 潘氏族人每月朔望日、春秋祭祀日均集结松鳞义庄。此种交流不仅是家族凝聚力的象征，且有许多实际作用。如通常的嘘寒问暖，互道关心。也涉及具体事务，如议修族谱、关心子辈教育问题等。如光绪十二年（1886）九月初一日日记载："晨诣庄祠，辛弟邀同霞弟为修谱事相商以齐言，春弟以庄副亦在列，断断者久之。备有午餐，四人同席，外间有首任考课族中，读书

① （清）潘钟瑞：《潘钟瑞日记》，第163页。
② 同上书，第265页。
③ 同上书，第292页。

领脩诸人另一席。”[①] 松鳞义庄开有族塾，潘氏家族弟子多在此读书。教育之外，松鳞义庄并有救济寡弱的义务，如光绪十年正月初五日日记载：“伟如兄于本支寡妇向有月贴，并夙愿助丧葬之费。与元吉侄孙言之，遂取以归。又得松鳞义庄发给殓费如例，遂有春树、仰连侄等出去置备。”[②] 光绪十五年（1889）四月初一日日记载：“诣祠，已飘有雨点，见族中先后到者十余人，托交献廷婶月贴一分。”[③] 对贫寒之家，松鳞义庄承担殓费，对寡妇，也按月发放津贴。凡此，《潘钟瑞日记》都有较多揭示。

庄祠日常活动之外，潘钟瑞还积极支持编修族谱。光绪十一年（1885）四月初一日日记载：“晨乘轿至庄祠，先在敏德一湾，至则有霞客、辛芝两弟议续修《支谱》，创始于兹，属霞客为总校焉。”[④] 光绪十一年四月初八日：“诸弟邀至西圃池上水芝仙馆再谈，出新定《支谱》中凡例、规条诸稿商酌，遂同午饭。”[⑤] 光绪十二年（1886）四月初六日：“校昨辛弟送来《支谱》刻样二十余页。”[⑥] 潘钟瑞于修族谱绝非应付，而是投入极大精力，有时甚而以考据家的精神灌注其中。如光绪十二年七月廿七日记载：“知咏虞侄继室徐氏今日四十冥诞，《支谱》作十一月十一日，盖生时所改，七月廿七日乃其准生日，应行更正者。”[⑦]

在《潘钟瑞日记》中，家族性的活动又不止于松鳞庄祠和修谱事日记还十分频繁提及祭扫墓地及为死者做冥诞的活动。潘氏家族原籍安徽歙县，自清初迁居苏州之后，清代共有 6 次大型回歙县展墓活动。乾嘉时期分别有潘世恩、潘奕隽展墓，至光绪七年（1881），则潘遵祁命潘钟瑞等人奔赴徽州，解决歙县族人 60 余口棺木安葬的问题，并表示：“徽州累世先茔，历年虽寄祭扫费，而子姓阙然，久不往，未足以伸诚敬。”[⑧]

---

① （清）潘钟瑞：《潘钟瑞日记》，第 376 页。
② 同上书，第 161 页。
③ 同上书，第 590 页。
④ 同上书，第 262 页。
⑤ 同上书，第 264 页。
⑥ 同上书，第 345 页。
⑦ 同上书，第 368 页。
⑧ （清）潘钟瑞：《歙行日记》，《香禅精舍集》，清光绪刻本。

然而到达之后，潘钟瑞却发现族人贪图善款、盗卖祖产等诸多怪事。甚至对于本族公事，徽州的潘氏族人也将其视作“族葬工程，论价包做，诸人言语不奇”，而且还须潘钟瑞劝勉众人云：“此番族葬为族中公事，诸公劳力亦是义举，愿共勉之。”尽管面临如此多问题，潘钟瑞仍在光绪九年（1883）陪同其弟潘介福再次赴歙县展墓。

苏州潘氏家族墓地在光福山，路远难行，然而每年春秋两季的扫墓活动，潘钟瑞无一缺席。亲族中人的冥诞、家中人的忌日活动，他几乎从不缺席。婚丧嫁娶，他必然“具衣冠”前往。在今人看来，潘钟瑞的这些举动不免有些迂腐。然而在潘钟瑞自身，这未尝不是践行儒家社会理想所应做的。

在日常生活中，潘钟瑞原有急公好义的一面。如光绪十三年（1887）六月廿七日：“沈文卿恩琛来。文卿，吴庠生，筮仕为巡检，分发浙江，分府嘉兴。兹为其表妹徐，年才九岁，其父母卖其身于小坡处为婢女。文卿重念亲情，悯其没身，特备身价，欲为赎归。……文卿又来，已邀得徐女之父母来了结此事。遂见小坡，又为之传言恳求。”① 光绪十四年（1888）七月廿七日：“文小坡买来婢，此事甚怪。此婢去年夏间余因沈文卿之言劝小坡听其备价赎身，文卿为此女之表兄，庠生而筮仕佐杂，需次浙江者。女本良家，今其父母向文卿索取，仍向文处卖身，小坡明知其良家而再收为婢，实系有心压良为贱，理所不容。余争之不得，徒为愤恨而已。”② 郑文焯（号小坡）租赁潘钟瑞家宅邸，二人隔墙而居，一向交好，但对郑文焯“压良为贱”，潘钟瑞不惜与之据理力争。

结语：半局枯棋难维持

在潘钟瑞身上，既看不到传奇的人生，也难发掘高明的思想。终其一生，他不过是一位主要生活在苏州的普通文人，虽背靠强大的潘氏家族，但功名不及举人，财富不见著于乡里，声名也仅限于吴中一带。就

① （清）潘钟瑞：《潘钟瑞日记》，第443页。
② 同上书，第534页。

职业而言，他主要是一位教书先生，所教的学生也并不成才。偶尔做州府的幕僚，承担文书工作，却也无多大建树。就交游而言，他是苏州金石、书画圈重要的一员，和吴昌硕、金湅、徐康等人都有密切的交往，然而他自己并不以书画驰名。他关心家族事务，但并不像潘遵祁一样在家族中居于核心地位。一言以蔽之，他是晚清一位极普通的文人。

晚清中西知识交锋的场域，潘钟瑞也不过是无名的路人甲。虽然他很早就在上海见识过煤气灯和火车，中年即在火轮船上享用过西式大餐，也曾在墨海书院和鸿文书局见识过石印技术。但他“闻西人之始开铁路也，必平必直，致壤田舍、夷坟墓无数，又渐入腹地，故大吏入告而谕止之，今撤毁有日矣”① （光绪三年二月初十日日记）。他手定的文集依然使用传统的雕版印刷而非石印。他虽接触过朝鲜流亡人士尹稠（1841—?），但对朝鲜的危机毫无感知，二人笔谈内容无非书画。他也接触过日本人冈千仞（1833—1914），然而所论似乎也不及于时事。他与冯桂芬、王韬、江标都有接触，然而交往的内容依然是诗、书籍以及金石。西方文化的冲击，在潘钟瑞身上并未留下多少印记。当然，他对国门之外的世界并非没有兴趣。他的侄子潘志俊（字子静）赠送英国图书，他郑重记在日记里，云：“昨子静侄赠余英吉利新刻九十六图，袖珍本，每图一页即间一页图说，但系夷字，无一认识者。子静在彼三年，能识之。另有一本见示，已于每页图之边际表出图名，特照录之。”②（光绪十五年八月十七日）然而，西方世界终于与他缘浅。

既与西方文化背道，潘钟瑞自然难以进入近代化的历史叙事框架内，但其所作所为并非没有意义。咸丰十年（1860）苏州城破时，他承担收尸局的工作，参与太平天国的户籍编制；吴中词社毁于战乱后，他在上海组织销夏词社，至少九次集会。清代文人热衷举办“寿苏会”，潘钟瑞也曾组织同好为苏东坡和白居易做生日，地点则在壶园和宝积寺。对战乱亡故的友人，他尽心为他们编撰文集；而那些死于战乱的贞刚之士，

---

① （清）潘钟瑞：《潘钟瑞日记》，第89页。

② 同上书，第622页。

他则多次撰文祭悼。此类活动，潘钟瑞所为甚多，然而他并不自矜，故日记中只平平写出。只有等到马贞烈女事件出来，他的情绪才为之热烈。他以为挽救衰世应在世道人心，故不遗余力宣扬马贞烈女的事迹。观其一生，他的所有努力不过是力图使苏州回到往昔——一个没有流离的承平时期。其社会理想，正如其友人亢树滋（1817—1889）所言："所愿读是编者痛定思痛，慄慄危惧，束身礼法之中，修人纪而邀天佑，并愿当轴者知祸变之无方而消弭之贵豫，则继自今流离死亡之惨或不复见于斯世也夫。"①

在新近影响较大的"新清史"著作中，罗威廉的《最后的中华帝国：大清》强调"大清帝国是个在不停移动的目标"②，意在说明其所讨论的大清有不同的内涵及理解方式。然而，中国的传统与文化生生不息的共相昭示这样一个事实，即内涵不断变化的"大清帝国"有其不变的所在。这种生生不息的传统，在潘钟瑞那里，即是对维持苏州社会秩序与文化传统尽绵薄之力。维持传统有时比再造传统更具意义，试问，晚清若没有众多如潘钟瑞一样维持地方社会者，地方社会何以猝临"三千年未有之大变局"中仍能大体安稳？激进的革命家和社会行动者可能并非那些动荡时代的最广泛人群的所思所感。田晓菲在处理一份太平天国记忆的文献《微虫世界》时，认为"对地方而不是国家大事"关心的人，在"十九、二十世纪之交可能具有相当代表性"③。潘钟瑞无疑也应归于这一群体。

论及晚清国事，论者常引陈宝琛（1848—1935）诗句"输却玉尘三万斛，天公不语对枯棋"以为描摹。对此，潘钟瑞在庚申之乱客居上海时也有同感，其词作《秋宵吟·客居沪渎，吊影悲秋，读许鹤巢赓飏与辛芝弟观保倡和之作，依调继声，同有身世飘零之感也》云：

---

① （清）亢树滋：《庚申噩梦记序》，《香禅精舍集》卷五，清光绪刻本。

② （美）罗威廉：《最后的中华帝国：大清》，李仁渊、张远译，中信出版社2016年版，第9页。

③ 田晓菲：《影子与水文：秋水堂自选集》，南京大学出版社2019年版，第237页。

篆烟微，漏点悄，瘦入釭花红小。人无寐、更枕上寒声，夜潮催到。念乡关，望远道，遍是荒燐衰草。微茫处、剩几点残山，几分斜照。

海水天风，蓦并作、青琴怨调。一尊酸酒，半局枯棋，怎把乱愁扫？劫化飞灰了。盼煞秋鸿，霜信又杳。纵依然、旧日家园，消息难托断梦绕。①

潘钟瑞去世后的第四年，甲午战争爆发，与他谈金石的朋友吴大澂、江标则跃出地方与国门，真正迎来现代化的检验。不过，这已跃出地域文化内部运作与维持的课题，而涉及晚清中西知识的场域竞争。普通文人的地方性知识如何走出地方，因应西方文化的冲击，在潘钟瑞等普通文人的地方性日记中仍有诸多记载，值得研究者注意。

① （清）潘钟瑞：《香禅词》卷三，《香禅精舍集》，清光绪刻本。

稿　约

《区域文化与文学研究集刊》诚约稿件

《区域文化与文学研究集刊》是一本专门研究区域文化与文学的纯学术刊物（书代刊）。本刊以“区域”为理论视角审视文学及文化的构成和发展，展示推介相关研究成果；以促进文化学术的繁荣为宗旨，为当下的文学与文化研究提供新思维和新方向；坚持“双百方针”，强调社会责任，服务学术事业和区域经济文化发展建设。本刊暂定一年两期，由中国社会科学出版社出版，全国发行。

为此，本刊向学界同仁诚约稿件，欢迎选题独特精当、内容充实、思想深刻、观点新颖、具有前沿性和前瞻性的学术论文。敬请关注，不吝赐稿，并予以批评指正。

为联系方便和技术处理，来稿要求如下：

（一）论文篇幅最好不超过15000字。书评不超过3500字。

（二）论文若系课题阶段性成果，请在标题后添加脚注，说明课题来源、名称及编号。

（三）作者名后请以脚注方式添加作者简介，说明作者姓名、出生年月、职称（或学位）、研究方向及工作单位等信息。

（四）论文请附300字以内的中文提要，并附3—5个中文关键词。

（五）注释格式及规范

1. 一律采用脚注，注释序号用123格式标示，每页重新编号。

2. 中文注释具体格式如下列例子：

例 1：

余东华：《论智慧》，中国社会科学出版社 2005 年版，第 35 页。

同上书，第 37 页。

同上。

《马克思恩格斯选集》第 2 卷上册，人民出版社 1972 年版，第 25 页。

刘少奇：《论共产党员的修养》，人民出版社 1962 年第 2 版，第 76 页。

例 2：

［美］弗朗西斯·福山：《历史的终结及最后之人》，黄胜强等译，中国社会科学出版社 2003 年版，第 7 页。

例 3：

刘民权等：《地区间发展不平衡与农村地区资金外流的关系分析》，姚洋主编《转轨中国：审视社会公正和平等》，中国人民大学出版社 2004 年版，第 138—139 页。

例 4：

茅盾：《记“孩子剧团”》，《少年先锋》第 1 卷第 2 期。

杨侠：《品牌房企两级分化　中小企业“危”“机”并存》，《参考消息》2009 年 4 月 3 日第 8 版。

例 5：

费孝通：《城乡和边区发展的思考》，转引自魏宏聚《偏失与匡正——义务教育经费投入政策失真现象研究》，中国社会科学出版社 2008 年版，第 44 页。

参见江帆《生态民俗学》，黑龙江人民出版社 2003 年版，第 60 页。

例 6：

赵可：《市政改革与城市发展》，博士学位论文，四川大学，2000 年，第 21 页。

任东来：《对国际体制和国际制度的理解和翻译》，全球化与亚太区域化国际研讨会论文，天津，2006 年 6 月，第 9 页。

《汉口各街市行道树报告》，1929 年，武汉市档案馆藏，资料号：Bb1122/3。

例 7：

陈旭阳：《关于区域旅游产业发展环境及其战略的研究》，2003 年 11 月，中国知网（http：//www. cnki. net/index. htm）。

李向平：《大寨造大庙，信仰大转型》（http//xschina. org/show. php? id = 10672）。

例 8：

《太平寰宇记》卷 36《关西道 · 夏州》，清金陵书局线装本。

姚际恒：《古今伪书考》卷 3，光绪三年苏州文学山房活字本，第 9 页 a（指 a 面）。

（汉）班固：《汉书》，中华书局 1983 年标点本，第 xx 页。

《太平御览》卷 690《服章部七》引《魏台访议》，中华书局 1985 年影印本，第 3 册，第 3080 页下栏。

乾隆《嘉定县志》卷 12《风俗》，第 7 页 b。

《旧唐书》卷 9《玄宗纪下》，中华书局 1975 年标点本，第 233 页。

3. 外文注释如下列例子：

例 1：

Seymou Matin Lipset and Cay Maks, *It Didn ' t Happen Hee : Why Socialism Failed in the United States* , New York: W. W. Norton & Company, 2000, p. 266.

例 2：

Christophe Roux-Dufort, "Is Crisis Management (Only) a Management of Exceptions?", *Journal of Contingencies and Crisis Management* , Vol. 15, No. 2, June 2007.

（六）来稿一律采用电子版，请在文末注明作者联系电话、电子邮件、详细通信地址及邮编，以便联系有关事宜。

（七）切勿一稿多投。

本刊同意被中国知网（CNKI）收录，并许可其以数字化方式复制、汇编、发行、网络传播本刊全文，文章作者版权使用费和稿酬本刊将一次性给付。如作者不同意文章被收录，请在来稿时向本刊声明，本刊将作适当处理。

本刊地址：重庆市沙坪坝区大学城重庆师范大学文学院《区域文化与文学研究集刊》编辑部

邮政编码：401331

电子邮箱：qywxjk@163.com

重庆师范大学区域文化与文学研究中心

《区域文化与文学研究集刊》编辑部

后　　记

2020年，注定是人类历史上极其不平凡的一年，见证历史的一年。突如其来的新冠肺炎疫情，改变了世界，影响着中国，重新凸显了区域的价值，发现了地方的意义，也打乱了《区域文化与文学研究集刊》的出版节奏。按照去年的计划，本月应该是印刷出刊的时候，现在却在撰写后记，这是首先要向关心和支持本集刊的师友及读者致歉的。

《区域文化与文学研究集刊》是中国当代文学研究会区域文学委员会、重庆师范大学区域文化与文学研究中心、重庆师范大学文学院与中国社会科学出版社积十年之功联合打造的专业学术品牌，是全国致力于区域文化与文学研究的学人共享的重要研究平台。此前已出版六辑，获得诸多著名学者的肯定性评价，被中国知网收录，在学界产生了积极而广泛的学术影响。本辑为第七辑，收文二十一篇，分六个栏目，各有精要的“主持人语”，对相关论文进行点评推荐，此不重复。

本辑六个栏目，是在保持原有特色栏目之稳定性基础上增补调整而成。为了拓展研究视野，提供讨论抗战艺术（音乐、美术、电影等）研究成果之平台，我们将“区域文化与抗战文学研究”栏目调整为“区域文化与抗战文艺研究”，由杨华丽教授担纲主持，其严谨认真，令人感动。“区域文化与现当代文学研究”栏目名称保持不变，邀请多年来一直鼎力支持本集刊发展的湖北大学文学院院长刘川鄂教授主持，从中国文学地理学会第九届年会暨第四届硕博论坛参会论文中遴选出佳作四篇，为本辑增色不少，其豪爽与效率，令人感铭。承续第六辑“江南文化与南京文学研究”栏目之思路，本辑设置“齐鲁文化与文学研究”栏目，邀请上海交通大学张全之教授主持。张全之是重庆师范大学文学院前任院长，也是本集刊第3辑、第4辑和第5辑的主编之一，为集刊的发展作出了重要贡献，而今在调离之后继续支持这本用心血浇灌起来的刊物，其帮扶之心，培植之意，令人感怀。设置相关栏目，集中编发从区域角度对某重要作家进行集中研究文章，是本集刊此前未完成的设想。今年适逢张恨水诞辰125周年，本辑专门设置“张恨水研究”栏目，编入著名学者高翔研究员领衔的三篇从不同角度研究张恨水抗战文学作品及其区域性的大作，由王昌忠教授主持。初次尝试，效果如何，尚有待诸君品鉴。昌忠兄克服种种困难完成主持人语，其间才华与热忱，令人敬佩。“巴渝学人掠影”和“地域文化研究”也是本辑新设置的两个栏目，熊飞宇兄“看清自己的渊源与血脉”之说，与李祖德兄“新设此栏是为文学与文化研究应有之文化理想与情怀”之论，折射着两位主持人的风采，也展露着全体集刊同仁的初心。

衷心感谢文学院新一届领导班子、本刊学术委员会专家学者及编委会全体同仁的无私奉献和支持协作。廖海杰博士完成了大量琐细的编校事务，王金玲博士协助处理部分文稿，学生杨淑琪提供多条校对意见。责编慈明亮先生，目光如炬，认真细致，每每沟通，如坐春风。

虽然世界已经回不去了，但相信疫情终将过去。《区域文化与文学研究集刊》也将排除干扰，办好区域文化与文学研究“自己的园地”，维护学术交流“公共的空间”。套用鲁迅先生《〈引玉集〉后记》的话，就是历史的巨轮，是决不因疫情的肆虐而停运的……“将来的光明，必将证明我们不但是文艺上的遗产的保存者，而且也是开拓者和建设者”。

欢迎国内外同道不吝赐稿，加入合唱或争鸣。

凌孟华

2020年6月30日